Volkswirtschaftliche und wirtschaftsgeschichtliche Abhandlungen

herausgegeben von

Wilhelm Stieda

o. ö. Professor der Nationalökonomie in Leipzig

III. Folge Heft 9

Eine Reichsdepositenbank

Von

Dr. phil. Conrad Forstreuter

Leipzig
Verlag von Veit & Comp.
1914

Volkswirtschaftliche und wirtschaftsgeschichtliche Abhandlungen

herausgegeben von

Wilhelm Stieda

o. ö. Professor der Nationalökonomie in Leipzig

III. Folge Heft 9

Eine Reichsdepositenbank

Von

Dr. phil. Conrad Forstreuter

Leipzig

Verlag von Veit & Comp.

1914

Druck von Metzger & Wittig in Leipzig.

MEINEN LIEBEN ELTERN.

Vorwort.

In dem Augenblick, da die folgenden Blätter der Öffentlichkeit übergeben werden, erfülle ich gern die angenehme Pflicht, ihnen den Ausdruck des Dankes voranzustellen, den ich den Förderern der vorliegenden Arbeit schulde.

Er gilt in erster Linie meinem verehrten Lehrer, Herrn Geheimen Hofrat Prof. Dr. Stieda, der mich auf die Wichtigkeit des unter dem Wort „Reichsdepositenbank" verborgenen Problems hingewiesen hat und mir in der Folge manche wertvolle Anregungen hat zuteil werden lassen.

Nicht minder fühle ich mich allen Banken gegenüber zu Dank verpflichtet, die mir in entgegenkommender Weise die von ihnen erbetenen Unterlagen bereitwilligst zur Verfügung stellten. Es ist der Wunsch des Verfassers, daß die Entwicklung im Bankwesen einen Verlauf nehmen möge, der einen gesetzlichen Eingriff immer überflüssiger erscheinen lassen möchte.

Berlin-Friedenau, im Mai 1914.

Der Verfasser.

Inhalt.

Einleitung.

Im Jahre 1904 veröffentlichte Prof. O. Warschauer in Conrads „Jahrbücher für Nationalökonomie und Statistik" (III. Folge, Bd. 27) eine Abhandlung unter dem Titel: „Das Depositenbankwesen in Deutschland, mit besonderer Berücksichtigung der Spareinlagen", deren Inhalt er zusammenfassend zu nachstehendem „Entwurf eines Reichsdepositengesetzes" formulierte:

§ 1. Unter dem Namen „Reichsdepositenbank" wird eine der Aufsicht und Leitung des Reichs unterstehende Bank errichtet, welche die Eigenschaft einer juristischen Person besitzt. Sie hat ihren Hauptsitz in Berlin und ist berechtigt, allerorten im Reichsgebiete Zweigniederlassungen zu errichten.

Die Reichsdepositenbank ist befugt:

1. zur Annahme von Depositen,
2. zur Diskontierung inländischer Wechsel, welche eine Verfallzeit von höchstens drei Monaten haben,
3. zur Pflege des Scheck-, Lombard-, sowie ungedeckte Barvorschüsse ausschließenden Kontokorrentverkehrs,
4. zur Handhabung des Effektenkommissionsgeschäfts gegen bar, bzw. vorherige Auslieferung der Stücke,
5. zur Emission inländischer Reichs-, Staats- und Stadtanleihen,
6. zum Erwerb erststelliger, auf den ländlichen oder städtischen Grundbesitz eingetragener Hypotheken.

Aus dem beim Jahresabschluß sich ergebenden Reingewinn der Reichsdepositenbank sind dem zu bildenden Reservefonds 20% solange zuzuführen, bis derselbe den zehnten Teil der nach 5jährigem Durchschnitt zu berechnenden Depositenbeträge erreicht hat; von dem Rest entfallen auf die Aktionäre 75%, auf das Reich 25%.

§ 2. Neben der Reichsdepositenbank werden Staatsdepositenbanken errichtet, für welche die Konzession des betreffenden Bundesstaates einzuholen ist. Außerhalb desjenigen Staates, welcher diese Befugnis erteilt, dürfen sie Depositenbankgeschäfte weder durch Zweiganstalten betreiben, noch durch Agenten für ihre Rechnung betreiben lassen, noch als Gesellschafter sich an Banken beteiligen. Bezüglich der ihnen zustehenden Geschäftsbefugnisse, sowie der Verteilung des Reingewinnes unterliegen sie gleichen Bestimmungen wie die Reichsdepositenbank.

§ 3. Die deutschen Effektenbanken und G. m. b. H. haben das Recht, bis zur doppelten Höhe des volleingezahlten Grundkapitals Depositen anzunehmen. Sie sind verpflichtet:

1. In den jährlich zu publizierenden Bilanzen eine buchmäßige Scheidung der Gläubiger, je nachdem dieselben als Bardeponenten oder eigentliche Kontokorrentkreditoren auftreten, vorzunehmen.
2. Monatsstatus zu publizieren, in denen rohbilanzmäßig die Aktiva, die Passiva, der Gesamtbetrag der Spareinlagen und Scheck-Guthaben, sowie der Prozentsatz der ersteren zum Betriebskapitale aufzuführen ist. Im Falle des Konkurses haben die Spardeponenten Prioritätsrechte vor den übrigen Gläubigern.

§ 4. Kreditgenossenschaften mit unbeschränkter Haftung haben das Recht, bis zur vollen Höhe des von den Genossenschaften bar eingezahlten Betriebskapitals Spardepositen entgegen zu nehmen; sie unterliegen in sonstiger Beziehung den gleichen gesetzlichen Bestimmungen wie die Effektenbanken.

Kreditgenossenschaften mit beschränkter Haftung ist die Annahme von Spareinlagen untersagt.“

Dieser Vorschlag Warschauers bildet einen der vielen Versuche, die gemacht worden sind, jene Frage zu lösen, die schon lange die Öffentlichkeit beschäftigt hatte, und die noch 4 Jahre später (1908) von der Regierung der damals einberufenen Bankenquetekommission neben anderen in folgender Fassung vorgelegt wurde: „Erscheint es im öffentlichen Interesse geboten, für die Sicherheit und Liquidität der Anlage von Depositen- und Spargeldern auf dem Wege der Gesetzgebung Sorge zu tragen?“ [1]

Die unmittelbare Veranlassung zu Untersuchungen der Warschauerschen Art wurden gegeben sowohl durch die Beobachtung eines gewaltigen Anwachsens der fremden Gelder in den Kassen der Banken, was eine Steigerung der Kapitalmacht dieser Kreditinstitute und eine weitere Ausdehnung ihres Einflusses auf das Wirtschaftsleben der Nation zur Folge haben mußte, als auch durch die traurigen Ereignisse, die die Krisenjahre 1891 und 1901/02 im Gefolge hatten. Zahlreiche Bankzusammenbrüche in dieser Zeit, deren Folgen häufig durch Aufdeckung vorangegangener Depotunterschlagungen noch erhöht wurden, zwangen dazu, sich mit den Fragen des Bankwesens zu beschäftigen und aus den Ursachen der Erscheinungen Mittel zur Abstellung etwa bestehender Mißstände zu ersinnen. In der „Reichsdepositenbank“ glaubte Warschauer, der damit eine frühere Idee

[1] Bankenquete 1908/09. Fragebogen für die Vernehmung der Sachverständigen.

des ehemaligen Frankfurter Bankiers Cäsar Straus[1] wieder aufnahm, das Heilmittel zur Beseitigung der mannigfachen Schäden gefunden zu haben.

Durchblättert man die Literatur des Bankwesens, soweit sie sich mit den Fragen des Depositenwesens befaßt und dabei die auf dieses Gebiet bezüglichen Reformbestrebungen erwähnt oder kritisiert, so macht man die Erfahrung, daß die Idee einer Reichsdepositenbank ausnahmslos abgelehnt wird, selbst von Personen, die im übrigen gesetzlichen Eingriffen auf dem Gebiete des Bankwesens durchaus zustimmen. Bekanntlich nahm auch die Gesamtheit der Bankenquete-Kommissionsmitglieder dem Projekt gegenüber eine gleiche ablehnende Haltung ein.[2] Fast allen diesen Äußerungen, mögen sie schriftlich oder mündlich erfolgt sein, ist der Umstand gemein, daß sie ohne eingehende Begründung, meist nur aus dem Gefühl heraus, ihr Urteil über das Projekt sprechen, ohne daß etwaige Vorzüge desselben gewürdigt werden. Diese Lücke in der Beurteilung des Warschauerschen Vorschlages nach Möglichkeit auszufüllen, und das Für und Wider der Existenzberechtigung einer Reichsdepositenbank unter Zugrundelegung der gegenwärtigen Zustände im deutschen Bankwesen objektiv zu erwägen, soll die Aufgabe dieser Abhandlung sein.

[1] Cäsar Straus, Unser Depositengelder-System und seine Gefahren. Frankfurt a. M. 1892, S. 38ff.

[2] Bankenquete 1908/09. Stenographische Berichte zu den Verhandlungen der Gesamtkommission, Bd. II.

A. Die Depositenbank vom volkswirtschaftlichen Standpunkt.

I. Betrachtung der gegenwärtigen Zustände im deutschen Kreditbankwesen.

Es will uns scheinen, als wenn ein Grund zu der einmütigen Verurteilung des Warschauerschen Projektes mit in dem Umstand zu suchen ist, daß die Art der Beweisführung Warschauers in zu einseitiger und ausschließlicher Weise das Problem vom Standpunkt der „Sicherheit der Depositengläubiger" behandelt und zu wenig das Allgemeine, also das Interesse der Volkswirtschaft berücksichtigt. Es ist gewiß richtig, wenn Warschauer ausführt, daß durch die Summen, die bei Bankbrüchen verloren gehen, doch zunächst die Einzelwirtschaften geschädigt werden, und deren Produktionsfähigkeit oder gar Existenz in Frage gestellt wird, daß allerdings, da die Volkswirtschaft die Gesamtheit dieser Einzelwirtschaften darstellt, bei häufigen derartigen Vorkommnissen auch diese selbst in Mitleidenschaft gezogen wird. Es sei also in erster Linie Pflicht, auf das Wohl und Wehe der Privatwirtschaften, also der einzelnen Depositengläubiger, und dann erst auf das Interesse der Gesamtheit bei Lösung der Frage bedacht zu sein. Demgegenüber wird man jedoch geltend machen müssen, was Wagner[1] in den Worten ausspricht: „Der Unterscheidung von Einzel- und Volkswirtschaft entspricht in Theorie und Praxis die wichtigste Unterscheidung der Betrachtung wirtschaftlicher Verhältnisse, Fragen, Streitfragen, Interessen usw. vom Standpunkte beider und wieder je vom Standpunkte der erschiedenen Einzelwirtschaften und Gruppen von solchen aus."

Aus der Beobachtung dieser Forderung ergibt sich die für die folgenden Ausführungen zu wählende Disposition, wonach das Problem zunächst vom allgemeinen volkswirtschaftlichen und alsdann vom Standpunkt der Sicherheit der Depositengläubiger untersucht werden soll. Die Errichtung einer Reichsdepositenbank im Sinne Warschauers mit zahlreichen Filialen, daneben von Staatsdepositenbanken ebenfalls mit Filialen, die eine Entziehung der Depositengelder aus dem Besitz der Banken bewirken würde, bezweckt eine Trennung derselben in reine Depositenbanken und in fast reine Effektenbanken,

---

[1] Adolf Wagner, Lehrbuch der politischen Ökonomie. Grundlegung, Bd. I, S. 360.

denen das Depositengeschäft nur in beschränktem Umfang erlaubt sein soll. Wenn wir uns ein Urteil darüber bilden wollen, was eine solche Maßregel vom volkswirtschaftlichen Standpunkte bedeuten würde, und welche Gründe sie rechtfertigen könnten, müssen wir zunächst feststellen, welche Rolle die Banken[1] im Wirtschaftsleben spielen, und ob ihre eigenen Mittel ihnen die Durchführung ihrer Aufgaben nicht gestatten. Die Aufgaben der Banken präzisiert Conrad[2] mit folgenden Worten: „Die modernen Banken sind Kreditinstitute, welche die Aufgabe haben, den Geldumlauf zu regulieren, durch Kreditoperationen das Geld aufzunehmen, welches in dem laufenden Betriebe momentan keine Verwendung finden kann, und es dorthin zu leiten, wo Bedarf daran vorliegt." Wenn man auch diese allgemein gehaltene Begriffsbestimmung weiter ausführen und die speziellen Aufgaben, die sich aus der Pflicht, den „Geldumlauf zu regulieren" und „Kredit zu vermitteln" ergeben, einzeln anführen könnte, so ist doch tatsächlich mit diesen wenigen Worten die Hauptbestimmung der Kreditbanken gekennzeichnet. Wie die Wichtigkeit der Regelung des Geldverkehrs klar wird, wenn man nur die Begriffe „Kassenführung für das Privat- und Geschäftspublikum", „bargeldloser Zahlungsausgleich in möglichst weitem Umfange", „Unterstützung der Diskontpolitik der Reichsbank", „Erledigung des Zahlungsverkehrs mit dem Ausland" mit ihm in Zusammenhang bringt, woraus die wichtige Mission der Banken im nationalen Wirtschaftsleben erhellt, so beruht andererseits auf der kreditvermittelnden Tätigkeit der Banken, die die jeweils verfügbaren Gelder von den „Kapitalisten" übernimmt und sie den Bedarf habenden „Unternehmern" zuführt, ihre Bedeutung für die Volkswirtschaft. Die Kreditvermittelung der Banken erhöht nicht nur die Produktionskraft der sich an der Produktion beteiligenden Gewerbe, sie vermehrt auch indirekt die Kaufkraft aller jener Bevölkerungsschichten, denen die auf solche Weise nutzbar gemachten Geldvorräte Erwerbsgelegenheit bieten.

Der Verlauf der wirtschaftlichen Entwicklung, den das deutsche Reich seit seiner Begründung genommen hat, hat gezeigt, daß die Banken die ihnen gestellten Aufgaben wohl erfüllt haben. Die Erfolge, namentlich der Industrie, aber auch des Verkehrs (Eisenbahnen und Schiffahrt) sind anerkannterweise nur durch die Mithilfe der Banken zu erreichen gewesen. Doch haben die Banken diese Hilfe mit eigenen Mitteln allein nicht leisten können. Sie haben, als die an sie gestellten Forderungen ständig zunahmen, in steigendem Maße von dem Rechte Gebrauch gemacht, fremde Gelder aufzunehmen. Die Summe dieser Kapitalien hat in ihren Bilanzen einen Höhestand erreicht, der in Verbindung mit dem Umstande, daß diese fremden Gelder „vorzugsweise" für die Interessen der Industrie Verwendung finden,

[1] Unter „Banken" sollen im Verlauf dieser Untersuchung nur die eigentlichen Kreditaktienbanken (also ausschließlich der Noten- und Hypothekenbanken) verstanden werden.

[2] Conrad, Grundriß zum Studium der politischen Ökonomie, Teil I, S. 155.

den Gegnern der gegenwärtigen Zustände als Hauptargument für ein Einschreiten der Gesetzgebung dient. Straus,[1] dessen Schrift nach der Krisis 1891 erschien, kam schon damals zu folgendem Urteil: „Die beträchtliche Vermehrung der verzinslichen Depositengelder in den Händen der Kreditbanken wirkt auf unsern wirtschaftlichen Organismus schädigend und zwar einzig und allein durch die vorzugsweise Verwendung dieser Kapitalien für die Zwecke der Effektenmärkte und der mit denselben zusammenhängenden Unternehmungen jeglicher Art.“ Ähnlich klingt es seitdem bei allen Betrachtungen die über diesen Gegenstand angestellt sind, so auch in der Schrift Lindenbergs,[2] die sich speziell mit der Katastrophe der Leipziger Bank und ihren Ursachen beschäftigt; endlich hat ja auch Warschauer die mangelnde Sicherheit der Depositengläubiger in der Höhe und der Verwendungsart der Depositengelder bei den Kreditbanken erblickt.

Man steht hier offenbar vor dem Widerspruch: die Volkswirtschaft fordert von den Banken möglichste Förderung der nationalen Produktion durch Mobilisierung des Kapitals in möglichst weitem Umfange und durch Ausleihung der aufgenommenen Beträge an alle des Kredits bedürftigen produktiven Gewerbe (also auch an die Industrie), und im Interesse einer Anzahl von Deponenten glaubt man, den Banken die Mittel zur Kreditgewährung entziehen zu müssen. Es ergibt sich hieraus die Aufgabe, abzuwägen, ob die Interessen gewisser Gruppen der Volkswirtschaft den Interessen gewisser Einzelwirtschaften unterzuordnen sind.

1. Banken und Industrie.

Welches sind also diese Interessen gewisser „Gruppen“ der Volkswirtschaft? Unter diesen Gruppen wählen wir zunächst zur Untersuchung die Industrie, deren enge Verbindung mit den Banken und Abhängigkeit von diesen ja als die Hauptursache der bedenklichen Erscheinungen im Bankwesen bezeichnet wird. Man hat nämlich auch von landwirtschaftlicher Seite den Banken den Vorwurf der Bevorzugung der Industrie und des Handels gemacht. Riesser[3] führt mit Bezug hierauf die Worte des Präsidenten der Preußischen Zentral-Genossenschaftskasse Heiligenstadt an, der auf diesen Vorwurf erwiderte: „Die Landwirtschaft in Deutschland ist als letzter großer Berufszweig zur Geld- und Kreditwirtschaft übergegangen, die Organe und Einrichtungen des Geldmarkts waren bereits fest eingebürgert, als sie auf ihm erschien. Sie kann daher nicht gut verlangen, daß sich Handel und Industrie, kurz die gesamte übrige Volkswirtschaft,

---

[1] Cäsar Straus, a. a. O., S. 12.

[2] Lindenberg („Die Gefahren im deutschen Bankwesen“, Berlin 1901) sagt: „Diese viel zu enge Verbindung mit der Industrie ist die Wurzel alles Übels, und sie ist keine Besonderheit der Leipziger Bank, sondern eine allgemeine Erscheinung im deutschen Bankwesen.“ S. 6.

[3] J. Riesser, Die deutschen Großbanken und ihre Konzentration. Jena 1912, S. 192.

den besonderen Bedürfnissen der Landwirtschaft, vorausgesetzt, daß es überhaupt möglich wäre, unterordnen."

Bevor wir jedoch auf das Thema „Banken und Industrie" näher eingehen, wird es notwendig sein, an Hand des statistischen Zahlenmaterials uns zu vergegenwärtigen, über welche Kapitalmacht, bestehend aus eigenen und fremden Geldern, die Banken heute verfügen. Dabei soll, um durch Vergleiche die Bedeutung solcher Zahlen besser würdigen zu können, der Anteil einiger anderer Kreditorganisationen am Depositengeschäft, die sich mit der Ansammlung und Verwaltung von Depositengeldern befassen, demjenigen der Banken zahlenmäßig gegenübergestellt werden. Als solche kommen zwar außer Sparkassen und Kreditgenossenschaften noch Zettelbanken, Hypothekenbanken und Privatbankiers in Betracht. Da jedoch bei Zettel- und Hypothekenbanken die Annahme verzinslicher Depositen keine bedeutende Rolle spielt, im übrigen ihr Geschäftsbetrieb gesetzlichen Bestimmungen bereits unterliegt und die von Privatbankiers verwalteten Depositen statistisch überhaupt nicht zu erfassen sind, beschränken wir unsere Vergleiche außer den Banken nur auf die beiden erstgenannten Kreditorganisationen.

Dem Statistiker, der sich diese Aufgabe stellt, begegnen besonders zweierlei Schwierigkeiten. Die eine ergibt sich aus der zum Teil — und gerade in unserem Falle — noch mangelhaften Zustand der Reichs-Statistik; die zweite Schwierigkeit liegt begründet in dem noch völligen Fehlen einer einheitlichen Begriffsbestimmung des Wortes „Depositen". Was den ersten Punkt betrifft, so hat zwar das Kaiserliche Statistische Amt in seinen jährlichen Veröffentlichungen unter die Rubrik „Geld- und Kreditwesen" zum erstenmal für das Jahr 1910 auch eine Statistik der Sparkassen aufgenommen. Deren Zahlen reichen wohl hin, die Entwicklung des Geldumlaufs in den Sparkassen erkennen zu lassen, geben jedoch über einige Fragen der inneren Verwaltung (Art der Anlegung der Gelder, Rentabilität, Liquidität) noch keine Auskunft. Um diese zu erlangen, ist man also zunächst noch auf die private Statistik angewiesen. Noch viel mehr Lücken zeigt jedoch die Genossenschafts- und ganz besonders die Kreditbanken-Statistik. Über die erstere gibt das Statistische Jahrbuch für das Deutsche Reich immerhin eine getrennte Übersicht der einzelnen Arten der Genossenschaften, sowie über ihre Zahl und die Anzahl der Mitglieder. Die Summen an eingelegten „fremden Geldern", um deren Ermittelung es sich hier handelt, erfahren wir indessen von der amtlichen Reichsstatistik nicht. Diese wie auch die Einlagen bei den Banken erfährt man durch private Zusammenstellungen der Geschäftsergebnisse der Kreditinstitute in Literatur und Fachzeitschriften. Auf sie müssen wir uns daher im wesentlichen stützen. Die private Bankenstatistik leidet wieder unter der bisherigen mangelnden Einheitlichkeit der Form und der Unvollständigkeit der veröffentlichten Bilanzen. Wenn auch das im Februar 1912 erstmalig zur Anwendung gekommene einheitliche Bilanzschema in dieser Beziehung bedeutende Besserungen aufweist, so wird eine völlige Beseitigung der bisherigen Schwierigkeit erst erreicht sein, wenn alle, auch die kleinsten Institute, dieses Schema angenommen haben werden.

Ist diese erste Schwierigkeit überwunden, und hat man sich die Ziffern verschafft, die zu der gewollten vergleichenden Gegenüberstellung notwendig sind, so macht sich der zweite Mangel, das Fehlen einer einheitlichen Bezeichnung für die von uns bisher „Depositen" genannten fremden Gelder der Banken gegenüber den bankmäßigen Kreditoren und den Spareinlagen der Sparkassen störend geltend. Es würde zu weit führen, an dieser Stelle alle in der Literatur und auf der Bankenquete für den Begriff „Depositen" aufgestellten Definitionen anzuführen. Es sei hier nur diejenige des Kommissionsmitgliedes Kaempf genannt, gegen die allein Einwände nicht erhoben wurden, und die sich im Wesen auch mit den Warschauerschen Unterscheidungen deckt. Vom Ursprung der Gelder ausgehend, will Kaempf[1] unter „Depositen" nur verstanden wissen „die Einlagen von solchen Personen, die im übrigen mit der Bank nach keiner Richtung hin andere Geschäftsverbindung haben". Sie decken sich also im wesentlichen mit den „Spardepositen" Warschauers. Diese Definition Kaempfs beseitigt die große Schwierigkeit, die darin liegt, „eine brauchbare Handhabe zur Unterscheidung von Depositen und Spargeldern auf der einen und den bankmäßigen Kreditorenforderungen auf der anderen Seite zu finden".[2] [3] Sie unterscheidet jedoch nicht zwischen den Spargeldern der Sparkassen und denen der Banken. Den Unterschied im Wesen beider zu kennen ist jedoch von Bedeutung für die Beurteilung der absoluten Zahlen. Geht man von dem Zweck aus, den die Einleger bei Deponierung eines Barbetrages auf der Sparkasse und der Bank verfolgen, so ergibt sich: Der Sparkassendeponent will „sparen", d. h. durch allmähliches Sammeln kleiner Beträge sich ein mehr oder weniger großes Guthaben bei der Sparkasse erwerben, das ihm durch Verzinsung dauernden Rentengenuß verschaffen soll. Der Bankdeponent dagegen, der (nach Kaempf) „im übrigen nach keiner Richtung hin andere Geschäftsverbindung mit der Bank hat", wird i. a. Bargeld, für welches er nur vorübergehend keine Verwendung hat, der Bank übergeben, um es inzwischen nutzbringend anzulegen. Es soll hier jedoch nicht zur Rentenbildung dienen. Daß dieser Kapitalbesitzer sich nicht der Sparkasse bedient, kann mehrere Gründe haben. Die Sparkassen pflegen eine Maximalhöhe, die Banken einen Minimalbetrag für Einlagen festzusetzen. Ferner kann ausschlaggebend sein die etwaige

---

[1] Bankenquete 1908/09, Stenogr. Berichte. Die Verhandlungen der Gesamtkommission zu Punkt VI des Fragebogens, S. 170.

[2] H. Hartung, Die Depositengelder in der Bankenquete. Berlin 1910, S. 24.

[3] Bemerkt sei hier der Gegensatz in den Auffassungen Kaempfs und Riessers: Riesser sagt (a. a. O., S. 169): „Jener (der Sparkasseneinleger) hat (mit geringen Ausnahmen) nur ein Gesicht: Er ist Spargeldeinleger und nur das; dieser (der Depositengläubiger einer Bank) hat ein Proteusgesicht, er ist heute kraft seiner Depositen Gläubiger, morgen kraft seiner Kontokorrent- und sonstigen Verbindung mit der Bank Schuldner...."

spätere Verwendungsart des Geldes, bei dessen Ausführung die Einrichtungen einer Bank geeigneter sein können als die einer Sparkasse. Unterscheidend ist also in beiden Fällen das Moment der endlichen Bestimmung der eingezahlten Kapitalien. Versuchen wir auf Grund der angestellten Betrachtung für unsere Zwecke — ohne jedoch damit eine Definition geben zu wollen — den Begriff „Depositen" zur Unterscheidung von „Kreditoren" und „Spareinlagen" festzulegen, so können wir sagen: Depositen sind die einer Bank für kürzere oder längere Zeit, jedoch nur vorübergehend übergebenen Barmittel, welche der Einleger, der im übrigen mit der Bank in keiner anderweitigen Geschäftsverbindung steht, für die Zwischenzeit nutzbar anlegen will.[1]

Was die Zusammensetzung der Depositengelder betrifft, so ist man im wesentlichen einig darüber, daß die betreffenden Bestände bei den Kreditgenossenschaften und den Sparkassen in überwiegender Mehrzahl wirkliche Spargelder sind, während eine übereinstimmende Definition des Begriffs „Depositen" nicht zu erzielen ist, und die hierauf bezüglichen Ansichten auseinandergehen.[2] In seinem Buche: „Depositengeschäfte und Depositenbanken" gibt Neumann-Hofer[3] eine Aufstellung derjenigen Kategorien von Bargeldvorräten, die nach seiner Ansicht die Depositengelder der Banken ausmachen. Als solche unterscheidet er

1. Kassenvorräte der Geschäftsleute,
2. größere Einnahmenposten von Beamten usw., die allmählich verzehrt werden sollten,
3. Reservefonds von Geschäftsleuten,
4. Erträgnisse aus Einziehung von Forderungen, Verkauf von Wertpapieren usw.,
5. die verschiedenen Arten der Hoards (Begriff von Wagner, der darunter neuproduzierte, noch nicht verwendete Edelmetallmengen versteht),
6. Gelder, die der Bank übergeben werden, um später daraus einen Konto-Korrent-Kredit zu machen.

Ohne uns auf eine Kritik dieser Aufstellung einzulassen, soll an dieser Stelle nur auf die ganz verschiedenartigen Auffassungen des Depositenbegriffs hingewiesen werden, die sich auch in der Neumann-Hoferschen Zusammenstellung kundtut; nach unserer Ansicht würden nur die Positionen 2., 4. und 6. als „Depositengelder" anzusprechen sein.

---

[1] Vorgreifend sei hier bemerkt, daß in den nach dem neuen vereinbarten Bilanzschema der meisten großen Banken diejenigen fremden Gelder, die früher als „Depositen" bezeichnet wurden, jetzt als „Einlagen auf provisionsfreier Rechnung" erscheinen.

[2] Doch wurde auch auf der Bankenquete beklagt, daß ein nicht unerheblicher Teil der Sparkasseneinlagen (nach Schätzung eines Sachverständigen ca. 30%, nach Wagner 10—20% der Gesamteinlagen) den Charakter von Depositen trüge, diese Summen den Sparkassen also nur vorübergehend zur Verfügung ständen.

[3] Adolf Neumann-Hofer, Depositengeschäfte und Depositenbanken, Theorie des Depositenbankwesens. Leipzig 1894.

Wenn wir uns nunmehr der Betrachtung der ziffernmäßigen Ergebnisse zuwenden, die uns die Statistik gewinnen läßt, so geht aus dem früher Gesagten hervor, daß die gewonnenen Zahlen Anspruch auf absolute Genauigkeit nicht haben; indessen sind die Summen, um die es sich hier handelt, so bedeutend, daß das Fehlen kleiner Teilbeträge an dem Gesamtbilde der Machtverhältnisse der einzelnen Kreditorganisationen, auf dessen Darstellung allein es hier ankommen soll, nichts Wesentliches zu ändern vermag. Dieser letztere Grund verlangt besonders berücksichtigt zu werden bei der Bankenstatistik, die wir für diesen Zweck dem „Deutschen Ökonomist" entnehmen, der seine Untersuchungen im allgemeinen nur auf die Banken mit mehr als je 1 Mill. M. Aktienkapital erstreckt.

Nach einer Zusammenstellung, die der „Allgemeine Verband der auf Selbsthilfe beruhenden deutschen Erwerbs- und Wirtschaftsgenossenschaften" in seinem Jahrbuch für das Jahr 1910 gibt,[1] stellt sich der Anteil, den die Verbandkreditgenossenschaften an der Verwaltung des nationalen Kapitals nehmen, wie folgt (Tabelle siehe nebenstehend).

Danach waren 16238 Verbandskreditgenossenschaften mit einem Gesamtbetriebskapital (ohne die nicht angegebenen fremden Gelder der 3. Gruppe) von rund 4118,67 Mill. M. ausgestattet. Von den Ende 1909 überhaupt bestehenden deutschen Genossenschaften, deren Zahl der „Zentralverband deutscher Konsumvereine" in seinem Jahrbuch 1910[2] auf 29497 angibt, verfügten 22473 berichtende Genossenschaften über ein Gesamtbetriebskapital von 4392,16 Mill. M., das sich zusammensetzte aus

367,06	Mill. M.	Geschäftsguthaben der Mitglieder,
206,82	„ „	Reserven,
3818,28	„ „	angeliehene fremde Gelder
4392,16	Mill. M.	

Über die in den deutschen Sparkassen konzentrierten Geldsummen berichtet die amtliche Statistik wie folgt:[3]

Am Schlusse des Jahres 1909 verwalteten:

2811 öffentliche Sparkassen	14449,82 Mill. M.
228 nicht öffentliche Sparkassen	1222,30 „ „
mithin 3039 Sparkassen Gesamtguthaben der Einleger im Betrage von	15672,12 Mill. M.
Einschließlich der Reserven von	887,67 „ „
verfügten sie tatsächlich über	16559,79 Mill. M.

Von der Kapitalmacht aller deutschen Banken (also einschließlich der Noten- und Hypothekenbanken, doch ausschließlich der kleinen Kreditbanken mit weniger als je 1 Mill. M. Aktienkapital)

---

[1] Jahrbuch des „Allgem. Verbandes" für 1910, S. 5.

[2] Der Zentralverband deutscher Konsumvereine im Jahre 1910. Hamburg 1911, S. 309.

[3] Statistisches Jahrbuch für das Deutsche Reich 1903ff.

Verbände	Zahl der			Geschäfts-Guthaben	Reserve-fonds	Angeliehene fremde Gelder	Angabe für das Jahr
	Verbands- u. Kreditgenoss.	berichtenden Kreditgenoss.	Mitglieder	In Mill. Mark			
1. Allg. Verband der deutschen Erwerbs- u. Wirtschafts-Genossenschaften: Kreditgenossenschaften	965	939	600387	216,33	94,19	1163,77	1910
2. Reichsverband der deutschen landwirtschaftl. Genossenschaften, Spar- und Darlehnskassen	12738	12614	1163186	22,36	50,98	1862,18	1909
3. Verband landwirtschaftl. Genossenschaften in Württemberg. Darlehnskassenvereine	1181	1141	128863	2,21	3,31	?	1909
4. Hauptverband der deutschen gewerblichen Genossenschaften in Berlin	365	326	70770	14,42	4,80	117,07	1909
5. Verband deutscher Erwerbs- u. Wirtschaftsgenossenschaften in Hannover. Kreditvereine	72	72	35569	10,13	5,32	147,05	1910
6. Württemberg. Kreditgenossenschaften-Verband in Ulm	96	94	49281	23,76	7,96	83,31	1910
7. Trierischer Revisions-Verband	351	342	35681	0,22	1,22	53,21	1909
8. Verband der landwirtschaftl. Kreditgenossenschaften im Großherzogtum Baden	422	422	63325	5,02	3,08	1,50	1910
9. Verband der Erwerbs- und Wirtschaftsgenossenschaften der Provinzen Posen und Westpreußen	248	248	116849	21,91	10,89	174,79	1909
10. Verband der Erwerbs- und Wirtschaftsgenossenschaften der Provinz Oberhessen	25	25	3788	0,34	0,34	12,48	1909
11. Verband der Spar- und Darlehenskassen des Allgemeinen Verbandes der Eisenbahnervereine	15	15	35128	1,23	0,10	3,15	1910
	16478	16238	2302827	317,93	182,19	3618,51	

gibt uns folgende Tabelle des „Deutschen Ökonomist“[1] einen Überblick:

Am 31. Dezember 1910 verfügten

5 Notenbanken 40 Hypothekenbanken 165 Kreditbanken	210 Aktien-Banken über eigene Mittel (Aktienkapital u. Res.) im Betrage von	5042,5 Mill. M.

Fremde Gelder

und zwar Kreditoren und auszuzahlende Gewinne . . .	6765,4 Mill. M.	
Depositen.	4283,6 „ „	
Akzepte	2248,4 „ „	
Banknoten	2224,6 „ „	
Pfandbriefe	10751,2 „ „	26273,2 „ „
Demnach über ein Gesamtkapital von . . .		31315,7 Mill. M.,

an denen die 165 Kreditbanken allein mit 15015,2 Mill. M. beteiligt waren.

Auch ohne jeden Kommentar reden diese wenigen Zahlen eine deutliche Sprache. Sie zeigen die große Bedeutung und das gewaltige Übergewicht der Banken in unserer Kreditwirtschaft und lassen die außerordentliche Verantwortung erkennen, die die relativ wenigen Bankinstitute auf sich nehmen, wenn sie (abgesehen von den Noten- und Hypothekenbanken) ohne gesetzliche Fesseln einen fast ebenso hohen Teilbetrag des nationalen Vermögens in eigene Verwaltung übernehmen als die sehr große Anzahl der Genossenschaften und Sparkassen zusammengenommen.[2]

Haben die angeführten Ziffern bisher dazu gedient, uns einen allgemeinen Gesamtüberblick zu geben über die Machtverhältnisse der drei Kategorien: Genossenschaften, Sparkassen und Banken zueinander, so wollen wir noch den eigentlichen Depositengeldern eine kurze Betrachtung widmen, zumal sie ja für unser Thema von besonderer Bedeutung sind. Eliminiert man aus den vorstehenden Zusammenstellungen die Depositengelder, so ergibt sich folgendes Bild:

Diese Depositen betrugen:

1909/10	bei 15097	Kreditgenossenschaften.	3618,52 Mill. M.
Ende 1909	„ 3039	Sparkassen	15672,12 „ „
„ 1910	„ 165	Kreditbanken	3240,92 „ „

Naturgemäß stehen in dieser Beziehung die Sparkassen an erster Stelle. Da die Sicherheit ihrer Spareinlagen, zumal diejenige der öffentlichen Sparkassen, anerkannt zweifellos ist, berühren sie unser Thema weiter nicht. Dagegen bedeutet die Errichtung einer Reichs-

[1] Die deutschen Banken im Jahre 1910, von Robert Franz. Sonderabdruck aus dem „Deutschen Ökonomist“, Berlin 1911.

[2] Hierbei ist zu bedenken, daß außer den kleinen Banken auch die Privatbankiers nicht berücksichtigt sind, deren Anteil allerdings statistisch überhaupt nicht zu erfassen ist, immerhin bei ihrer immer noch großen Anzahl ebenfalls beträchtliche Summen ausmachen würde.

depositenbank, wie wir gesehen haben, eine starke Entziehung der Depositen aus der Gewalt der Banken, zum Teil auch der Genossenschaften. Dieser Umstand zwingt uns, die Stellung der Depositen, d. h. die Bedeutung, die ihnen gegenwärtig unter den sonstigen Mitteln der Banken zukommt, näher zu betrachten.

Von dem gesamten von 165 Kreditbanken Ende 1910 verwalteten Kapital (15015,2 Mill. M.) betrugen die Depositen 3240,92 Mill. M., d. h. etwa 21,6%. Man erkennt ohne weiteres aus der Höhe dieser Prozentziffer, daß ein Eingriff in den Betrieb der Banken im Sinne des Warschauerschen Vorschlages von außerordentlichen Folgen nach irgendeiner Seite hin sein müßte. Noch mehr wird das klar, wenn man die Verteilung der Depositen auf einzelne Bankklassen betrachtet. An der Verwaltung des Gesamtkapitals überhaupt waren beteiligt:

Ende 1910:

Die Berliner Banken[1]	mit ca.	7757 Mill. M.	= 51,6%,
die Provinzbanken	„ „	7258 „ „	= 48,4%.

Von den Depositen waren in Händen der

Berliner Banken	ca.	1565,8 Mill. M.	= 48,3%,
Provinzbanken	„	1675,1 „ „	= 51,7%.

Da nun die Summen der fremden Gelder betrugen (in Mill. M.):

bei allen Banken:

1895:	1276,12	493,26	1769,38,
1910:	5882,20	3240,92	9123,12,

bei den Berliner Banken allein:

1895:	820,33	136,13	1016,46,
1910:	3316,08	1565,80	4881,88,

so stiegen danach in dem Zeitraum 1895—1910:

	bei allen Banken	bei den Berliner Banken
die fremden Gelder	um 415,6%	um 380,3%,
Depositen	„ 557,0%	„ 698,3%.

Stellen wir diesen Ziffern noch die Angaben für die eigenen Mittel der Banken (Aktienkapital und Reserven) gegenüber, die für die Berliner Banken 1595,7 Mill. M. = 45,5%, für die Provinzbanken 1907,6 Mill. M. = 54,5% betragen, so erkennen wir, daß sich in diesen Zahlen eine Erscheinung widerspiegelt, die noch auf anderen Gebieten der Volkswirtschaft ihr Seitenstück findet, nämlich die Konzentration des Bankwesens, die die immer weitergehende Zentralisation des Kapitalverkehrs an wenigen Punkten und in wenigen Instituten zur Folge hat. Der Konkurrenzkampf unter den einzelnen Instituten und Bankengruppen, der diese Konzentrationsbewegung notwendig

[1] Nach dem „Deutschen Ökonomist", der unter „Berliner Banken" die neun Großbanken: Deutsche Bank, Dresdner Bank, Diskonto-Gesellschaft, Bank für Handel und Industrie, A. Schaaffhausenscher Bankverein, Berliner Handelsgesellschaft, Kommerz- und Diskontobank, Nationalbank für Deutschland und die Mitteldeutsche Kreditbank versteht, denen er alle anderen Institute als „Provinzbanken" gegenüberstellt.

begleitet, ist auch zum Teil schuld an manchen bedauerlichen Erscheinungen, die die kreditgewährende Tätigkeit der Banken hervorgerufen hat. Zu diesen Erscheinungen rechnet man die „viel zu enge Verbindung der Banken mit der Industrie", zu deren Betrachtung wir nunmehr übergehen wollen.

Die Entwicklung, die die deutsche Volkswirtschaft seit Begründung des Reiches genommen hat, glaubt Riesser[1] charakterisieren zu können als unter dem Zeichen stehend „einerseits der größten Expansion auf fast allen Gebieten der öffentlichen und privaten Betätigung, andererseits der intensivsten Konzentration der Kräfte, Unternehmungen und Kapitalien". Hervorragenden Anteil an dieser Entwicklung hatte von Anfang an die deutsche Industrie, deren Hauptaufgabe es geworden ist, an ihrem Teil zur Deckung des Produktionsdefizits der Landwirtschaft und durch Schaffung von Absatzmärkten und damit von Guthaben im Ausland zur Verbesserung unserer Zahlungsbilanz beizutragen.

Um diese Aufgabe lösen zu können, bedurfte die deutsche Industrie der Hilfe des mobilisierten Kapitals, das ihr die Banken — zuerst die 1872 gegründete Deutsche Bank, die auch als erste das verzinsliche Depositengeschäft systematisch pflegte — zur Verfügung stellten. Damit gelangte sie unter die Herrschaft des „Kapitalismus". „Auf dem Boden der modernen kapitalistischen Produktionsweise aber verschieben sich die gewerblichen Betriebsformen in der Richtung einer stets zunehmenden Konzentration."[2] Die Überlegenheit der großen Betriebe über die kleinen, deren Ursache in dem Umstande zu suchen ist, daß von dem Punkt an, wo die Rentabilität beginnt, sich die Kosten relativ mit dem wachsenden Umsatz verringern, die bequemen Formen, die das Gesetz für diese Kapitalanhäufungen in den Aktien-Gesellschaften, den Kommanditgesellschaften, den Gesellschaften m. b. Haftung schuf, begünstigten diese Tendenzen. Auf seiten der Industrie gelangte man über „Betriebskonzentrationen", in denen man zum Zweck der Verbilligung der Produktion den gesamten Produktionsprozeß möglichst in einem Betriebe vereinigte, zu den Kartellen, die heute besonders auf dem Gebiete der Massenindustrie eine die „korrespondierende Urproduktion und den Absatz" beherrschende Stellung einnehmen. Zur Beleuchtung dieser Entwicklung seien einige Zahlen angeführt, die wir dem Riesserschen Werke entnehmen:

Von 1870 (zweite Hälfte) bis 1874 wurden errichtet:

857 Aktiengesellschaften mit einem Aktienkapital von	3306,81 Mill. M.
(Von diesen befanden sich allerdings infolge der Übergründungen dieser Jahre im Sept. 1874 123 in Liquidation und 37 in Konkurs.)	—

[1] Riesser, a. a. O., S. 77.

[2] Art. „Gewerbe" im Handwörterbuch der Staatswissenschaften 3. Aufl., von K. Bücher.

Im Jahre 1883 veröffentlichten ihre Bilanzen:

1311 Aktiengesellschaften mit einem Aktienkapital von	3918,— Mill. M.
Im Jahre 1896 wiesen 3712 Aktiengesellschaften ein Aktienkapital nach von	6845,76 „ „
während Ende 1910 5295 tätige Aktiengesellschaften bestanden mit einem Kapital von	5466,3 „ „

Die Summe aller seit 1871—1910 gegründeten Aktiengesellschaften betrug 6524 mit einem Kapital von 9902,02 Mill. M.

Diese allerdings zu Zeiten übermäßig schnelle Entwicklung der Industrie ist ermöglicht worden, zuweilen auch beeinflußt durch die Banken und deren Konzentration. „Industrie-Konzentration und Banken-Konzentration“, so sagt der „Deutsche Ökonomist“,[1] „haben sich gegenseitig beeinflußt. Immerhin ist nicht zu bestreiten, daß die Initiative auch der Konzentration auf industriellem Gebiet meist oder doch vielfach von den Banken ausgegangen ist.“ Ganz besonders gilt dies (nach Riesser) von der elektrotechnischen und der Montanindustrie, die beide mehr oder weniger „Schuldnerindustrien“ sind,[2] während entsprechende Einflüsse innerhalb der chemischen Industrie, die vorwiegend „Gläubigerindustrie“ ist, kaum zu erkennen sind. Es kann nicht im Rahmen dieser Untersuchung liegen, die sich ja nicht auf das Verhältnis von Banken zu der Industrie ausdehnen soll, diese Zusammenhänge für jedes einzelne Industriegebiet und bis ins Detail zu verfolgen. Wir müssen uns damit begnügen, aus dem Kapitel: Großbanken und Großindustrie — und dieses ist ja bei den beiderseitig in Betracht kommenden Machtverhältnissen für das Endurteil ausschlaggebned — die bemerkenwertesten Stellen hervorzuheben.

Die Entwicklung der elektrotechnischen Industrie, die in wenigen Jahrzehnten (1883 Gründung der ersten deutschen Aktiengesellschaft dieser Industrie) einen so gewaltigen Aufschwung genommen hat, kann „ohne Bankenhilfe überhaupt nicht gedacht werden“. Ihre Erfolge und der Umstand, daß zumeist für ihre steigenden Kreditbedürfnisse die Kräfte einer Bank nicht ausreichten, führten zur Bildung von Bankengruppen hinter den Industriegruppen, deren es in dieser Periode der Überproduktion (bis zum Jahre 1900) 7 gab.[3] Hier hat die Industriekonzentration eine Konzentration auf seiten der Banken zur Folge gehabt. So standen damals (1900) hinter der

Siemens & Halske-Gruppe	mit 4 Werken:	11	(zumeist) Großbanken,
A. E. G.- „	„ 4 „	8	„ „

[1] Die deutschen Banken im Jahre 1910, S. 6.

[2] Unter „Schuldner“- bzw. „Gläubigerindustrie“ versteht Riesser solche Industrien, die „in der Regel in der Lage sind, Guthaben bei ihren Bankiers zu unterhalten, oder in der Regel genötigt sind, deren Kredit in Anspruch zu nehmen“.

[3] Riesser, a. a. O., S. 582.

Schuckert-	Gruppe mit	4 Werken:	8 (zumeist)	Großbanken,
Union-Elektr.-Ges.-	„ „	2 „	6 „	„
Helios-	„ „	5 „	9 „	„
Lahmeyer-	„ „	2 „	8 „	„
Kummer-	„ „	7 „	2 „	„

Das Charakteristikum der industriellen Bankgruppe ist nach Jeidels,[1] „daß sie nicht nur bei jeweiligen Emissionskonsortien hervortreten, vielmehr eine dauernde Geschäftsverbindung mehrerer gleichartiger Banken mit einem Kreis industrieller Unternehmungen darstellt. . . . Sie ist ein Stück planmäßigen Zusammenwirkens von Industrie und Bankwelt.“ Infolge von Zusammenbrüchen in der 1900 erfolgenden Krise von Zahlungseinstellungen und Fusionen blieben im Jahre 1910 von diesen Gruppen im wesentlichen nur die „überaus mächtig gewordene A. E. G.-Gruppe und die Siemens & Halske-Gruppe als Konkurrenten bestehen. Der ersteren steht von den Großbanken die Berliner Handelsgesellschaft, der letzteren die Deutsche Bank besonders nahe. Auf die mannigfachen Wechselbeziehungen, die zwischen den noch bestehenden Industriegruppen und ihren Banken obwalten, bei denen ja oft einige Banken gleichzeitig mehreren der ersteren angehören, und die in der Folge zu gegenseitigen Beeinflussungen der Industrie- und Bankengruppen führten, kann hier nicht näher eingegangen werden.[2]

Bei der chemischen Industrie liegen die Verhältnisse insofern anders, als sie im allgemeinen von den Schwankungen der Konjunkturen weniger berührt wird als die beiden anderen genannten Industrien, und die Konzentrationsbestrebungen auf ihrem Gebiete hauptsächlich aus technischen Gründen vor sich gingen, so daß auch zumeist die Initiative zu solchen Änderungen von ihr selbst, nicht von den Banken auszugehen pflegt. Wenn es richtig ist, daß für das Verhältnis zwischen Industrie und Banken die Besetzung der Aufsichtsratsstellen ein gewisses äußeres Zeichen bildet für den Grad ihrer gegenseitigen Geschäftsverbindung, oft auch der Abhängigkeit der ersteren von diesen, so findet diese Annahme ihre Bestätigung bezüglich der chemischen Industrie. Wie aus der am Ende dieses Abschnittes abgedruckten Tabelle zu ersehen ist, sind die Großbanken in den Aufsichtsratskollegien der chemischen Großindustrie verhältnismäßig spärlich vertreten.

Aus der erwähnten Tabelle geht weiter hervor, daß die Vertretung der Banken in Aufsichtsratsstellungen der Montanindustrie-Gesellschaften eine relativ sehr hohe ist. Die Montanindustrie ist diejenige, auf deren Entwicklung die Banken aus eigener Initiative eingewirkt haben; dazu berechtigte sie schon die große Bedeutung, die einer In-

[1] Jeidels, a. a. O.

[2] Für den 30. Sept. 1909 weist die amtliche Statistik (Jahrbuch 1911) für die elektrotechnische Industrie einen Bestand von 39 Gesellschaften nach, die zusammen über ein Nominalkapital von 197,8 Mill. M. verfügten, während gleichzeitig an der Elektrizitätserzeugung 90 Werke mit 629,4 Mill. M. Aktienkapital beteiligt waren.

dustrie, die sich mit der Förderung der wichtigsten Bodenschätze befaßt, für die Volkswirtschaft zukommt. Die Art ihrer Produktion, die sich hauptsächlich auf Massengüter (Kohle und Eisen) erstreckt, also Quantitätsarbeit leistet, war Kartellbildungen besonders günstig, zumal die Montanindustrie schon früh „organisatorisch und lokal wie kapitalistisch in einer begrenzten Anzahl von Großbetrieben oder sogar Riesenbetrieben zusammengefaßt sind.“[1] In der Montanindustrie spielten sich vor kurzem Konkurrenzkämpfe ab, die bei der engen Verbindung mit den Banken diese beeinflussen mußten, und die hauptsächlich hervorgerufen wurden durch das Aufhören der beiden größten Verbände in der Montanindustrie, des Stahlwerksverbandes (30. Juni 1912)[2] und des Rheinisch-Westfälischen Kohlensyndikats (Ende 1915). „Überproduktion — Steigerung der Produktionsfähigkeit weit über den einstweiligen vorhandenen Bedarf hinaus — unter diesem Zeichen steht ja nun auch die Montanindustrie, und mit den Syndikatsfragen hängt diese Produktionssteigerung auch bei ihr eng zusammen.“[3] In diese Worte faßt der Jahresbericht der Frankfurter Zeitung die Signatur der Montanindustrie im Jahre 1911 zusammen. Dieser Anreiz, möglichst viel und billig zu produzieren, entsteht aus dem Bestreben der einzelnen Werke, nach der etwaigen Auflösung des alten Verbandes in einem neuen mit einer möglichst hohen Quote (Beteiligungsziffer) aufgenommen zu werden, die natürlich durch vorherige Produktion erwiesen sein muß. Daneben findet eine umfangreiche Verdrängung der „kleinen“ durch die „großen“ statt, die in der Form von Fusionierungen oder Angliederungen „reiner“, selbständig nicht mehr rentabler Werke vor sich geht, wobei im Jahre 1911 der Weg der Interessengemeinschaft mit der Bedingung einer eventuellen späteren Fusion bevorzugt worden ist. Diese Angliederungen haben den Zweck der früher erwähnten Betriebskonzentration, d. h. in diesem speziellen Falle gliedern sich die großen Verbandswerke kleine „reine“ Werke an, um durch deren Qualitätsarbeit einzelne in ihrem eigenen Betriebe noch fehlende Produktionsstadien zu ersetzen und durch Herstellung solcher „gemischter Betriebe“ die Werke vollkommener und besser auszunutzen. So wurden u. a. im Jahre 1911 zwischen nachstehenden Werken Vereinigungen durchgeführt, bei denen es sich auf der einen Seite meist um Angehörige des Kohlensyndikats oder des Stahlwerksverbandes, auf der anderen zumeist um Röhren- und Drahtwalzwerke handelt:

Friedr. Krupp, A.-G. (Stahlw.-Verb.) und der Westfälischen Drahtindustrie,
Gutehoffnungshütte (Rhein.-W. Kohlens.) und dem Drahtwalzwerk Boecker & Co. (Gelsenkirchen).
Rheinische Stahlwerke (Rhein.-W. Kohlens.) und der Röhrenfabrik Balcke, Tellering & Co.

[1] Riesser, a. a. O., S. 147.
[2] Die wenigstens teilweise Erneuerung des Stahlwerksverbandes hat inzwischen stattgefunden.
[3] Frankfurter Zeitung Nr. 359 vom 29. Dez. 1911: „Rückblicke auf das Wirtschaftsjahr 1911.“

Eisen- und Stahlwerk Hoesch (Stahlw.-Verb.) und der Maschinenfabrik Dortmund.

Deutsch-Luxemburger Bergw. und Hütten-A.-G. (beider Verb.) und der Rümelinger Hochöfen und Stahlwerke.

Buderus (Rhein.-W. Kohlens.) und den Massen.[1]

Ferner macht sich „der Lothringer Hüttenverein Aumetz-Friede (Mitglied beider Verbände), bisher einer der bedeutendsten Halbzeugverkäufer des Stahlwerkverbandes zum Mittelpunkt einer großen Kombination, indem er, unter Erhöhung seines Kapitals von 45 auf 58 Mill. M. eine Interessengemeinschaft zur Beschaffung der wichtigeren Rohmaterialien und Halbfabrikate mit der Düsseldorfer Eisen- und Drahtindustrie und Fassoneisenwalzwerk Mannstaedt schließt, das sich schon vorher mit der Sieg-Rheinischen Hütte verschmolzen hatte. . . . Kurz, es ist ein Sieg der gemischten Betriebe". (Frankfurter Zeitung.) Hinter diesen Bewegungen auf dem Gebiete der kartellierten Industrie stehen die sämtlichen größeren Banken, die, wie aus ihren Geschäftsberichten des Jahres 1911 fast ausnahmslos hervorging, an einem Wiederzustandekommen der ablaufenden wichtigen Verbände infolge ihrer engen Geschäftsverbindung größtes Interesse hatten. Doch auch im allgemeinen volkswirtschaftlichen Interesse war das Wiederzustandekommen der Verbände nur zu wünschen, denn andernfalls würde deren Zerfall, wie die Diskonto-Gesellschaft schrieb, „einen zügellosen Konkurrenzkampf zur Folge haben".

Wir geben nachstehend eine Übersicht (zusammengestellt nach Angaben Riessers, S. 308) über einige besonders enge Beziehungen zwischen Großbanken und der schweren Industrie. Solche Verbindungen bestanden seitens der:

Deutschen Bank und den Huldschinskyschen Werken; Oberschl. Kokswerken.

Diskonto-Gesellschaft und der Gelsenkirchener Bergw.-A.-G.; Dortmunder Union; Rhein. Stahlw.; Kaliwerke Aschersleben; Ludwig Loewe & Co.; Bochumer Verein; Kattowitzer A.-G. für Bergbau und Hüttenbetrieb.

Dresdner Bank und der Kattowitzer Bergw.-Ges.; Deutsch-Österr. Bergwerks-Ges.; A.-G. Lauchhammer; Saar- u. Moselbergwerks-Ges.; Laurahütte.

Berliner Handelsgesellschaft und der Harpener Bergbauges.; Hibernia; Bergwerks-Ges. Consolidation; Oberschl. Eisenindustrie; Schles. Kohlen- u. Kokswerke in Gottesberg.

des Schaaffhausenschen Bankvereins und der Aumetz-Friede; Harpener Bergbauges.; Stahlwerk Hoesch; Phönix, Hoerder Bergwerks- u. Hüttenverein; Internat. Bohrges.; Hercynia; Rombacher Hüttenwerke; Internat. Kohlenbergw.-A.-G. in St. Avold.

der Darmstädter Bank und der Deutsch-Luxemburg. Bergw.- und Hütten-A.-G.; Friedlicher Nachbar; A. Riebecksche Montanwerke-A.-G.

---

[1] Nach der Frankfurter Zeitung, wie oben.

Wir haben früher gesagt, daß die Beziehungen der Banken zur Industrie sich äußerlich kundgeben u. a. durch die Besetzung der Aufsichtsratsstellen in den beiderseitigen Instituten. Und sie bilden (nach Jeidels)[1] den engsten Kreis der Einflußsphären, die zwischen Banken und Industrie obwalten, denn hier können die Banken als Mitglieder des Aufsichtsrates von Industriewerken in deren Verwaltung „mitreden". Wenn diese Interessenvertretungen gewiß im Vorteile beider Parteien liegen und einem „harmonischen Zusammenarbeiten dienen sollen und ja auch tatsächlich dienen", so liegt doch auch hier, wie der „Deutsche Ökonomist"[2] u. E. richtig bemerkt, der Schwerpunkt auf seiten der Banken; denn „die Vertreter der Banken werden vielfach in die Aufsichtsratskollegien der Industriegesellschaften delegiert, während die Direktoren industrieller Gesellschaften zu den Aufsichtsräten der Banken herangezogen werden." Die nachstehende Tabelle, die nach den Angaben der Beilage IV des Riesserschen Werkes zusammengestellt ist, mag einen Überblick geben über die „Vertretung von Großbanken im Aufsichtsrat von Aktiengesellschaften".

Bergbau, Hütten- u. Salinenwerke	11	26	17	22	13	25	114
Industrie der Steine u. Erden	3	2	4	2	4	4	19
Metallverarbeitung	2	12	5	6	4	12	41
Industrie der Maschinen u. Instrumente	9	6	15	10	6	18	64
Elektrizitätsindustrie	11	12	15	7	8	4	57
Chemische Industrie	4	2	3	4	2	5	20
Industrie der forstw. Nebenprodukte, Leuchtstoffe, Seifen, Fette, Öle, Firnisse	4	3	3	8	—	2	20
Textilindustrie	6	6	8	5	5	4	34
Papierindustrie	1	—	1	—	4	2	8
Industrie der Holz- u. Schnitzstoffe	1	—	—	—	—	—	1
Industrie der Nahrungs- u. Genußmittel	11	5	3	1	3	2	25
Handelsgewerbe	16	10	32	38	25	28	149
Grundstücks-Gesellschaften	17	8	9	3	13	4	54
Versicherungsgewerbe	6	1	7	6	3	5	28
Verkehrsgewerbe	16	14	9	19	14	22	94
Gummiindustrie	—	—	1	2	—	—	3
Baugewerbe	—	—	1	—	3	5	9
Künstlerische Gewerbe	—	—	2	—	—	—	2
Gast- u. Schankwirtschaft	—	—	—	—	1	—	1
Ausländische Gesellschaften	14	16	24	10	12	6	82
	132	123	159	143	120	148	825

[1] Jeidels, a. a. O., S. 109.
[2] Die deutschen Banken im Jahre 1910, S. 6.

Diese Zusammenstellung zeigt, daß abgesehen von der Rubrik „Handelsgewerbe" (hier sind auch diejenigen Bankinstitute aufgeführt, in deren Aufsichtsratskollegien die Vertreter von Berliner Banken auf Grund von Interessengemeinschaften sitzen) die Berliner Großbanken tatsächlich am häufigsten in den Verwaltungen der Montanindustrieunternehmungen vertreten sind. Als Zeichen jedoch, daß die Industrie, besonders die schwere Industrie, in ein Stadium gelangt zu sein scheint, in dem sie sich von der Unterstützung durch die Banken unabhängiger macht, glaubt der „Deutsche Ökonomist"[1] gewisse Vorgänge in der Elektrizitätsindustrie ansehen zu sollen; so die Ende 1908 erfolgte Gründung der Elektro-Treuhand-Gesellschaft durch die Siemens-Schuckert-Gruppe mit der A. E. G.-Gruppe. „Diese Gesellschaft ist ein Kreditinstitut, welches elektrische Werte beleihen und auf Grund der hinterlegten Werte Obligationen ausgeben soll, bei deren Ausgabe sie sich der Hilfe der hier vollzählig vereinigten Großindustrie bedienen soll."[2] Um eine völlige „Emanzipation" scheint es sich hier also nicht zu handeln. Ebenso ist von der Tätigkeit dieser Gesellschaft (nach Riesser) „bisher wenig bekannt geworden", so wenig wie von der Anfang 1909 durch die Felten & Guilleaume-Lahmeyer-Werke-A.-G. in Mülheim und Frankfurt a. M. gegründeten Treuhand-Bank für die elektrische Industrie A.-G. in Cöln (Aktienkapital 25 Mill. M.).

Haben die bisherigen Betrachtungen über das Verhältnis zwischen Großbanken und Großindustrie mehr dazu gedient, den Umfang ihrer äußeren Beziehungen erkennen zu lassen, so wird es noch notwendig sein, uns über die Art dieser Beziehungen näher zu unterrichten, d. h. die Art und Weise zu prüfen, wie die Kreditgewährung an die Industrie seitens der Banken vor sich geht, und dieser Punkt ist für unser Thema auch der wichtigere.

Die deutschen Banken haben der Industrie ihre Unterstützung auch dann zuteil werden lassen, wenn solche Hilfe nicht ohne Risiko möglich war. Dieser letztere Umstand jedoch, daß jede finanzielle Interessiertheit einer Bank an einem industriellen Unternehmen mit einem mehr oder weniger bedeutenden Risiko verbunden zu sein pflegt — und solch eine Verbindung ist ja manch einer Bank zum Verhängnis geworden —, ist die Ursache heftiger Angriffe auf die deutschen Banken und ihre Geschäftspolitik gewesen, auch wenn man im übrigen ihre Leistungen anerkannt hat. Wir haben gesehen, daß u. a. auch Warschauer die Effektenbanken wegen ihrer Beteiligungen an „Gründungen" für Depositeninstitute nicht geeignet erklärt. In den Verhandlungen der Bankenquete-Kommission hat die Aussprache über das Thema „Kreditgewährung der Banken an die Industrie" natürlich ebenfalls einen breiten Raum eingenommen. Man muß zugeben, daß vom Standpunkt der Sicherheit der Depositengläubiger betrachtet eine zu enge Geschäftsverbindung zwischen

---

[1] Die deutschen Großbanken im Jahre 1910, S. 7.

[2] Riesser, a. a. O., S. 585.

Bank und Industrieunternehmen — wenigstens wenn dieses Institut dauernd Kredit beansprucht — in den meisten Fällen eine ständige Gefahr für die Bank und damit für deren Klientel bedeuten und ihre Liquidität ungünstig beeinflussen wird. Diese Gefahr liegt einmal begründet in der Natur eines Industrieunternehmens überhaupt, das in besonders hohem Maße von Konjunkturschwankungen abhängig ist. Diese Schwankungen und ihre Wirkungen können sich übertragen auf die Verfassung der Bank. Die Höhen der Zinsen und Provisionen, die die Bank etwa in ungünstigen Zeiten von den Unternehmern wird erhalten können, die also schon darum ihre Kreditbereitschaft unnatürlich erhöht, führt oft zu einer Überschuldung der letzteren, zumal wenn auf seiten der Bank Konkurrenz-, also Existenzfragen hineinspielen. Die Geschichte der Bankzusammenbrüche der letzten Zeit hat ergeben, daß oft auf die geschilderte Weise Kreditüberspannungen zu Katastrophen geführt haben. Indessen auch vom volkswirtschaftlichen Standpunkt aus — und nur dieser soll an dieser Stelle berücksichtigt werden — lassen sich einige Momente anführen, die nur eine vorsichtige und maßvolle Kapitalverwendung seitens der Banken im Interesse der Industrie zu rechtfertigen scheinen.

In der Zeit, da diese Zeilen niedergeschrieben werden (Frühjahr 1912), finden Verhandlungen statt zwischen dem Reichsbankpräsident und Vertretern der Großbanken in Berlin, die eine allgemeine Entlastung des Geldmarktes, ein Nachlassen der „Kreditüberspannung“, unter der ja die Reichsbank selbst am schwersten zu leiden hat, herbeiführen sollen. Diese „Kreditüberspannung“ ist das Ergebnis einer Entwicklung, die die Frankfurter Zeitung[1] mit den Worten kennzeichnet: „Kapitalbildung und Kapitalverwendung sind in Deutschland in den letzten Jahren nicht in gleichem Tempo gewachsen, und das Minus der Kapitalbildung muß ersetzt werden durch eine immer schärfere Anspannung des Kredits.“ An jener Kapitalverwendung aber hat, wie gleich zu zeigen sein wird, die Industrie hervorragenden Anteil, da seitens der Banken der von der Industrie geforderte Kredit in oft zu liberaler, zuweilen auch unbankmäßiger Weise gewährt wird.

Selbst in Bankkreisen wird die Tatsache und die Schädlichkeit so weitgehender Kreditgewährung anerkannt.[2] Diese trägt ihrerseits

[1] Frankfurter Zeitung, in mehreren Artikeln (Febr. 1912) „Kredit-Überspannung“.

[2] Die Diskonto-Gesellschaft schreibt darüber in ihrem Geschäftsbericht für 1911: „Das stetige Wachsen der Ansprüche an den Kapitalmarkt in Deutschland kann an sich nicht als ungesunde Erscheinung betrachtet werden, ist vielmehr eine natürliche Folge der Bevölkerungszunahme, des wachsenden Umfangs der kommerziellen und industriellen Tätigkeit und der durch die steigende Höhe der Lebensmittel sowie der Rohstoffpreise verteuerten Produktionsbedingungen. Doch ist der Kapitalbedarf nicht immer in einer seinen Verwendungszwecken entsprechenden Weise befriedigt, worden und hat dadurch eine Anspannung des Kredits hervorgerufen, die dessen Einschränkung ratsam erscheinen läßt.“

zur Verschärfung der Geldknappheit bei, indem die in Form von Depositengeldern den Banken zugeströmten Barkapitalien der Industrie zugeführt werden, die sie nur zu oft nicht nur als vorübergehende Betriebszahlungsmittel verwendet, sondern entgegen ihrer eigentlichen Bestimmung als dauernde Anlagekredite in Anspruch nimmt. Diese unangebrachte Verwendung kurzfristiger Gelder führt auf diese Weise zu einer zu umfangreichen Umwandlung umlaufenden Kapitals in stehendes.[1] Geht diese Kreditvermittlung mit Hilfe von Emissionen vor sich, so geschieht dies — wie Heiligenstadt auf der Bankenquete äußerte — meist auf Drängen der Banken, die bei diesem Geschäfte „größere Gewinne zu machen gedenken, als sie das gewöhnliche Bankgeschäft abwerfen könne". Auch überwälze man einerseits den Bankkredit auf das Publikum und befördere andererseits die immer weiter gehende Expansion der Industrie. Es scheint somit, als wenn eine fehlerhafte Kreditgewährung seitens der Banken an Handel und Industrie, d. h. eine fehlerhafte Verwendung der fremden Gelder im ausschließlichen Interesse dieser beiden die Ursache aller unerfreulichen Erscheinungen am Geldmarkt wären. Es hat auch nicht an Stimmen gefehlt, die den Banken eine unzweckmäßige und mit dem Willen der Einleger nicht übereinstimmende Zweckzuweisung des nationalen Betriebskapitals zum Vorwurf machte. So, wie schon früher bemerkt, Cäsar Straus, Alfred Lansburgh[2], und auf der Bankenquete Heiligenstadt u. a. Indessen geht solche allgemeine Verurteilung weit über das Maß der Schuld der Banken hinaus.[3] Industrie und Handel haben ihrerseits in Konjunkturperioden an die Banken Anforderungen gestellt, die sich oft später als nicht berechtigt erwiesen haben, während die Banken im allgemeinen nicht imstande waren, das Unberechtigte solcher Kreditansprüche sofort zu erkennen. Wenn dieses letztere in normalen Zeiten schon schwierig ist, so wird es in Zeiten einer wirklichen Hochkonjunktur, die auf allen Gebieten Produktionssteigerung, also erhöhten Kreditbegehr zur Folge hat, für die Banken zur Unmöglichkeit, den Punkt festzustellen, an dem die unwirtschaftliche Überproduktion einsetzt. Es sind Fehler auf beiden Seiten gemacht worden, und diese ergeben sich zuletzt aus der Tatsache, daß sich bis jetzt feste Grundsätze zur Kreditgewährung an die Industrie auf seiten der Banken und solche zur Kreditentnahme auf seiten der Industrie im allgemeinen

[1] „Wenn man sich" — so sagt O. Schwarz in seinem Buche: „Diskontpolitik" — „die ungeheuren Investierungen, welche in den letzten Jahren vorgekommen sind, vergegenwärtigt, so muß man sich mit Recht fragen, ob nicht ein zu großer Teil umlaufenden Kapitals, und zwar besonders unter Beihilfe unserer großen Banken, in stehenden Anlagen im In- und Auslande festgelegt worden ist."

[2] Alfr. Lansburgh, Die Verwaltung des Volksvermögens durch die Banken. Ders. in „Das deutsche Bankwesen". Berlin-Charlottenburg 1909, S. 16.

[3] Otto Schwarz, Diskontpolitik, S. 120. „Die bekannten Angriffe Lansburghs... wegen der unzulässigen „Hineinpressung" der fremden Gelder durch die Großbanken in die Großindustrie halten wir mit Riesser in dieser Allgemeinheit zwar für zu weitgehend und übertrieben... Das schließt indessen doch nicht aus, daß sie im einzelnen nicht immer das richtige Maß gehalten haben..."

noch nicht herausgebildet haben. Hieran wieder ist schuld (nach Riesser)[1] die im ganzen noch sehr junge Organisation der Banken, die Fülle der an sie herantretenden Aufgaben bei großer individueller Verschiedenheit der einzelnen Institute und endlich die stellenweise überhastete Entwicklung unserer Volkswirtschaft seit 1870.

Der Kreditbedarf der Industrie kann in der Hauptsache zwei Formen annehmen. Mit seiner Hilfe soll einmal der laufende Betrieb aufrechterhalten werden (Betriebskredit), andererseits soll er zur Schaffung neuer Anlagen dienen (Anlagekredit). Es ergibt sich hieraus, daß auch die Art der Kreditgewährung sich der Natur der verlangten Kredite anzupassen hat. Betriebskredit, durch den vorübergehende, meist regelmäßig eintretende Zahlungsverpflichtungen erfüllt werden sollen, braucht nur für kurze Zeit in Anspruch genommen zu werden. Werden daher für diese Zwecke kurzfristige Gelder verlangt, so entspricht solche Handlungsweise durchaus dem ein- für allemal geltenden Grundsatz bankmäßiger Kreditgewährung: Für die Aktivgeschäfte muß die Art der Passivgeschäfte maßgebend sein. Beim Anlagekredit handelt es sich dagegen um Festlegung von Kapitalien, die erst in längerer Periode allmählich zurückgezahlt werden können. Indessen ist in beiden Beziehungen gefehlt worden, indem eigentliche „Betriebskredite" allmählich in Anlagen festgelegt, und andererseits zur Gewährung von langfristigem Anlagekredite kurzfristige Kapitalien verwandt worden sind.

Betrachten wir zunächst den kurzfristigen industriellen Betriebskredit. Muß als eine Form dieser Verbindung zwischen Banken und Industrie auch der auf dem Wechseldiskontgeschäft beruhende Wechselkredit genannt werden, so ist diese Art doch nicht besonders charakteristisch für den „Industriekredit". „Das Institut, das diesen Kredit gewährt, erhält dadurch noch keine Möglichkeit, in die kreditnehmenden Industrien bewußt und planvoll einzugreifen.[2] Das charakteristische „industrielle Bankgeschäft", der „industrielle Bankkredit im engeren Sinne" ist der Kontokorrentkredit, und auf diesem Gebiete spielt heute eine immer bedeutendere Rolle der wegen seiner Billigkeit privatwirtschaftlich zu rechtfertigende, volkswirtschaftlich mit manchen Mängeln behaftete Akzeptkredit.[3] „Das Charakteristische des Akzeptkredits besteht darin, daß der Kreditgeber einen vom Kreditnehmer oder seinem Kunden auf ihn gezogenen Wechsel akzeptiert." Von den drei Arten von Bankakzepten, die man (nach Riesser, S. 232ff.) unterscheiden kann (Warenakzept, Industrieakzept, Spekulationsakzept), interessiert uns an dieser Stelle besonders das Industrieakzept. Der auf ihm beruhende Kredit hat die Aufgabe, der Industrie die Mittel zur vorübergehenden Beschaffung der laufenden

---

[1] Riesser, a. a. O., S. 197ff.

[2] Otto Jeidels, Das Verhältnis der deutschen Großbanken zur Industrie. Staats- und sozialwissenschaftliche Forschungen, herausgeg. von Schmoller und Sering, Bd. XXIV, Heft 2.

[3] Karl Schauwacker, Das Bankakzept im Dienste des Betriebskredits in Zeitschrift für Handelswissenschaft und Handelspraxis 1911, Heft 8 und 9.

Betriebsausgaben als auch für die eigentliche Fabrikation zur Verfügung zu stellen. Ist er somit einerseits als „Zahlungskredit" einwandfrei, so verleitet er leicht als Betriebskredit dazu, durch eine dauernde Inanspruchnahme zum Anlagekredit in kurzfristiger Form zu werden, also eine unerwünschte Immobilisierung kurzfristiger fremder Gelder herbeizuführen. Begünstigt wird solche Entwicklung durch die leichte Möglichkeit der Prolongation, wenn bei Verfall der Schuldner (also in diesem Falle der Aussteller) Deckung nicht schaffen konnte. Andererseits machen die Banken selbst gern von dieser Akzeptkreditgewährung Gebrauch, da sie eine sofortige Bereitstellung ihrer Mittel nicht erfordert. Ein weiteres Moment, das zur Förderung des Akzeptkredits beitrug, bildete „die Leichtigkeit, mit der sich die Akzepte guter Bankhäuser unterbringen ließen, und die Vorzugsdiskontsätze, die man ihnen einräumte".[1] Dieser Vorzugsdiskontsatz, den auch der Bankkunde genoß, machte daher auch für diesen den Akzeptkredit besonders begehrt. So kommt es, daß in der Tat die Position „Akzepte" in den Bilanzen der Banken beständig wächst und daß, was das Bedenklichste an dieser Erscheinung ist, an diesen Summen die Industrieakzepte wahrscheinlich sehr erheblich beteiligt sind.[2]

Dieses „ungesunde Anwachsen" der Bankakzepte bringt sowohl für die Kreditgeber wie für die Kreditnehmer mancherlei Gefahren mit sich. Auch dann, wenn diese von Kunden auf ihre Banken gezogenen Wechsel auf Warentransaktionen beruhen, also keine „Leerwechsel" — Riesser wendet diesen Ausdruck für „Finanzwechsel" an — sind oder auch wenn sie zum Zweck einer zukünftigen Produktion bestimmt, also immerhin „legitim" sind, bildet ihr Übermaß eine Gefahr zunächst für die Liquidität der Bank. Bleibt nämlich aus irgendwelchen Gründen die Deckung am Verfalltage aus, so muß die Bank ihr Akzept aus eigenen Mitteln einlösen. Andererseits bildet die Leichtigkeit, Akzeptkredit zu erhalten, wie auch seine Billigkeit für den Industriellen einen Anreiz, sich über seine Kräfte zu engagieren. „Anstatt für eine bessere Fundierung, für eine breitere Kapitalsbasis Sorge zu tragen, stützt er sich in weitem Maße auf den Akzeptkredit seiner Bank und bringt durch diese irrationelle Finanzierung sein Unternehmen leicht zu Fall."[3]

Die Gewährung kurzfristigen Kredits an die Industrie setzt — im Interesse der Sicherheit der späteren Eindeckung — eine stete Kontrolle seitens der kreditgewährenden Bank voraus; denn nur eine solche fortlaufende Überwachung könnte über die richtige Verwendung der Gelder Gewißheit schaffen. Eine solche ist aber schwer durchführbar, oft unmöglich. Diese Ungewißheit steigert naturgemäß das Risiko für die Bank.

Es ergibt sich aus diesen Betrachtungen, daß die Kreditgewährung

---

[1] H. Hartung, a. a. O., S. 113.

[2] Siehe Seite 27.

[3] Rob. Franz, a. a. O., S. 19.

in Form des kurzfristigen Akzeptkredits sich zwar auch für die Industrie eignet, nämlich wenn diese Form auch tatsächlich — sei es zu Zahlungszwecken oder als Betriebskredit im engeren Sinne — aufrechterhalten wird, und nur dann. Bedeutet doch rein volkswirtschaftlich diese Art der Kreditgewährung einen Fortschritt in der Entwicklung des Geldverkehrs gegenüber den früheren Zuständen, also eine Erleichterung des Wirtschaftslebens an sich![1] Indessen hat doch in letzter Zeit der Akzeptverkehr einen Umfang und Formen angenommen, die aus den angeführten Gründen seine weitere Ausdehnung kaum wünschenswert erscheinen lassen. Noch vor einem Vierteljahrhundert war bei den deutschen Banken nur im überseeischen oder doch ausländischen, im sog. Remboursgeschäft die Einräumung von Akzeptkredit üblich. Hier im Remboursgeschäft, das eine Bevorschussung von Warenverschiffungen darstellt und wobei den Banken die Konossamente als Kreditunterpfand dienen, ist das Bankakzept auch volkswirtschaftlich nur zu billigen. Die Vorzüge, die der Akzeptkredit gegenüber den anderen Arten (wie geschildert) voraus hat, führte jedoch bald zu einer Verdrängung der ersteren. Man dachte nicht mehr ängstlich an die mit der Akzeptation des Wechsels eingegangene Zahlungsverpflichtung, die Eigenschaft als „Privatdiskonten“ garantierte garadezu die Verwendbarkeit der Bankakzepte und so „fiel es nicht mehr auf, wenn an die Stelle des fällig gewordenen Wechsels ein neuer trat“. Was über die Beeinflussung der Liquidität der Bilanz durch „Akzepte“ sowie über die anderen Formen der „Bankakzepte“, so weit sie nicht aus der Industrie stammen, zu sagen ist, soll in einem späteren Kapitel erörtert werden.

Was den Umfang der Akzeptkredite betrifft, so mag an dieser Stelle an Hand einiger Zahlen nur die Tatsache beleuchtet werden, aus der seine Bedeutung und seine „Beliebtheit“ rein zahlenmäßig hervorgeht, nämlich, daß „seit sehr langer Zeit beinahe regelmäßig fast der dritte Teil der Kontokorrentkredite der Banken durch Akzepte in Anspruch genommen worden ist“.[2]

Es belief sich der Gesamtbetrag der Akzepte in Mill. M.:

	1903	1904	1905	1906	1907
bei allen Banken:	1300,17	1399,62	1600,55	1848,11	2035,29
Berliner Banken allein:	760,62	861,18	972,16	1080,82	1125,23

	1908	1909	1910	1911[3]
bei allen Banken:	1890,66	1970,38	2098,80	2198,78
Berliner Banken allein:	990,43	1016,54	1140,41	1251,99

Den Anteil der Akzepte am Kontokorrentkredit selbst veranschaulicht folge Aufstellung: Es betrugen in Mill. M.:

[1] H. Hartung, a. a. O., S. 113: „Mit der Aufnahme dieses durchaus legitimen Geschäfts traten die deutschen Banken einen Schritt auf der Bahn, die zu ihrer weltumspannenden Bedeutung und Größe führte.“

[2] Riesser, a. a. O., S. 239.

[3] Rob. Franz, a. a. O., S. 18.

	1901	1902	1903	1904	1905	1906
Debitoren:	3356	3550	3929	4396	5238	6073
Akzepte:	1136	1176	1300	1400	1601	1848
in % d. Debit. =	33,9	33,1	33,1	31,8	30,5	30,4

	1907	1908	1909	1910	1911
Debitoren:	6437	6605	6959	6838	7405
Akzepte:	2035	1891	1970	2099	2199
in % d. Debit. =	31,6	28,6	28,3	30,6	29,7

Der vorübergehende Rückgang der Zahlen für das Jahr 1908 — sowohl der absoluten wie der Verhältniszahlen zwischen Debitoren und Akzepten — findet seine Erklärung in dem Rückgang des Warenverkehrs, der wiederum als eine Folge der amerikanischen Krisis des Jahres 1907 anzusehen ist. Der offizielle Bankdiskont stieg in diesem Jahre bei uns auf $7^1/_2$% und betrug im Durchschnitt 6,03%. Aus der Tatsache jedoch, daß der Akzeptenrückgang nicht noch bedeutender gewesen ist, wird man folgern dürfen, daß das Akzept der Banken fortgesetzt auch in großem Umfange noch zur Beschaffung anderen als Warenkredits dient.

Mit dem eben behandelten Akzeptkredit, der zur Befriedigung kurzfristigen Geldbedarfs dienen soll, konkurriert der für die Zwecke eigentlicher Kapital-, d. h. langfristiger Geldbeschaffung begehrte Anlagekredit, bei dessen Deckung die Tätigkeit der großen Banken eine bedeutende Rolle spielt. Diese Investierung langfristiger Kapitalien nimmt im allgemeinen die Form der Effektenemission an und dieses „industrielle Emissionsgeschäft ist der Schlußstein des gewaltigen Gebäudes der industriellen Beziehungen zwischen Banken und Industrie, dessen Grundstein das Kontokorrentgeschäft bildet.“[1] [2]

Bei der Emission selbst pflegt man zur Geldbeschaffung für dauernde Anlagen die Aktienform zu wählen und zwecks Herbeischaffung von Mitteln für zwar länger dauernde, aber innerhalb einer bestimmten Frist rückzahlbare Anlagewerte Industrie-Obligationen auszugeben. Wenn schon in diesem letzten Umstand eine Erschwerung gegenüber der Aktienemission liegt, so auch, worauf Riesser (S. 306) besonders aufmerksam macht, darin, daß „die Ausgabe von Obligationen, im Gegensatz zu Aktien, das Unternehmen dauernd mit festen Zinsen belastet“. Von dieser Formfrage abgesehen, die die Emissionstechnik jeweils zu entscheiden hat, bietet die langfristige Kreditgewährung in dieser Form mancherlei Vorteile sowohl volkswirtschaftlicher Art wie für die Beteiligten selbst. In ersterer Beziehung trägt er dazu bei, im Gegensatz zu anderen Kreditformen, ein Übermaß von schwe-

---

[1] Riesser, a. a. O., S. 302.

[2] Otto Jeidels, a. a. O., S. 127: „Das Emissionsgeschäft ist aber im Rahmen des modernen industriellen Bankgeschäfts auch als Glied eines Ganzen zu betrachten, dessen Kernpunkt das Kontokorrentgeschäft und das in seiner vollkommensten Gestalt die dauernde, alle Transaktionen umfassende Geschäftsverbindung eines Unternehmens mit einer einzigen Bank ist.“

benden Schulden in offene und, wenn es sich um hypothekarisch sichergestellte Obligationen handelt, auch fundierte Schulden zu verwandeln. Für das industrielle Unternehmen hat diese Art langfristigen Kredits gegenüber dem ungesunden langfristigen Kredit in kurzfristiger Form den Vorzug der Billigkeit; der Bank dagegen, die die Werte an die Kundschaft absetzt, strömen mit ihrem Verkauf die der Industrie zur Verfügung gestellten Mittel auf diesem Wege wieder zu. Ob die durch diese Wechselbeziehungen zwischen Banken und Industrie entstehenden engen Verbindungen zwischen beiden „auf Gedeih und Verderb" immer ein Vorteil sind und gewesen sind, kann wohl auf Grund mancher in schlechten Zeiten gemachten Erfahrungen bezweifelt werden.

Die Gefahr, welche selbst diese Form (Obligationenausgabe)[1] des langfristigen Kredits in sich birgt, besteht einmal in einem Überschreiten eines berechtigten Maßes an Neuemissionen seitens der Banken; und, wie wir später zeigen werden, sind die Vorwürfe, die sich auf diesen Punkt beziehen, nicht unberechtigt. Andererseits übernehmen die Banken bei Emissionen industrieller Unternehmungen — und dies ist ein wesentlicher Unterschied gegenüber der „Übernahme einer Anleihe" einer öffentlich-rechtlichen Körperschaft — auch die Emissionshaftung, wonach sie nach den Bestimmungen des Börsengesetzes (§ 45[2]) bei etwaigen Unrichtigkeiten in den Angaben des Prospektes im Schuldfalle auch ihrerseits „als Gesamtschuldner jedem Besitzer eines solchen Wertpapiers für den Schaden, welcher demselben aus der von den gemachten Angaben abweichenden Sachlage erwächst, haften". Dazu kommt als weiteres Moment, das bei ausgedehnter Emissionstätigkeit einer Bank ihre Liquidität beeinflussen könnte, der Umstand, daß beim industriellen Emissionsgeschäft — im Gegensatz zur „Übernahme einer Anleihe" — mit der Durchführung einer Emission die Beziehungen zwischen Bank und Industrieunternehmen, die sich aus Anlaß dieses Geschäfts ergaben, nicht erledigt sind, diese Tätigkeit vielmehr „im laufenden Kreditgeschäft und der ganzen Reihe industrieller Bankbeziehungen"[3] ihre Fortsetzung findet.

Eine schwerere Gefahr jedoch sowohl für den Geldmarkt wie für die Volkswirtschaft i. a. bedeutet die Gewährung langfristigen Industriekredits in kurzfristiger Form, sobald sie einen größeren Umfang annimmt. Wenn im Falle der Obligationenemission, wie Otto Schwarz den Unterschied zwischen beiden Formen kennzeichnet, letzten Endes doch das Publikum, dem solche Obligationen zum Kauf angeboten werden, über die Kapitalverwendung entscheidet, so benutzt bei Gewährung langfristigen Kredits in der zweiten Form

---

[1] Die Aktien-Emission bedeutet kein Kreditgeschäft im eigentlichen Sinne, denn die Erwerbung einer Aktie begründet kein Schuldverhältnis der Gesellschaft gegenüber dem Aktionär, der selbst „Teilhaber und Mitunternehmer" wird. Handwörterbuch d. Staatswissensch., Art. „Anleihen".

[2] Börsengesetz (v. 8. Mai 1908) § 45.

[3] O. Jeidels, a. a. O., S. 131.

die Bank nach eigenem Ermessen Gelder, die im allgemeinen ihr nicht als langfristige Anlagen übergeben sind. Wenn nun auch nur ein Teil der Depositengelder für solche Zwecke in Betracht kommt, so kann doch bezweifelt werden, ob die Großbanken immer verstanden haben, in dieser Hinsicht das richtige Maß zu halten.[1] Indessen ist trotz aller Bedenken, die gegen diese Art Kreditgewährung erhoben werden müssen, diese selbst oft nicht zu umgehen und sogar notwendig. Damit kommen wir auf den Punkt, der auch die Frage der Obligationenemission in gleicher Weise berührt und den man für manche unerwünschten Erscheinungen in der Betätigung der Banken im Interesse der Industrie verantwortlich gemacht hat. Es ist der Mangel einer Organisation des langfristigen industriellen Kredits, besonders für mittlere und kleine Werke.

Während den größeren Unternehmungen im Emissionskredit, der wegen der bestehenden Börsenzulassungsbestimmungen einen relativ hohen Mindestbetrag an Obligationen voraussetzt,[2] ein Mittel zur Verfügung steht, sich beliebig hohe Beträge zur Investierung in Anlagen zu verschaffen, sind die kleineren Betriebe, die die Vermittlung der Börse nicht in gleicher Weise in Anspruch nehmen können, zumeist auf den für sie nicht passenden kurzfristigen Kredit angewiesen. Ihnen muß der Akzeptkredit den Emissionskredit der größeren Werke ersetzen, und welche nachteiligen Folgen mit dem Akzeptkredit zuweilen verbunden sind, haben wir vorhin zu zeigen versucht.[3] Als weiterer erschwerender Umstand bei rationeller Kreditbeschaffung kommt für die kleineren Unternehmungen hinzu das allmähliche Verschwinden der privaten Bankgeschäfte, deren Spezialgebiet die Unterstützung der lokalen Gewerbebetriebe bildete, die noch eher imstande waren als die Großbanken, auf Grund ihrer besonderen Erfahrungen den Kreditbedarf ihrer Kunden zu beurteilen und gelegentlich auch langfristigen Kredit zu gewähren. Werden somit die Kleinindustriellen mit ihren Kreditansprüchen schon aus diesem Grund allmählich mehr und mehr an die großen Depositeninstitute verwiesen, so tragen diese letzteren selbst dazu bei — übrigens auch eine Folge der Bankenkonzentration und der gegenseitigen Konkurrenz der Banken —, mit Hilfe ihrer zahlreich entstehenden Wechselstuben und Depositenkassen durch eine vielfach und mit Recht angegriffene Geschäftspropaganda langfristige Kredite in dieser Form (gegen Akzept) übermäßig zu gewähren.[4] Auf diese Geschäftstätigkeit der Großbanken und ihrer Depositenkassen führte (nach Schwarz,

[1] Die oben (S. 21) mitgeteilte Stelle aus dem Bericht der „Diskontogesellschaft" scheint zu diesem Zweifel zu berechtigen.

[2] Nach dem Börsengesetz (§ 44,1) ist diese Mindestsumme für die Börsen von Berlin, Frankfurt a. M. und Hamburg auf 1 Mill. M., für alle übrigen Börsen auf 500000 M. festgesetzt.

[3] Der Hypothekenkredit kommt nicht nennenswert in Frage, da sich die Hypothekenbanken i. a. mit Beleihung industrieller Objekte nicht befassen. — Der Lombardkredit aber ist i. a. teurer als der Akzeptkredit und scheidet also deshalb ebenfalls aus.

[4] Siehe darüber weiter unten.

S. 122) im Jahre 1909 der Reichsbankpräsident zum Teil die Notwendigkeit der Diskonterhöhungen mit zurück. Auch gegenwärtig ist die Kreditüberspannung mit dem hohen Akzeptumlauf u. a. in Zusammenhang zu bringen.

In diesem Zusammenhange bedürfen diejenigen Bestrebungen einer Erwähnung, die in letzter Zeit auf Besserung dieser Zustände, also auf eine planmäßige Beschaffung langfristigen Kredits für industrielle Mittel- und Kleinbetriebe gerichtet waren. Solche Vorschläge rühren her von dem ehemaligen — 1909 verstorbenen — Direktor der Rhein. Hypothekenbank, Geh. Hofrat Dr. Felix Hecht und vom Amtsrichter Sontag (Kattowitz) und beziehen sich (Hecht) auf Schaffung eines „Zentralinstituts für den langfristigen gewerblichen Kredit" bzw. (Sontag) auf „die Gründung einer Industrie-Hypothekenbank", laufen also inhaltlich beide auf dasselbe hinaus.[1] [2]

Hecht befürwortete die Gründung einer deutschen Industrie-Hypothekenbank, die nach dem Vorbild der bestehenden Hypothekenbanken die Geldmittel zur Befriedigung des industriellen Kredits durch Ausgabe von Obligationen beschaffen sollte, wegen „der großen Schwierigkeiten, welche heute der Gewährung eines rationellen industriellen Kredits seitens der Kreditbanken entgegenständen".

Auf den Verhandlungen der mitteleuropäischen Wirtschaftskonferenz in Berlin im Mai 1909 vermochte Hecht noch selbst seine Idee zu vertreten. Doch wurde schon damals von Riesser und Vas die Errichtung eines solchen Instituts weder für notwendig noch für wünschenswert erklärt. Mit dem Tode Hechts verlor dieser Plan seinen eifrigsten Förderer, zumal auch damals für weitere Untersuchungen ausreichendes statistisches Zahlenmaterial fehlte. Wenn Riesser auch anerkennt, daß ein Zentralinstitut im Hechtschen Sinne „nach manchen Richtungen hin segensreich wirken kann" — denn dem Industriekredit sind gegenüber dem Handelskredit manche Eigenschaften eigentümlich, die für die kreditgewährende Bank ein größeres Risiko bedingen —, so ist es schon deshalb nicht notwendig, „da die von Hecht vermißte organische Ausbildung des langfristigen Industriekredits in den nächsten Jahrzehnten ohne Zweifel auch bei den Kreditbanken weiter vorwärts gehen wird" (Riesser, a. a. O., S. 213). Wichtiger will uns der Einwand erscheinen, daß bei einem solchen Institut die Gefahr besteht, die Industrie würde in solchen Fällen, in denen sie kurzfristigen Kredits bedarf, auf den Weg des langfristigen Kredits gedrängt und also das erreicht, was man bezüglich des Akzeptgeschäfts den Depositenbanken gerade vorwirft. Auch würde ein solches Zentralinstitut, so lange es eben ein Zentralinstitut bleibt, noch weniger als die bestehenden Banken imstande sein, die verschiedenfachen Kreditbedürfnisse der einzelnen Industriezweige zu beurteilen. Falls es aber zur Errichtung von Filialen über-

[1] Bankarchiv XI., S. 137. E. Moll, Zur Frage der Organisation des langfristigen industriellen Kredits.

[2] Die Bank 1912, Heft 1. H. Hirschstein, Der langfristige Industriekredit.

ginge, würde nur eine um so schärfere und gefährlichere Konkurrenz unter den Kreditvermittlern einsetzen. Übrigens haben sich derartige im Ausland bestehende Institute (Böhmische Industrialbank in Prag) bisher nicht bewährt.

Wenden wir uns nach diesen allgemeinen Ausführungen der Betrachtung des Zahlenmaterials zu, so interessieren uns hier besonders — bezüglich der Akzepte gilt das früher Gesagte — die Emissionen der Industrieobligationen.

Während bisher alle Untersuchungen dieses Gegenstandes mangels umfassender Statistik auf Schätzungen angewiesen waren, können ihnen heute die Ergebnisse der ersten amtlichen diesbezüglichen Erhebungen[1] zugrunde gelegt werden. Diese amtliche Statistik umfaßt die „Schuldverschreibungen der deutschen Aktiengesellschaften und sonstigen privatrechtlichen Schuldner nach dem Stande vom 31. Dez. 1910 ausschließlich der Aktiengesellschaften für Bodenkredit“, erstreckt sich aber auf Inhaber- und Namensschuldverschreibungen.

Zunächst überraschte am Ergebnis dieser Erhebung die Höhe der Gesamtsumme aller Industrieobligationen, deren Betrag man allgemein unterschätzt hatte.[2]

Wie aus der nebenstehenden Tabelle zu ersehen ist, betrug am Stichtage der Gesamtumlauf an Obligationen:
bei 2017 Ausstellern: 3964027000 M., woran
1576 Aktienges. (=28,19%) mit 3261531000 „ (=82,3%)
beteiligt waren. Leider stellt die amtliche Statistik dem Betrage der Obligationen nicht den Betrag der Eigenkapitalien der betreffenden Gesellschaften gegenüber, welches Verhältnis einen Schluß auf die relative Sicherheit der Obligationen hätte ziehen lassen. Die Frankfurter Zeitung glaubt in ihrer Besprechung dieser Statistik[3] annehmen zu dürfen, daß die Aktienkapitalien der Industriegesellschaften — ohne Handels- und Versicherungsgewerbe — die sie bei rund 4500 Aktiengesellschaften auf ca. 10 Milliarden M. schätzt, den Betrag an Obligationen immerhin merklich überschreite. Freilich ist das breite Fundament,[3] auf dem sich „die gewaltige Summe von Industrieobligationen aufbaut, doch in erster Linie das Vertrauen des Publikums auf die solide Grundlage unserer Industrie, ein Vertrauen, das bisher nur in seltenen Fällen getäuscht worden ist“. Hirschstein dagegen, der diesem Obligationenbetrage die Summen aller gleichzeitig umlaufenden festverzinslichen Werte gegenüberstellt, betont bei der sowohl absolut wie relativ bedeutenden Höhe der Industrieobligationen und bei der verhältnismäßigen Bequemlichkeit ihrer Emission die Gefahr der Verschuldung der Industrie.

---

[1] Vierteljahrsheft zur Stat. des Deutschen Reiches IV., 1911.

[2] Noch Schwarz schreibt in seinem zitierten Buch, S. 118: „Man gibt die Summe der Ind.-Obl. auf $2^1/_2$ Milliarde Mark an.“

[3] Frankfurter Zeitung 1911, Nr. 344.

Arten der Aussteller	Gesamtumlauf der Schuldverschreibungen				An deutschen Börsen zugelassener Betrag der Schuldverschreibungen			
	Zahl der Aussteller		Betrag		Zahl der Aussteller		Betrag der Schuldverschr.	
	überhaupt	in %	in 1000 M.	in %	überhaupt	in % der Spalte 2	in 1000 M.	in % der Spalte 4
1	2	3	4	5	6	7	8	9
Aktienges. (einschl. Kommanditges. a. A.)	1576	78,1	3261531	82,3	670	42,5	2485039	76,2
Kolonialgesellschaften	2	0,1	10150	0,2	1	50,0	10067	99,2
Gesellschaften m. b. H.	127	6,3	193562	4,9	11	8,7	108651	56,1
Bergbauliche Gewerkschaften	136	6,8	361227	9,1	34	25,0	172943	47,9
Genossenschaften	31	1,5	16069	0,4	2	6,5	5000	31,1
Sonstige jurist. Personen	44	2,2	34879	0,9	3	6,8	10726	30,8
Vereine	37	1,8	3998	0,1	—	—	—	—
Einzelfirmen usw. (offene Handelsges., Kommanditges.)	50	2,5	73321	1,8	2	4,0	13343	18,2
Sonstige Aussteller	14	0,7	9290	0,2	7	50,0	5324	57,3
	2017	100	3964027	100	730	36,2	2811093	70,9

Gewerbegruppen	Zahl der Aussteller		Betrag der Schuldverschreibung		An deutschen Börsen zugelassener Betrag der Schuldverschreibungen			
					Zahl der Aussteller		Betrag der Schuldverschr.	
	überhaupt	in % d. Ges.	in 1000 M.	in % d. Ges.	überhaupt	in % der Spalte 2	in 1000 M.	in % der Spalte 4
1	2	3	4	5	6	7	8	9
Bergbau und Hüttenbetrieb	290	14,4	1066472	26,9	113	39,0	686175	64,3
Elektrotechnische Industrie	18	0,9	234676	5,9	16	88,9	233777	99,6
Gas-, Wasser- u. Elektr. Werke	122	6,0	325158	8,2	34	27,9	287663	88,5
Textilindustrie	153	7,6	156985	4,0	60	39,2	70775	45,1
Bierbrauerei und Mälzerei	320	15,9	193144	4,9	100	31,3	83316	43,1
Voll-, Klein- u. Straßenbahnen	109	5,4	477499	12,0	64	58,7	408812	85,6
Fluß-, Küsten- u. Seeschiffahrt	40	2,0	207781	5,2	25	62,5	197747	95,2
Sonstige Unternehmen	965	47,8	1302312	32,9	318	33,0	842828	64,7
	2017	100	3964027	100	730	36,2	2811093	70,9

Es waren an den letzten Stichtagen im Umlauf:

Reichs- und Staatsanleihen	19285	Mill. M.
Hypotheken-Pfandbriefe und Kommunalobligationen	10043	„ „
Kommunal- usw. Anleihen	5684	„ „
Pfandbriefe öffentlicher Institute	1871	„ „
Landwirtschaftl. Pfandbriefe u. Kommunalobligationen	3801	„ „
Industrie-Obligationen	3864	„ „

U. E. besteht diese Gefahr nicht so sehr wegen der „Bequemlichkeit“ der Emission als vielmehr wegen der oft übergroßen Bereitwilligkeit der Banken zur Kreditgewährung an die Industrie als Folge der unter ihnen herrschenden scharfen Konkurrenz.[1]

Relativ gering ist der Anteil der auf den Inhaber lautenden Obligationen: 586166000 M. = 14,8% gegenüber den Namensobligationen: 3377861000 „ = 85,2%.

Dieses Verhältnis beruht auf der Tatsache, daß „seitens privatrechtlicher Schuldner die Ausstellung von Schuldverschreibungen auf den Namen und an die Order der Berechtigten oft vorgezogen wird, um die für Inhaber-Schuldverschreibungen (seit 1. Jan. 1900) erforderliche staatliche Genehmigung zu vermeiden“. Eine solche Genehmigung würde sicher in vielen Fällen wegen mangelnder Qualität der Unterlagen nicht gewährt werden, wie ja dieses Zahlenverhältnis vermuten läßt. Dieser Umstand aber ist das Bedenkliche an dieser Erscheinung.

Während die Frankfurter Zeitung diesen Zustand für berechtigt hält, da andernfalls eine ausschließliche Ausgabe von Obligationen nur auf Grund behördlicher Genehmigung das Publikum in Sorglosigkeit wiegen würde, schließt Hirschstein an diese Tatsache folgende Bemerkung: „Wie die Dinge heute liegen, macht die Technik der Namensobligation mit Blankoindossament selbst den geringen Schutz aus dem Gesetz betreffend die gemeinsamen Rechte der Besitzer von Schuldverschreibungen illusorisch.“

Auch hält Hirschstein im Interesse der Sicherheit des Kapitals des Obligationärs als Mindestforderung die Sicherstellung des Anleihebetrages innerhalb der Grenzen einer ersten Hypothek für erforderlich. Da diese Anforderung aber nur von 2049,74 Mill. M. (= 51,7% der Gesamtsumme) erfüllt wird, erhöht sie sein ungünstiges Urteil, das in diesem Punkt, da fast die Hälfte aller Industrieobligationen auf reinem Personalkredit ohne dingliche Sicherstellung beruhe, auch von der Frankfurter Zeitung geteilt wird. Man kann sich diesem Urteil nur anschließen auch dann, wenn man (mit Riesser) den Wert selbst einer erststelligen industriellen Hypothek nicht allzu hoch einschätzt.

Interessant, besonders vom Standpunkt des Verhältnisses der Industrie zu den Banken und Börsen betrachtet, ist die Verteilung der Börsenfähigkeit der emittierten Werte.

---

[1] O. Schwarz, a. a. O., S. 125: „Leider spielt bei der Frage übermäßiger Kreditgewährung an Kunden auch die gegenseitige Eifersüchtelei und Konkurrenz der Banken eine Rolle.“

Vom Gesamtumlauf (3964027000 M.) waren:

2811093000 M. an deutschen		Börsen zum
(110365200) „ „ „ u. ausl.	}	Handel
32250800 „ ausschl. an ausl.		zugelassen,

mithin insges. 2843343800 M. „börsenfähig" (=71,73%) des Ges.-Uml.

Wie die genaue Tabelle S.42ff. zeigt, sind die Obligationen der elektrotechnischen Industrie und der Schiffahrtsgesellschaften fast vollständig an deutschen Börsen zum Handel zugelassen, worin sich (nach Hirschstein) „der Grad der Intimität zwischen den einzelnen Gewerben und den Großbanken widerspiegelt, die in der Regel darauf bedacht sind, die Übertragungsfähigkeit der von ihnen übernommenen Obligationen so schnell wie möglich durch die Börsennotiz zu erhöhen".

Aus der folgenden Übersicht der Verzinsung der Anleihen findet eine auch heute viel umstrittene Frage wenigstens zum Teil ihre Erklärung: Es ist die im Durchschnitt sehr günstige Verzinsung dieser Industrieobligationen[1] eines der wirksamsten Mittel im Konkurrenzkampf zwischen diesen und den Staatsanleihen, deren Kurse bekanntlich zum Teil wegen mangelnder Nachfrage im letzten Dezennium dauernd gewichen sind. Da das Anlage suchende Publikum heute infolge der ständig teurer werdenden Lebenshaltung im allgemeinen auf höheren Zinsertrag und weniger auf Sicherheit der Werte sieht, zieht es diese höher verzinslichen Obligationen den Staatsanleihen vor. Doch sind an dieser Verdrängung der Staatspapiere aus der Gunst des Publikums alle höher- und festverzinslichen (nicht nur Industrie-) Obligationen beteiligt.[2]

Die Verzinsung der Schuldverschreibungen:

Verzinsung %	Betrag der Schuldverschr. in 1000 M.	% des Gesamtumlaufs %	
0	717	0,02	
2	3	0,00	
$2^1/_2$	177	0,00	
3	26493	0,67	
$3^1/_2$	142117	3,59	
$3^3/_4$	7288	0,18	
4	1502456	37,90	} 84,60%
$4^1/_4$	61879	1,56	
$4^1/_2$	1789344	45,14	
$4^3/_4$	200	0,01	
5	403529	10,18	
$5^1/_4$	180	0,00	
$5^1/_2$	19794	0,50	
6	9850	0,25	
	3964027	100,00	

[1] Beträgt doch bei 84,6% des Gesamtbetrages der umlaufenden Obl. der Zinsfuß zwischen 4 und $4^1/_2$%, während bei den Staatsanleihen die 3- und $3^1/_2$%ige Verzinsung vorherrscht.

[2] Darüber siehe weiteres bei: Otto Schwarz, Die Kurse der deutschen Reichs- und Staatsanleihen. Ursachen ihres Niedergangs und Vorschläge zu ihrer Hebung. Berlin und Leipzig 1911/12.

Über die Emissionstätigkeit der deutschen Banken in den letzten Jahren, soweit sie sich auf die Beschaffung von Kapitalien für die Interessen der Industrie (durch Ausgabe von Aktien und Obligationen) bezog, unterrichtet uns die folgende nach Angaben des „Deutschen Ökonomist"[1] aufgestellte Tabelle:

Wertpapiere	1909 Nom.-Betrag	1909 Kurswert	1910 Nom.-Betrag	1910 Kurswert	1911 Nom.-Betrag	1911 Kurswert
	Millionen Mark		Millionen Mark		Millionen Mark	
Deutsche						
Industrie-Obligat.	270,71	273,55	134,88	135,97	290,17	293,80
„ -Aktien	410,03	731,31	284,07	504,41	315,47	536,02
	680,74	1004,86	418,95	640,38	605,64	829,82
Ausländische						
Indnstrie-Obligat.	—	—	18,36	18,54	—	—
„ -Aktien	14,14	18,92	10,03	15,06	6,40	11,51
	14,14	18,92	28,39	33,60	6,40	11,51

Es betrug somit das der deutschen Industrie mit Hilfe der Banken auf dem Emissionswege im Jahre 1911 zur Verfügung gestellte Kapital effektiv: 829,82 Mill. M. oder, da die Gesamtsumme der deutschen Emissionen im Jahre 1911 (ebenfalls nach Angaben des „Deutschen Ökonomist") den Betrag von effektiv 2248,70 Mill. M. erreichte, 36,9% aller Emissionen. An diesem Verhältnis sind die Aktien mit 23,8% und die Obligationen mit 13,1% der Gesamtsumme beteiligt.

Wenn wir aus unseren bisherigen Betrachtungen über die Beziehungen der Banken zur Industrie die Ergebnisse zusammenfassen, so können wir folgendes feststellen:

Es bestehen in der Tat enge Beziehungen zwischen beiden Gruppen der Volkswirtschaft, besonders zwischen Großbanken und Großindustrie, die den Vorwurf einer einseitigen Bevorzugung der Industrie durch die Banken zum Teil berechtigt erscheinen lassen. Wir können diesen Vorwurf aber nur dort anerkennen, wo die Beeinflussung der Industrie von den Banken selbst ausging und in Verleitung zur Überproduktion durch zu willfährige Kreditgewährung ausartete. Wo aber die bestehenden oder im Entstehen begriffenen Industrien, um ihre Zukunft zu sichern, um Unterstützung an die Banken herangetreten sind, und diese Hilfe dann zu dauernder Verbindung geführt hat, haben u. E. die Banken nur ihre Aufgabe erfüllt, durch Kreditvermittelung die Produktion der Volkswirtschaft zu erhöhen. Die Industrie bedarf noch heute, wenn sie die früher skizzierten Aufgaben, die ihr in der deutschen Volkswirtschaft zukommen, erfüllen soll, der Bankenhilfe und dies um so mehr, als sie zurzeit nicht imstande ist, mit ausreichenden eigenen Mitteln zu produzieren, und gegen-

[1] Der „Deutsche Ökonomist", Nr. 1515, S. 16.

wärtig eine andere geeignete, nur im Dienst der Industrie stehende Kreditorganisation noch fehlt.[1] Daß die Banken, denen bis heute diese kreditgewährende Tätigkeit obliegt, auf diesem Gebiete ihre großen Verdienste haben, muß anerkannt werden. Bezüglich der Beteiligung der einzelnen Institute aber gilt, was Hartung[2] in den Sätzen ausspricht: „Wollte eine Bankleitung aus allgemein-wirtschaftlichen Rücksichten den Wegen der übrigen Großbanken nicht folgen, das Maß der industriellen Geschäfte verringern, was würde die Folge sein? In schnellem Tempo träte ein Zurückbleiben dieser Bank auf dem Gebiete der industriellen Beziehungen ein; mit dem Schwinden der Geschäfte verbände sich ein Rückgang der Gewinne, und da noch immer das Publikum und die Aktionäre die Höhe der ohne Gefährdung der Bankinteressen erzielten Dividenden als den einzigen Maßstab für die geschäftliche Tüchtigkeit der Bankdirektoren anzusehen pflegen, so lassen sich die Folgen leicht ermessen." Man wird also prinzipiell eine Verbindung zwischen Banken und Industrie, die gleichzeitig beider Interessen wahrzunehmen versteht, für berechtigt halten müssen.

Bankkatastrophen der letzten Zeit haben andererseits gezeigt, daß die Unterstützung der Industrie durch die Banken sich nicht immer in den notwendigen Grenzen gehalten hat; auf Grund unserer Betrachtungen über Art und Umfang der gegenwärtigen Kreditgewährung müssen wir zugeben, daß das notwendige Maß auch heute nicht eingehalten zu sein scheint, zumal die Art der Kreditgewährung nicht immer einwandfrei ist. Die hohen Summen industrieller Akzeptkredite in den Bankbilanzen und die gleichfalls hohen Beträge der umlaufenden hypothekarisch nicht sichergestellten Industrieobligationen bedeuten eine unerfreuliche Erscheinung in der Kreditorganisation der deutschen Banken und „sie (die Banken) hierauf aufmerksam zu machen, ist namentlich solchen ihrer Vertreter gegenüber berechtigt, die die Geschäftsführung der Großbanken als über jede Kritik erhaben darstellen möchten".[3] In diesem Sinne sind die gegenwärtig vom Reichsbankpräsidenten ausgehenden Bestrebungen, die Banken zu einer Selbstentlastung von etwa bestehenden unsoliden Engagements zu veranlassen, nur zu begrüßen.

Indem wir uns an dieser Stelle darauf beschränken, nur die erwähnten Tatsachen anzuführen, behalten wir die Untersuchungen über die etwaige Möglichkeit einer Abänderung der bestehenden Zustände (durch Schaffung einer Reichsdepositenbank) einem späteren Kapitel vor.

---

[1] Dieser Umstand schwächt auch den erwähnten Vorwurf der Bevorzugung der Industrie durch die Banken wesentlich ab, insofern, als den angeblich vernachlässigten Produzenten (Landwirtschaft und Gewerbe) in den Genossenschaften solche Quellen des Produktionskredits zur Verfügung stehen.

[2] H. Hartung, a. a. O., S. 94.

[3] O. Schwarz, a a. O., S. 120.

2. Emissionen ausländischer Werte.

In dem mehrfach erwähnten Emissionsgeschäft der Banken haben wir eines jener „irregulären" Bankgeschäfte vor uns, das noch in anderer Beziehung zur Kritik herausgefordert hat. Man hat wie schon früher so auch auf der Bankenquete den Banken den Vorwurf gemacht, daß sie bei Einführung von ausländischen Wertpapieren nicht immer die nötige Rücksicht auf den deutschen Geld- und Kapitalmarkt genommen haben; man habe große Kapitalbeträge in Auslandsanleihen langfristig festgelegt, deren Gegenwert man sich oft erst kurzfristig aus dem Ausland habe verschaffen müssen.[1] Diese unzweckmäßige Handlungsweise der Banken sei geeignet, die deutsche Wirtschaft in Verlegenheit zu bringen und habe es auch getan, wenn das Ausland das Geld zurückgezogen habe. Indessen richtet sich diese Kritik nicht so sehr gegen die Emission ausländischer Papiere an sich, als vielmehr gegen ein Übermaß der Bankentätigkeit auf diesem Gebiete. Es ist schwierig, die Berechtigung dieser Kritik — wenn eben ausländische Wertpapiere an sich für den deutschen Markt geeignet sind — einwandfrei festzustellen, da „über das richtige Maß sehr widersprechende Anschauungen bestehen". Hierüber sagt Hartung[2]: „Schwerlich besteht ein Übermaß in dem Sinne, daß nicht ein Ausgleich des Kapitals mit der Sachgüterbewegung im Auslandsverkehr einträte. Die Vorstellung, als ob diese Wertpapiergeschäfte häufiger zu Goldexporten Anlaß gegeben hätten, ist nicht aufrecht zu erhalten;[3] der Stand der fremden Wechselkurse widerspricht ihr ebenso wie die geschäftliche Unwahrscheinlichkeit."

Wollen wir uns selbst ein Urteil bilden über die Berechtigung der angeführten Kritik, so müssen wir den Umfang kennen, in dem bis heute die Banken heimische Kapitalien zu Krediten an das Ausland verwendet haben. Doch wird es angebracht sein, vorher diejenigen Momente einmal aufzuzählen, die sich allgemein für oder gegen Emissionen ausländischer Werte anführen lassen und an die Bedingungen zu erinnern, die im besonderen von den Banken erfüllt werden sollten. Abgesehen von dem Geschäftsgewinn, den die an der Emission beteiligten Banken erzielen, für die eine solche Emission außerdem oft eine wünschenswerte Erweiterung ihres Interessenkreises bedeutet, sind ausländische Anleihen oft von größtem Vorteil für den heimischen Handel und die heimische Industrie.

„Dem deutschen Handel und der deutschen Industrie — sagt Ad. Weber[4] — liegt unstreitig außerordentlich viel daran, daß die Konsumfähigkeit der jugendlichen, emporstrebenden, an Boden-

---

[1] Bank-Enquete 1908/09, Stenogr. Ber. S. 160 (Frhr. von Gamp).

[2] H. Hartung, a. a. O., S. 98.

[3] Dagegen meint Schwarz (a. a. O., S. 180): „Wenn Emissionen des Auslandes zum Teil in Waren gezahlt werden, so werden sie doch häufig auch in Gold beglichen, und dadurch kann in Zeiten von Geldknappheit das inländische Wirtschaftsleben sehr geschädigt werden."

[4] Ad. Weber, Depositenbanken und Spekulationsbanken. Leipzig 1902, S. 136.

schätzen nicht sehr reichen, an Kapital recht armen exotischen Länder in einem nicht zu langsamen Tempo gehoben wird.“ Hier bildet der Kapitalexport die Brücke, „auf welcher der Verkehr, die Industrie nachrückt, um auf fremdem Boden festen Fuß zu fassen“. Man erleichtert der Industrie dieses Nachrücken, indem man soweit angängig von vornherein den Anleiheschuldner verpflichtet, die Materialien, die zur Schaffung der Unternehmungen benötigt werden, deren Finanzierung die Anleihe dient, aus Deutschland zu beziehen.

Diese zunächst rein wirtschaftlichen Beziehungen greifen aber leicht, wie das ja nur in der Natur der Sache liegt, in die Sphäre der Politik hinüber, und dann gilt, was Roscher[1] in den Worten ausspricht: „Seitdem es Völkersitte geworden ist, die ausländischen Gläubiger selbst im Falle des Krieges mit ihrem Staate nicht zu beschädigen, erlangt das aktiv kreditierende Volk durch seine Darlehen auch einen politisch wichtigen Einfluß nach außen.“ Dieses System der „wirtschaftlichen Durchdringung“, d. h. die Methode, geeignete Länder zunächst durch wirtschaftliche Unterstützung abhängig zu machen, um sie dann auch politisch zu beherrschen, spielt ja in der neuesten Zeit beim Wettbewerb der Völker untereinander die größte Rolle.

Allein der bloße Besitz fremder Werte — selbst ohne eigentliche Emission der heimischen Bankwelt — kann für den ausländischen Gläubiger von Vorteil sein. So gestattete Frankreich 1870 — nach Schwarz — nur sein gewaltiger Besitz an international verwertbaren Effekten, die es dann veräußerte, seine großen Kriegsschulden ohne Gefährdung seiner Valuta so schnell abzustoßen. Es ist in solchen Fällen natürlich Bedingung, daß die betreffenden Werte an mehreren ausländischen Börsen gehandelt werden, d. h., daß sie „internationale Werte“ sind. Andererseits erleichtert ein größerer Besitz an ausländischen Effekten dem besitzenden Lande die Ausgleichung seiner internationalen Zahlungsbilanz, indem ihm die fällig werdenden Zinsen oder Tilgungsbeträge Guthaben im Auslande schaffen. Dieses Moment betonte in ihrem Geschäftsberichte für das Jahr 1910 die Deutsche Bank, indem sie sich zur Frage der ausländischen Anleihen, die damals wegen der ablehnenden Haltung der Reichs- und preußischen Staatsregierung in einem besonderen Falle aktuell war, wie folgt äußerte: „Der deutsche Effektenmarkt nimmt alljährlich für erheblich mehr als drei Milliarden Mark neue Werte auf, darunter 10—20 % ausländische. Diese ausländischen Anlagen sind für die deutsche Volkswirtschaft zu einer Notwendigkeit geworden. Sie dienen häufig und gerade in Zeiten hoher Zinssätze zur Ausgleichung der deutschen Zahlungsbilanz.“

Wird man nach Anführung dieser Punkte auch dem Resumé des „Deutschen Ökonomist“[2] zustimmen müssen, daß „grundsätzlich die Betätigung der deutschen Banken in der erwähnten Richtung

[1] Roscher-Gerlach, System der Volkswirtschaft (Finanzwissenschaft), Bd. II, S. 265.

[2] R. Franz, a. a. O., S. 8.

volkswirtschaftlich nützlich und bei dem heutigen Stande der weltwirtschaftlichen Beziehungen unentbehrlich ist", so haften den ausländischen, besonders den eigentlich „exotischen" Papieren einige Nachteile an, die im Interesse der eigenen Volkswirtschaft sowohl ein gewisses Maßhalten im Emissionsgeschäft wie auch die Durchführung gewisser Vorsichtsmaßregeln erfordern. Als ein solches ungünstiges Moment stellt sich zunächst der Umstand dar, daß mit der Emission ausländischer, zumal exotischer Wertpapiere im allgemeinen ein größeres Risiko verbunden zu sein pflegt. Als die deutschen Banken auf diesem Gebiet sich zu betätigen anfingen, haben ihre Fehler, die zumeist auf Mangel an Erfahrung zurückzuführen waren, besonders in den Jahren 1886—1889 der deutschen Volkswirtschaft viel Verluste eingebracht. Es handelte sich in diesen Fällen meist um Kredite an bereits stark verschuldete Staaten[1] (so namentlich Argentinien, Portugal usw.), deren eben aufgelegte Anleihen nach Jahresfrist — wie aus einer von Ad. Weber aufgestellten Tabelle hervorgeht — kaum den dritten Teil ihres Emissionspreises wert waren. Indessen traf hier, wie Weber hervorhebt, nicht die Banken allein die Schuld. Der „Zwang der Zeitumstände", eine durch die in der Mitte der 80er Jahre herrschende Depression verursachte allgemeine Geldfülle, infolge dieser ein Sinken des Zinssatzes, ein infolge von Eisenbahnverstaatlichungen plötzliches Freiwerden bedeutender Kapitalien ließen damals nach neuen, höher verzinslichen Werten verlangen. Es muß zugegeben werden, daß die deutschen Banken auch aus jenen trüben Erfahrungen gelernt haben, daß sich im allgemeinen die Situation auf dem Markte der exotischen Werte gebessert hat — zum Teil auch, nach der Ansicht von Schwarz,[2] weil inzwischen Staaten 2. und 3. Ranges wirtschaftlich und politisch erstarkt sind und ihren Gläubigern bessere Sicherheiten zu bieten vermögen als früher —; doch haben die ausländischen Anleihen wahrscheinlich eine andere üble Wirkung: sie engen den Markt der heimischen Werte ein und machen wegen ihrer besseren Kurschancen, ihrer höheren Verzinsung den einheimischen Staatspapieren eine sehr unerwünschte Konkurrenz . . . (Schwarz, S. 180). Dabei ist, wie Hartung[3] glaubt annehmen zu dürfen, es wahrscheinlich nicht einmal notwendig, daß die betreffenden Anleihen durch Vermittelung der Banken eingeführt sind, denn selbst der „kleine Kapitalist", der in ausländischen Werten spekulieren will, „kennt — bedauerlicherweise — schon die Wege, die direkt auf den ausländischen Markt führen".[4]

---

[1] Ad. Weber, a. a. O., S. 134.

[2] O. Schwarz, a. a. O., S. 180.

[3] Hartung, a. a. O., S. 99.

[4] R. Franz, (der „Deutsche Ökonomist"). „Diese Verantwortung (für das Spekulieren an ausländischen Börsen) müssen vielmehr diejenigen Kreise auf sich nehmen, welche durch eine widersinnige Börsengesetzgebung das heimische Kapital länger als ein Jahrzehnt systematisch den deutschen Börsen entfremdet und nach dem Auslande gedrängt haben." Dagegen macht H. Zickert in einer Schrift (Die Kapitalsanlage in ausländischen Wertpapieren" vom Standpunkt des Volkswirts und Kapitalisten, Berlin 1911) auf den Anteil aufmerksam, den be-

Schließlich bildet eine ständige Gefahr, sobald ein heimischer Markt für ausländische Werte eröffnet ist, der Umstand, daß das Ausland durch massenhaftes Anbieten von Wertpapieren Deutschland zu ungelegener Zeit zu Geldexporten zwingen könnte. Wenn alle diese zum Teil schwerwiegenden Nachteile den Gedanken nahe gelegt haben, die „Freizügigkeit des Kapitals" durch staatliche Prüfung und Genehmigung zur Emission ausländischer Werte einzuschränken, so hat man sich doch — so auch die Mehrzahl der Kommissionsmitglieder der Bankenquete — im allgemeinen dagegen ausgesprochen.

Indessen weist Schwarz besonders darauf hin, daß in Frankreich, wo die Emission ausländischer Anleihen an die Genehmigung des Finanzministers gebunden ist, diese Einrichtung sich doch bewährt haben muß. Denn trotz dieser Erschwerung „gehen alle kreditbedürftigen Staaten in der Regel zuerst nach Frankreich (neben London) und die Zahl der ausländischen Anleihen nimmt dort eher zu als ab".

Sind somit ausländische (auch exotische) Wertpapiere einerseits wegen ihrer mancherlei bedeutenden Vorzüge in der Tat nicht zu entbehren, bedeuten sie aber andererseits wegen vieler ihnen anhaftenden Mängel stets eine gewisse Gefahr für den heimischen Kapitalmarkt, so ergibt sich daraus für die Banken — solange bei uns behördliche Genehmigung nicht obligatorisch ist — eine um so höhere Verantwortung gegenüber der Volkswirtschaft bei Einführung solcher Anleihen. Um diese Verantwortung nach menschlichem Ermessen auf ein Minimum zu reduzieren, muß von den Banken die Beobachtung gewisser die Sicherheit und Rentabilität derartiger Anleihen garantierender Abschlußbedingungen gefordert werden.

Im allgemeinen hängt die Sicherheit der Anleihen von der dauernden Zahlungsfähigkeit und Zahlungswilligkeit der Schuldner ab. Man wird also das Maß der Sicherheitstellung oder diese überhaupt nach der als bekannt vorauszusetzenden Leistungsfähigkeit des Verpflichteten festzusetzen haben. Handelt es sich nun — wie es ja bezüglich der exotischen Anleihen zuweilen der Fall ist — um „Gemeinwesen mit chronischen Finanznöten und dauernder Krediterschütterung" oder um politisch und wirtschaftlich nicht genügend gefestigte Staatswesen, so wird man ihnen nur auf Verpfändung bestimmter Vermögensobjekte oder Einnahmequellen beruhenden Realkredit gewähren können.[1] Diese Bedingung ist denn auch heute ausnahmslos erfüllt.

Wenn man ferner nach Courcelle-Seneuil (zitiert bei Ad. Weber, a. a. O., S. 126) einige sich auch auf die Emissionshäuser und den Effektenmarkt erstreckenden Forderungen als unerläßliche Vorbedingungen für jede Emission ansehen muß — nämlich: Vertrauenswürdigkeit des Emissionshauses, bewiesene Reellität des letzteren gelegentlich früherer Emissionen, Aufnahmefähigkeit des

---

sonders die Tagespresse auf die Einführung ausländischer (auch zweifelhafter) Wertpapiere hat, indem sie kritiklos Lockinserate über dergleichen Werte in ihren Zeitungen aufnimmt.

[1] Handwörterbuch der Staatsw.: Art. „Anleihen" Bd. I, S. 487.

Marktes —, so wird man, sofern es sich um ausländische Emissionen handelt, einige Punkte noch besonders vorheben müssen: „Emissionen ausländischer Wertpapiere im Inland sind im allgemeinen . . . nur nach voller Deckung des inländischen Kapitalbedarfs zulässig.“[1] Diese von Riesser aufgestellte Forderung ist jedoch, wie ihr Urheber selbst zugibt, in der Praxis streng gar nicht durchführbar, weil die Tatsache der völligen Deckung des inländischen Bedarfs nicht sicher festzustellen ist. Doch abgesehen hiervon können auch politische Momente geradezu zur Nichtbeachtung dieses theoretisch als richtig anzuerkennenden Grundsatzes zwingen. Wir erinnern an die Ungarische und Türkische Staatsanleihe vom Jahre 1911, deren Placierung in Deutschland fast ausschließlich auf politische Motive zurückzuführen war. „Bei derartigen Anleihen“ — schreibt die Frankfurter Zeitung[2] — „hat selbstverständlich die Frage, ob dadurch der heimische Geldmarkt in unerwünschter Weise belastet wird oder nicht, zurückzutreten gegenüber der Frage, ob die dabei verfolgten Ziele erreicht werden.“ Diese Ansicht deckt sich ungefähr mit der zweiten von Riesser aufgestellten Forderung, daß internationale Geschäftsbeziehungen und internationale Emissionen immer nur Mittel zur Erreichung nationaler Ziele sein und sich in den Dienst der nationalen Arbeit stellen müssen.

Indessen ist, wie Weber[3] berichtet, auch gegen diesen Satz von den Banken verstoßen worden, indem im September 1891, als die Reichsregierung und die preußische Regierung mit einer 3%igen Anleihe an den Markt herantraten, an demselben Tage eine „minderwertige auswärtige“ — ungedeckte 4%ige rumänische — Anleihe von den Banken emittiert wurde.

Wenn wir oben erwähnt haben, daß die erste Betätigung der deutschen Banken auf dem Gebiete der Emission ausländischer Werte im besonderen in den 80er Jahren die deutschen Kapitalbesitzer um enorme Summen geschädigt hat, so müssen wir andererseits anerkennen, daß die Banken aus jenen Erfahrungen Lehren gezogen haben, „so daß in den letzten Jahrzehnten von schweren Verlusten an ausländischen Papieren, wie sie vielfach behauptet werden, nicht die Rede sein kann“.[4] Wir haben, um einen Überblick über die Emissionstätigkeit der deutschen Banken in den letzten drei Jahren zu bieten — bezüglich der Emission ausländischer Werte —, und, um aus der weiteren Entwicklung dieser Effekten auf Grund der Kursnotizen auf ihren inneren Wert einen Rückschluß zu gestatten, auf den folgenden Tabellen die in den Jahren 1909/10/11 an deutschen Börsen zugelassenen Wertpapiere nach Angabe der amtlichen Statistik zusammengestellt und die entsprechenden Kurse, soweit solche angegeben waren, eingesetzt.

---

[1] Riesser, a. a. O., S. 316.

[2] „Frankfurter Zeitung“ 1912, Nr. 6: Deutschlands Emissionen im Jahre 1911.

[3] Ad. Weber, a. a. O., S. 139.

[4] O. Franz, Die deutschen Banken im Jahre 1910. S. 9.

Wir glauben, auf eine eingehende Besprechung der einzelnen Anleihen usw. als nicht mehr zum Thema gehörig verzichten zu dürfen, möchten nur darauf hinweisen, daß nennenswerte Einbußen am Kurswert unter sämtlichen aufgeführten Effekten bisher kaum zu verzeichnen sind, daß dagegen bei einzelnen Kategorien (im besonderen bei den Dividendenpapieren) zum Teil beträchtliche Kurssteigerungen festgestellt werden können. (Tabellen siehe S. 42 bis 47.)

Diese Zusammenstellung berechtigt also — mindestens bezüglich der letzten Jahre — zu der Feststellung, daß die Banken unter Beobachtung der allgemein geltenden Grundsätze bei Prüfung der „Bonität" der Papiere vorsichtiger geworden sind. „Es geht auch nicht an" — sagt Ad. Weber[1] — „auf Grund des induktiven Materials, welches die Emissionsgeschichte der 80er Jahre bietet, a limine den Stab über die auswärtigen Emissionen zu brechen. . . ." U. E. gilt diese Warnung Webers heute in noch höherem Maße als bei ihrer Niederschrift vor 10 Jahren.

Wie bemerkt, wendet sich die Kritik nun auch tatsächlich nicht prinzipiell gegen ausländische Anleihen, sondern nur gegen ein Übermaß ihrer Emissionen. Wie steht es nun damit?

Leider ist die Emissionsstatistik gegenwärtig nicht imstande, ein völlig einwandfreies und alle Fehler vermeidendes Bild über den Umfang der mit deutschem Kapital erworbenen, also in deutschem Besitz befindlichen ausländischen Werte zu geben. Muß aus naheliegenden Gründen auf eine statistische Erfassung der auf illegitime Weise — d. h. unter Umgehung der Börse, um der Pflicht zur Entrichtung des Emissionsstempels auszuweichen — in den Besitz des Publikums gelangten in- und ausländischen Wertpapiere verzichtet werden, so liefert selbst die amtliche Emissionsstatistik, die nur die in jedem Jahre neu an deutschen Börsen zum Handel zugelassenen Wertpapiere zusammenstellt, keinen genauen Überblick über die wirkliche Belastung des Geldmarktes. Ihre Angaben, die die Tilgungen aus früheren Emissionen nicht berücksichtigen, außerdem die Nennwerte der Effekten bei der Summierung in Betracht ziehen, gehen daher über die „effektiven" Beträge um das Vielfache hinaus. Die von privater Seite aufgestellten Statistiken — besonders diejenigen der „Frankfurter Zeitung" und des „Deutschen Ökonomist" — bleiben, da sie in der Hauptsache die Emissionsbeträge aus den amtlichen Angaben über die Effektenstempelerträgnisse zu ermitteln suchen, hinter den tatsächlich erreichten Summen wahrscheinlich zurück. Es können daher die folgenden Zahlenreihen nur einen ungefähren Überblick über den Umfang der jährlichen Neuemissionen geben.

[1] Weber, a. a. O.

Kursentwicklung der an den deutschen Börsen zum Handel zugelassenen ausländischen Wertpapiere in den Jahren 1909/10/11.

(Nach der amtlichen Statistik; die Kursnotierungen aus Neumanns Kurstabellen für die Berliner, die Frankfurter und die Norddeutschen Börsen, z. T. aus Saling, Börsen-Jahrbuch und nach den amtlichen Kursblättern).

I. Zulassungen im Jahre 1909.

Datum der Antrag-stellung	Bezeichnung der Wertpapiere	Nenn-betrag in 1000 M.	Zeichn.-Kurs	Erster Kurs	Kursnotierungen Ende 1909	1910	1911	1912	Ferner zugelassen an den Börsen von
	A. Berliner Börse.								
6. 1.	Buenos Ayres 5% Prov.-Anl. v. 1908	15300	88 1/2	91 1/2	99	101 1/2	100,80	98,60	—
8. 1.	Otavi Minen- u. Eisenb.-Ant. . . .	8000	—	179	234 3/4	216	—	—	Frf., Hambg.
20. 1.	Steana Romana Akt.	4800	—	126 1/2	133 3/4	129	126,40	143 1/2	Frankfurt
5. 2.	Saõ Paulo 5% äuß. Goldanl. v. 1908 .	40800	92 1/2	97,90	100	101	101,30	100,20	Frf., Hambg.
8. 2.	Mexikan. 4 1/2% gar. Gold-Obl. d. Darlehnskasse für Bewäss.-Anl.	105000	92 1/2	94 1/4	96	97,90	94,10	88 1/2	Frf., Hambg.
31. 3.	Moskau-Kiew-Woronesch 4 1/2% Eb. Pr.	26000	88 1/2	90,80	95 1/2	98,40	98	95,60	Frankfurt
31. 3.	Moskau-Kasan 4 1/2% Prt. v. 1909 .	20757	88 1/2	90,60	95 1/2	98 1/2	97 3/4	95,30	Frankfurt
31. 3.	Wladikawkas 4 1/2% Prt. v. 1909 . .	14657	88 1/2	91 3/4	97	100	101,40	96 1/4	Frankfurt
23. 4.	Buenos Ayres 5% St.-Anl. v. 1908 .	3600	—	99 3/4	99 1/2	100,60	100	97,90	—
29. 4.	Rio de Janeiro 5% Gold-Anl. v. 1909 (aufgelegt: 16320000 M.)	40800	92 3/4	97.80	100	101,10	100,40	99	—
19. 5.	Sibirische Handelsbank Akt.	6480	—	212 1/2	223 1/2	237 1/4	247 1/4	228	—
16. 6.	Argentin. 5% inn. Gold-Anl. v. 1909	33538	98 1/4	100,30	100 3/4	102,10	101 1/2	100,40	Frf., Hbg.
1. 7.	Ottoman. 4% Anl. v. 1908	22159,2	87 1/2	87 1/2	87,40	86 3/4	81 3/4	76 1/4	Frankfurt
1. 7.	Jütländ. Kreditverein 4% Obl. V. .	67500	—	96 1/2	95 1/4	94,90	94,80	92 3/4	Hamburg
15. 7.	Finländ. Stadthyp. Kasse 4 1/2% Pf. von 1909	4860	94 1/2	94 3/4	94,70	94,90	95,20	92 3/4	Hamburg
20. 8.	Denver u. Rio Grande Eb. 5% Bonds	21000	97 3/4	98 1/4	97,90	97	95,30	89,60	—
25. 9.	Moskau-Kiew-Woronesch 4 1/2% Prt. II. von 1909	60000	93	93,90	95 1/2	98,40	98	95,60	Frankfurt

29. 9.	South West Afrika Comp. Akt. (aufgel. 1632000 M.)	40800	190	196	195½	158	155¼	122,40	Frf., Hbg.
9. 10.	Ges. f. elektr. Bel. Petersbg. v. 1886 Akt.	12960	—	112,10	116,80	133¼	128,40	124,10	—
12. 10.	Buencs Ayres 5% äuß. Gold-Anl. vcn 1909	30431,2	98½	99¼	99	101¼	100	98	Frf., Hbg.
14. 10.	Tehuantepec National Eb. 4½% Gold-anl.	8160	95¼	99¼	95¼	98,20	97	91¼	Frankfurt
20. 10.	Schantung Eb. (Tsingtau) Akt.	24000	103½	113,60	119,80	137	127,60	125	Cöln, Frf., Hbg.
13. 12.	Finländ. Stadthyp. Kasse 4½% Pf. II vcn 1909	6480	94½	94,60	94,60	96¼	96,10	94¾	Frf., Hbg.
4. 1.	Ungar. Lokalbahn. 4½% Obl. Ser. IV (aufgel. 15000000 M.)	21250	—	97½	97½	98	—	—	Frf., Hbg.
	B. Frankfurter Börse.								
9. 3.	Grazer Tramway-Ges. Akt.	850	115	182	183½	192	192	186	—
11. 10.	Unionbank Wien Akt. v. 1909	8500	—	148	148	160	154	139	—
31. 12.	San Louis u. San Franzisko Eb. 5% Goldanl.	151418,4	—	90	90	87,90	88,40	84,10	—
	C. Bremer Börse.								
12. 7.	Amelia Nitrak Comp. (London) 5½% Obl.	4100	—	103¼-¾	103½	104¼	104	103	Hamburg
	D. Hamburger Börse.								
8. 1.	Dänische Inselstift. Kreditv. 4% Obl. III	40500	—	96¼	98,20	97,30	97,20	95,30	—
7. 4.	Kopenhag. Telephon A.-G. 5% Obl.	6750	102	102	102	102	102¾	101,80	—
3. 5.	Helsingfors 4½% St.-Anl. v. 1909	13056	93	95¼	94½	96,40	96,70	95½	—
10. 6.	Åbo 4½% St.-Anl. v. 1909	3645	94½	92,85—95	92½	93½	93¾	93,20	—
18. 6.	Finländ. Hypoth.verein (Helsingfors) 4½% Pf. v. 1907	8100	95½	95,95	95,20	96,60	97,40	95½	—
24. 6.	Wiborg 5% St.-Anl. v. 1909	4050	99¾	99½-¾	99,10	101¼	101¾	101	—
25. 6.	Dominikan. 5% Zollanl.	84000	—	99,60	99¾	101	101,90	100,95	—
22. 10.	Finländ. Hypoth.verein (Helsingfors) 4½% Pf. v. 1909	9963	95½	95¾	95½	96,60	97,40	95½	—

II. Zulassungen im Jahre 1910.

Datum der Antragstellung	Bezeichnung der Wertpapiere	Nennbetrag in 1000 M.	Zeichn.-Kurs	Erster Kurs	Kursnotierungen Ende 1910	1911	1912	Ferner zugelassen an den Börsen von
	A. Berliner Börse.							
9. 2.	Nagykikinda-Arader Lokalbahn 4% Prt. Obl. (aufgelegt 6000000 M.)	7895,5	91 1/2	92	90 1/4	88,70	85 1/2	—
21. 2.	Serbische 4 1/2% Goldanl.	30000	89 1/2	90,80	92,10	93,30	89 3/4	Frf., Hbg.
5. 3.	Rumän. 4% amort. Rente von 1910	103680	90	90 1/2	91,40	91 1/2	88 1/2	Breslau, Frankfurt, Lpz., Hbg.
12. 3.	Victoriafälle u. Transvaalkraftges. 5% Obl. B.	18360	101	104	103,60	101 3/4	99,40	Frf., Hbg.
11. 4.	Petersburg. Internat. Handelsbk. Akt. von 1909	12960	—	167,10	207 3/4	215 3/4	199 3/4	—
14. 4.	Ungar. 4% steuerfr. Kronen-Rte. v. 1910	95667,5	92,70	92,80	91,90	90,30	84 1/2	Bersl., Frf., Mün., Leipz., Hbg.
25. 4.	Japan. 4% 1905" Sterling-Anl.	443700	90	94 1/4	93 1/2	90,10	86,30	Frf., Hbg.
29. 4.	Österr. Länderbk. Akt.	25500	—	—	135	138 1/2	128	Frankfurt
18. 5.	Österr. 4% steuerfr. Kronen-Rte. v. 1910	200600	—	94,70	94	91 3/4	85,60	Bresl., Frf., Hbg.
25. 5.	Mexikan. Nat. Eisenb. 4 1/2% Gold-Prt.	374755	—	95,60	94,40	93,10	90 1/2	Frf., Hbg.
3. 6.	Denver u. Rio Grande Eb. 5% Obl. (aufgel. 12600000)	25200	—	97 1/2	97	95,30	89,60	—
6. 6.	Finländ. Stadthyp.-Kasse (Helsingfors) 4 1/2% Pf. v. 1910	4050	—	96	96 1/4	96,10	94 3/4	Frf., Hbg.
7. 6.	Marokk. 5% steuerfr. Staatsanl. v. 1910	81910,4	96 3/4	99 3/4	101,10	103	101 3/4	Frankfurt [Paris, Madrid]
10. 6.	Kopenhagen. 4% Stadtanl. v. 1910 (aufgel. 22473000 M.)	44946	98 3/4	98 1/2	98,60	97,60	96,20	Hamburg
11. 6.	Moskau-Kiew-Woronesch 4 1/2% Eb. Prt. von 1910	72751	96	96 1/2	98	98 1/4	95,60	Frankfurt

17. 6.	Bagdadbahn 4% Anl. II. Serie	87970,9	86 1/2	86 3/4	86,30	84,20	80 3/4	Frf., Hbg.
17. 3.	Aumetz-Friede (Brüssel) Hüttenw.-Akt.	28400	—	178	176	200 3/4	170,30	Frankfurt
30. 5.	Warschauer Discontobank-Akt. II. u. III.	8640	—	188	192	198 3/4	178	—
10. 8.	Banka Generala Romana Akt.	2000	—	155 3/4	165	166	160 1/4	Hamburg
5. 9.	Barceloneser Elektric. Ges. Akt.	3200	129	129	130	135 3/4	148,40	—
10. 9.	Petersburg. Ges. f. elektr. Beleuchtung von 1886. Akt.	12960	—	123	129,40	132,80	124,10	—
13. 9.	Anatol. Eb. 4 1/2% conv. Obl. Ser. I.	64298,3	—	99,20	99,80	96 3/4	94,40	Frf., Hbg.
	desgl. Obl. Ser. II	64290,1	—	99,20	99,80	97 1/2	94 1/2	Frf., Hbg.
	dergl. Akt. (60% eing. Int.-Scheine) Ser. III	6095,9	—	117 1/4	118,70	113 1/4	110,80	Frankfurt
19. 9.	Russ. Bank f. ausw. Handel. Akt.	21600	—	156 1/4	160,10	167,90	151 1/2	Hamburg
23. 9.	Sibirische Handelsbank (Petersbg.) Akt.	5400	—	225 1/4	228 1/4	233	228	—
15. 10.	Petersburger Internat. Handelsbk. Akt.	12960	—	202 1/2	196 1/2	215 1/2	199 3/4	—
4. 11.	Bank für elektr. Unternehmungen (Zürich) Akt. Ser. G (1910)	16000	—	201,80	201 1/2	194,40	183,10	Frankfurt
21. 11.	Rigaer Kommerzbank Akt.	21600	—	107	113	109 3/4	101 3/4	—
2. 12.	Azow Don Kommerzbank (Petersbg.) Akt.	43200	—	231	231 1/2	230	228	—
13. 12.	Canada Pacific Stamm-Akt.	126000	—	198	198	245 3/4	258	—
15. 12.	Southern Pacific 4% Gold Obl.	63000	93 1/4	93 1/4	93 1/4	91	90 3/4	—
30. 12.	Brown Bowery & Co. Elektr.-Ges. Akt.	6400	—	164,70	165,80	137	141 1/2	—
	B. Frankfurter Börse.							
4. 3.	Cuba 4 1/2 stfr. äuß. Goldanl. v. 1909.	23100	—	98 3/4	99,60	99,40	98 1/2	[New York; London; Amsterdam]
26. 5.	Rock Island Arkansas and Louisiana Eisenb. 4 1/2% Goldanl.	46200	—	96 1/4	94,40	93,10	88,10	—
	C. Hamburger Börse.							
26. 4.	Grossf. Finland. 4 1/2% gar. Eisenbahn-Anleihe	36720	—	96,60	98	98	97	—

III. Zulassungen im Jahre 1911.

Datum der Antrag-stellung	Bezeichnung der Wertpapiere	Nennbetrag in 1000 M.	Zeichn.-Kurs	Erster Kurs	Kursnotierungen Ende 1911	Kursnotierungen Ende 1912	Ferner zugelassen an den Börsen von
	A. Berliner Börse.						
5. 1.	Ungar. 4% Kronen-Rente v. 1910 (aufgelegt 170 Mill. Kr. à $91^3/_4$%)	212500	$91^3/_4$	$92^3/_4$	$90^1/_2$	85	Bresl., Frf., Mün., Leipz., Hbg.
9. 1.	St. Louis u. St. Francisco. Eisenb. 5% Gold Bonds (neu aufgelegt 29,4 Mill. M. à 88%)	37997,4	88	88,20	88,30	$84^1/_4$	Frankfurt
20. 1.	Chines. Tientsin-Pukow Eisenbahn 5% Anleihe von 1910	38556	$100^1/_2$	102,80	98,90	97	Frf., Hbg.
4. 2.	Buenos Aires (Prov.) $4^1/_2$% Goldanleihe von 1910	40800	94	95	$93^1/_4$	$88^1/_2$	—
13. 3.	Ottoman. 4% Zollanl. v. 1911. I.	130560	$86^3/_4$	87	$81^1/_2$	$76^1/_2$	Frf., Hbg.
6. 4.	Kopenhagen. 4% Stadtanl. v. 1911	22473	98	98,10	97,60	96,20	Hamburg
6. 4.	Aumetz-Friede Hüttenw. Akt.	16600	—	$189^1/_2$	$190^3/_4$	170,30[1]	Frankfurt
25. 4.	Österr. 4% Staatsrente	100891,26	—	$93^3/_4$	91,80	85,60	Frf., Hbg.
29. 4.	Finländ. Stadthyp.-Kasse $4^1/_2$% Pf. v. 1911 (aufgelegt 4860000 M. à 96%)	8100	—	$96^3/_4$	96,10	$94^3/_4$	Frf., Hbg.
12. 5.	Ungar. Allg. Creditbk. (Budapest) Akt.	17000	—	—	—	—[2]	Frankfurt
16. 6.	Victoriafälle und Transvaalkraftgesellschaft 5% Obl. C.	26520	$102^1/_4$	103,60	$101^3/_4$	99,40	Frf., Hbg.
3. 7.	Petersburger Discontobank Akt.	10800	—	$200^1/_4$	210	$194^3/_4$	—
4. 7.	Southern Pacific Comp. 4% Gold Bonds	16800	—	$92^1/_2$	$95^1/_2$	$93^1/_2$	Frf., Hbg.
5. 7.	Kommerzbank in Warschau Akt. Em. VI	6480	—	—	$175^3/_4$	169	—
	dergl. Akt. Em. VII	17280	—	$164^1/_2$	164	—	—
5. 7.	Chilen. 5% Staatsanl. v. 1911	50153,625	98	$99^1/_2$	98,20	$97^1/_4$	Frf., Hbg.
22. 7.	Moskau-Kasan $4^1/_2$% Einsenb.-Prt. v. 1911	54481	$97^1/_2$	98	97,60	$95^1/_2$	Frankfurt
22. 7.	Podolische Eisenb. $4^1/_2$% Prt.	42674	$97^1/_2$	98	$97^1/_2$	95,70	Frankfurt

24. 7.	Petersburger Internationale Handelsbank-Aktien von 1911	25920	—	196 3/4	215 1/2	199 3/4 [3]	—
28. 7.	Unionbank in Wien Akt. 1908 u. 1911	8500	—	—	158	152	Frankfurt
19. 8.	Azow Don Kommerzbank (Petersburg) Aktien von 1911	21600	—	211 1/2	230	228	—
5. 9.	Russ. Bank f. ausw. Handel Akt.	21600	—	145,70	152 1/2	151 1/2	Hamburg
6. 10.	Österr. Kreditanst. f. Hand. u. Gew. Akt.	25500	—	201 1/2	204 1/2	193	Bresl., Frf., Cöln, Mün., Dresden, Leipz., Hbg.
31. 10.	Chines. Hukuang Staatsb. Anl. 5% v. 1911	122400	100 1/2	99,90	98,40	95,90	Frf., Hbg.
	B. Frankfurter Börse.						
3. 8.	Abo 4 1/2 % Stadtanl. v. 1911	5677,728	—	93 3/4	93,70	92	Hamburg
	C. Hamburger Börse.						
24. 1.	Verein. Eisenb. v. Yucatan u. Mexiko 5% Mortgage Bonds	16830	96 1/2	96,30-70	94	93	—
6. 6.	Nordische Aktienbk. f. Handel u. Ind. 4 1/2 % Pf. von 1911	8100	96	96 1/4	94 1/4	94 1/2	—
17. 6.	Helsingfors 4 1/2 % Stadtanl. v. 1911	20400	97	97 1/4	97	95 1/2	—
18. 11.	Bulgar. Staats-Gold-Anl. 4 1/2 % v. 1909	81000	91	90 1/4	90,10	86 1/4	—
		1208193,9					

[1] Notiz Oktober 1911 eingestellt.

[2] In Berlin nur sehr selten notiert.

[3] Notiz April 1911 eingestellt.

Nach den Angaben der amtlichen Statistik betrugen die Summen der an deutschen Börsen zum Handel zugelassenen Werte (in- und ausländische):

In Millionen Mark

	1901	1902	1903	1904	1905	1906	1907
Inländische	2366,3	2730,7	2195,4	2603,4	3412,1	2880,5	2573,1
Ausländische	778,1	2645,2	4589,1	2155,5	5282,9	1110,5	7019,2
Sa.	3144,4	5375,9	6784,5	4758,9	8695,0	3991,0	9592,3

	1908	1909	1910	1911
Inländische	3875,8	3507,2	2756,8	2733,7
Ausländische	745,7	974,4	2242,0	1208,2
Sa.	4621,5	4481,6	4998,8	3941,9

Nach den Berechnungen des „Deutschen Ökonomist"[1] ergaben die Kurswerte der emittierten Effekten — und hier zeigt sich die bedeutende Abweichung in den Zahlen infolge der verschiedenen Erhebungsmethoden:

Jahr der Emission	Gesamtbetrag	Davon ausländische Werte	Diese in % der Summe
	In Millionen Mark		
1900	1777	275	15,5
1901	1631	210	12,9
1902	2110	453	21,5
1903	1665	242	14,5
1904	1995	232	11,6
1905	3090	1108	36,2
1906	2741	221	8,1
1907	2212	153	7,0
1908	3652	228	6,3
1909	3590	349	9,7
1910	3022	546	18,1
1911	2709	460	17,0

Können schon mit Rücksicht auf die der Emissionsstatistik noch anhaftenden Mängel aus den erhaltenen Zahlen völlig einwandfreie Schlußfolgerungen nicht gezogen werden, so geht doch, wenigstens aus den für diese Zwecke nur allein brauchbaren Ziffern des „Deutschen Ökonomist" hervor, daß mit der gegen früher gebesserten Qualität der eingeführten Werte auch ihre Quantität auf mäßige Prozentanteile zurückgeführt ist. Wenn es gewiß unmöglich ist, für die Emission ausländischer Werte ein ganz bestimmtes Verhältnis zur Gesamtemission als unbedenklich ein für allemal festzusetzen — denn eine solche Fixierung würde wieder die Qualität der Werte nicht berücksichtigen — oder umgekehrt aus den prozentualen Verhältnissen allein einen Schluß auf die Größe der „Überschwemmung" ziehen zu wollen, so muß zugegeben werden, daß die mitgeteilten Prozentziffern sich anscheinend in normalen Grenzen bewegen gegenüber

[1] „Deutscher Ökonomist" Nr. 1515, 13/1, 1912, und Riesser, a. a. O., S. 297.

den Zuständen früherer Jahrzehnte. Denn nach Ad. Weber betrugen die Anteile der ausländischen Emissionen in Deutschland am Gesamtbetrage in den Jahren 1886—1890 annähernd 45%!

Noch ein anderes scheint uns — immer unter dem Vorbehalt der nicht exakten Zahlenangaben — aus dem Verlauf des Emissionsgeschäfts des letzten Jahrzehnts hervorzugehen.

Als eine der Vorbedingungen, nach deren Erfüllung erst die Emission ausländischer Werte gestattet sein sollte, nannten wir (nach Riesser) die vollzogene Tatsache des gedeckten inländischen Kapitalbedarfs. Nun ist dieser Zustand praktisch nicht festzustellen. Man wird auch zugeben müssen (nach Riesser a. a. O., S. 316), daß selbst die Höhe des Zinsfußes über die völlige Befriedigung des Kapitalbedarfs nicht mit „Sicherheit" Aufschluß gibt. Indessen glauben wir — wenn auch nur bedingt — doch, wenn wir den Prozentanteilen der ausländischen Emissionswerte im Jahrzehnt 1900—1910 den jährlichen Durchschnitt des Marktzinsfußes an der Berliner Börse zur Seite stellen, an dieser Gegenüberstellung zeigen zu können, daß der erhobene Vorwurf der Rücksichtslosigkeit der Emissionsstellen gegenüber der jeweiligen Verfassung des Geldmarktes — wo es sich um ausländische Werte handelt — nicht mehr in dem Umfang berechtigt ist.

Es betrugen nämlich in den Jahren:

	Die Anteile der emittierten ausländischen Werte am Gesamtbetrag in %	Der Marktzinsfuß im Durchschnitt in %
1900	15,5	4,41
1901	12,9	3,06
1902	21,5	2,19
1903	14,5	3,01
1904	11,6	3,14
1905	36,2	2,85
1906	8,1	4,14
1907	7,0	5,12
1908	6,3	3,52
1909	9,7	2,87
1910	18,1	3,54
1911	17,0	3,41

Die für fremde Werte aufgebrachten Summen nehmen — wie die Tabelle zeigt — mit zunehmender Geldknappheit nicht nur absolut ab, wie das ja nur natürlich ist, sondern auch relativ. Unsere vorstehenden Erörterungen beziehen sich nur auf die „legitimen" Emissionen. Wir müssen jedoch in diesem Zusammenhange auch der auf illegitime Weise in deutschen Besitz übergegangenen fremdländischen Wertpapiere Erwähnung tun, zumal auch inländische Bankinstitute (nach den Angaben Zickerts)[1] sich mit deren Vertrieb befassen. Es handelt sich hier zunächst um zweifelhafte exo-

[1] H. Zickert, a. a. O., S. 9ff.

tische Werte, die mit Hilfe einer schwindelhaften Reklame unter Umgehung jeder Kontrollstelle an eine in den meisten Fällen sicher unkundige und urteilslose „Kundschaft" abgesetzt werden. Die Höhe der auf solche Weise der deutschen Volkswirtschaft entzogenen Summen ist nicht bekannt, es bedarf jedoch keiner besonderen Ausführung, daß Kapitalexporte auf Grund des Erwerbs solcher zweifelhaften ausländischen Wertpapiere sowohl vom volks- wie vom privatwirtschaftlichen Standpunkt zu verurteilen sind.

3. Bankenkonzentration.

In der Bankenkonzentration, deren Wesen in einem Hinstreben auf eine Organisierung des Bankgeschäfts unter einheitlicher Leitung besteht,[1] haben wir eine Erscheinung vor uns, die in ganz besonderem Maße das in Frage stehende Depositenproblem berührt, ja es durch ihre eigene Entwicklung erst geschaffen hat. Handelt es sich doch in unserem Falle — d. h. in der Frage der Änderung der gegenwärtig bestehenden Bankenorganisation — darum, ob den machtvollen Kreditbanken, die wir heute als vorläufiges Ergebnis der Konzentrationsbewegung vor uns sehen, und deren Emporkommen wesentlich mit Hilfe des Depositengeschäfts möglich geworden ist, im Interesse der Gesamtheit die Mittel zu versagen sind, mit denen sie bis heute ihre Aufgaben zu lösen suchten. Abertausende von kleinen Teilbeträgen, durch eine geschickte Geschäftspolitik der Verfügung der Einzelwirtschaften zugunsten der Banken entzogen, haben durch ihre Summierung dazu beigetragen, daß heute nach einer etwa 40jährigen Entwicklung aus einem demokratischen System zahlreicher kleiner Banken und Bankiers eine „Obligarchie einer in Berlin ansässigen, aus kaum mehr als einem halben Dutzend Häuptern bestehenden Haute finance geworden ist, die ihren mittelbaren oder unmittelbaren Einfluß über eine Vielzahl von Bankbetrieben aller Landesteile erstreckt und für die einträglichsten Zweige des Bankgeschäfts beinahe ein ebenso wirksames Monopol besitzt, wie es in den am meisten zentralistisch organisierten deutschen Industrien die Syndikate genießen".[2] Ist auch der Umfang der Konzentration nicht allein durch die Hilfe der „fremden Gelder" erreicht, so ist es doch kaum ein Zufall, daß dasjenige Institut — nämlich die Deutsche Bank —, das als erstes das Depositengeschäft in sein Programm aufnahm und das die erste Depositenkasse eröffnete, heute unter den Kreditbanken, was Kapitalmacht und Einfluß anbetrifft, die erste Stelle einnimmt. Im ersten

---

[1] St. Wiewiórowski (Einfluß der deutschen Bankenkonzentration auf Krisenerscheinungen. Berlin 1912) versteht unter „Konzentration im Bankwesen" „alle diejenigen Erscheinungen, welche auf eine Organisierung des Bankgeschäfts unter einheitlicher Leitung hinstreben", welchen Ausdruck wir oben, da er uns treffend erscheint, übernommen haben.

[2] B. Wallich, Die Konzentration im deutschen Bankwesen, S. 159. Stuttgart und Berlin 1905.

Kapitel, das die Beziehungen zwischen Großbanken und Großindustrie behandelt, haben wir darzustellen versucht, wie die Bankenkonzentration bald Ursache, bald notwendige Folge der Vorgänge auf dem Gebiete der Industrie war, wie also beider Interessen — der Banken und der Industrie — miteinander verschmelzen. In diesem Sinne hängt auch das Schicksal der auf die Bankenhilfe angewiesenen Industrie von der Entscheidung über die Bankorganisation ab.

Die „Konzentration" als wirtschaftlicher Zustand ist keine Eigentümlichkeit des Bankwesens, vielmehr eine sich auf anderen Gebieten wiederholende Folge moderner kapitalistischer Produktionsweise. Es gelten ganz allgemein für sie ähnliche, nur auf das Bankgewerbe zu übertragende Gründe, wie wir sie für die Industriekonzentration anführen konnten, wenn auch die Entwicklung selbst nicht auf allen Gebieten mit gleicher Intensität, Schnelligkeit und in denselben Formen vor sich ging. Wenn für die Schnelligkeit der Bankkonzentration einzelne noch zu erwähnende Momente bestimmend wurden, so wollen wir mit Wallich, dessen Darstellung in seinem bereits zitierten Werke wir hier hauptsächlich folgen, annehmen, daß die letzten Ursachen auch der Bankenkonzentration in dem „Drang zum Großbetrieb" einerseits — nach Wallich ein „qualitativ positives" Moment — und in der „schwächere Betriebe ausschaltenden Wirkung der Konkurrenz" andererseits — dieses ein „quantitativ negatives" Moment — zu suchen sind. Jene führt einen Machtzuwachs herbei durch Vergrößerung des Umfangs einzelner Betriebe, diese, ndem sie die Gesamtzahl der unabhängigen Bankbetriebe vermindert. Beide haben abwechselnd, je nach Lage der Konjunkturen, die Entwicklung beeinflußt. —

Die ersten Anzeichen beginnender Konzentration machen sich bemerkbar in den wirtschaftlich günstigen Jahren 1870—73. Die nach dem glücklich verlaufenen Kriege sich geltend machenden Bedürfnisse nach Kapital seitens Staaten und Gemeinden, besonders aber von Handel und Industrie, zwangen die für derartige Ansprüche nicht gerüsteten Banken zu einer vermehrten Herbeischaffung von Kapital durch Erweiterung ihres Geschäftsbereiches. Wenn diese in jener ersten Periode, die (nach Wallich) etwa das Jahrzehnt 1870 bis 1880 umfaßt, auch zumeist in der Form der Kapitalserhöhung vor sich geht, so zeigten sich doch bemerkenswerte Abweichungen von dieser Regel. So schlug die Diskonto-Gesellschaft durch Begründung von „Provinzialbanken" einen anderen Weg ein, der sich indes als nicht zum Ziele führend sehr bald herausstellte. Diese „Provinzialbanken" waren am Sitze der „Mutterbank" errichtete „Tochterbanken", denen die erstere Gründung von Filialen und Kommanditen in der Provinz zur Aufgabe machte, und auf die sie das Risiko dieser auswärtigen Unternehmungen abwälzte. Diese nicht immer solide Grundlage — die für einen rentablen Geschäftsbetrieb vorauszusetzenden Beziehungen zwischen Tochterbank und Provinz mußten zumeist erst geschaffen werden — war auch die Ursache ihrer Kurzlebigkeit. Die bedeutendste Gründung dieser Art war die von der

Diskonto-Gesellschaft mit einem Kapital von 30 Mill. Tlr. gegründete Provinzial-Diskonto-Gesellschaft, die „aber schon von 1878 ab durch die Diskonto-Gesellschaft mit großen Opfern und Schwierigkeiten, nachdem die Filialen schon vorher nach und nach aufgegeben worden waren, übernommen werden mußte“.[1]

Die Krisis des Jahres 1873, die die Gründungen dieser Art fast ausnahmslos beseitigte wie überhaupt unter den Produkten der „Gründerzeit“ mächtig aufräumte, bildet einen Markstein in dieser ersten Periode. Die schwachen Institute, die den Wirkungen der Krisis auf die Dauer nicht widerstehen können, suchen Unterstützung bei den inzwischen emporgekommenen und wirtschaftlich erstarkten Banken. Es ist die Periode der „Entgründungen“, in der von den letztgenannten Banken zahlreiche Liquidationen durchgeführt werden, bei denen diese selbst außerordentlich geschäftliche Vorteile zu erlangen wissen. Diese „Entgründungen“ bilden eines jener Momente, die die Schnelligkeit der Konzentration positiv beeinflußt haben.[2] Neben der Erstarkung einzelner Banken geht bereits eine zahlenmäßige Abnahme der Bankunternehmungen nebenher. Indessen steht doch „der ganze Abschnitt von 1870 bis 1880 noch durchaus unter dem Zeichen der Konzentration innerhalb der einzelnen Landesteile“. Es herrscht also noch keine Monopolisierung des Bankgeschäfts an einem bestimmten Platze.

Eine solche tritt erst ein in der zweiten Periode, die bis zum Jahre 1895 reicht. In dieser überwiegt das „qualitativ-positive“ Element, nämlich der Drang zum Großbetrieb. Wenn auch die Konzentration innerhalb der einzelnen Landesteile nicht aufhört, so liegt doch in der Verschiebung des wirtschaftlichen Schwerpunktes des neuen Reiches von Frankfurt a. M. nach Berlin dasjenige Moment, das diese Entwicklungsperiode charakterisiert. Die Vorteile, die die aufstrebende Reichshauptstadt in geschäftlicher Beziehung zu versprechen schien, erregten bei den größeren bisher in Berlin nicht vertretenen ansässigen Banken das Verlangen, die Gunst der Lage selbst auszunutzen. Abgesehen von den schon in der ersten Periode nach Berlin gewanderten Banken (1871: Bank für Handel und Industrie, Darmstadt; 1873: Mitteldeutsche Kreditbank, Meiningen, später Frankfurt a. M.) folgten ihnen jetzt: 1881: die Dresdner Bank, Dresden; 1891: der A. Schaaffhausensche Bankverein, Cöln,[3] während die Breslauer Diskonto-Gesellschaft, Breslau und die Kommerz- und Diskonto-Bank, Hamburg[4] durch ihre Beteiligung an der Gründung der Nationalbank wenigstens indirekt ihren Einfluß in Berlin geltend zu machen suchten.[5]

Innerhalb sehr kurzer Zeit übertrafen diese „Filialen“ in Berlin an Bedeutung ihre auswärtigen Hauptniederlassungen. Neben diesem Vordringen dieser großen Provinzbanken — wenn es hier erlaubt

---

[1] **Riesser**, a. a. O., S. 545.
[2] **Wallich**, a. a. O., S. 34ff.
[3] **Riesser**, a. a. O., S. 531.
[4] Die **Kommerz- und Diskonto-Bank** Hamburg errichtete erst im Jahre 1898 eine eigene Niederlassung in Berlin.
[5] **Wiewiórowski**, a. a. O., S. 71.

ist, um den Gegensatz zwischen dem sich immer mehr zum wirtschaftlichen Mittelpunkt herausbildenden Berlin und dem Reich hervorzuheben, von diesem als von einer „Provinz“ zu sprechen — zeigt sich die Tendenz der Entwicklung zum Großbetrieb in dem Bestreben der Berliner Banken, ihrerseits ihre Machtsphäre auf die „Provinz“ auszudehnen. Und in dieser Beziehung herrscht in dieser Periode das System der Fusionierung — d. h. der völligen Übernahme fremder Institute durch Aktientausch vor. Indem die fusionierten Bankunternehmungen aus der Zahl ihrer Berufsgenossen verschwinden, unterliegen sie der „schwächere Betriebe ausschaltenden Wirkung der Konkurrenz“. Sie selbst, die durch Fusion aufgelösten Banken, sind in diesen Fällen (nach Wallich) Träger der Konzentration. Neben Filialgründungen und Fusionen nimmt die Konzentration in dieser Periode auch die anderen Formen der Dezentralisation des Betriebes an: Die Banken beteiligen sich kommanditistisch bei ihnen geeignet erscheinenden Instituten und errichten Depositenkassen. Doch hatten beide Formen bis zum Schluß dieser Periode (1895) keine nennenswerte Bedeutung erlangt[1] und verschwinden gegenüber den zuerst genannten.

Die letzte Periode (etwa von 1895 bis zur Gegenwart) brachte gleich in ihrem Beginn ein neues die Schnelligkeit der Konzentration förderndes Moment, nämlich die Stempelgesetzgebung von 1894 und das Börsengesetz von 1896. Unter den Wirkungen dieser den Betrieb verteuernden, andererseits ihn — besonders durch die Bestimmungen des Terminhandels — verringernden gesetzlichen Maßnahmen hatte hauptsächlich der gegenüber den Aktiengesellschaften im allgemeinen nicht so kapitalkräftige Privatbankierstand zu leiden. Wenn seine bis in die Gegenwart hinein dauernde allmähliche Abnahme und das gleichzeitige Aufgehen der aufgelösten Firmen in den Banken auch die Dezentralisation der Konzentration vermehrte, so treten doch jetzt neue charakteristische Formen auf.

Der Umstand, daß in dieser letzten Periode Berlin tatsächlich der Mittelpunkt des deutschen Bankwesens wird, an dem die großen, außerordentliche Kapitalien verlangenden Anleihegeschäfte abgeschlossen werden, zu deren Durchführung nur Großbankmittel imstande sind, führt durch die Schaffung der Bankkonsortien einen engeren Zusammenschluß der Banken herbei.

Die Institute, die aus der Krisis der Jahre 1900/1901 geschwächt hervorgegangen sind, suchen Hilfe bei mächtigeren Banken und, wenn sie nach der Übernahme, die in der Form der „dauernden Beteiligung“ vor sich geht, auch formell ihre Selbständigkeit wahren, so sind sie doch in der Tat „Trabanten der Großbanken“ und hier wieder Träger der Konzentration.

---

[1] 1905 betrug (nach Riesser) die Zahl der Kommanditen von 6 Großbanken nur 11. Bezüglich der Depositenkassen sagt Wiernik (Die Depositenkasse, ihre Geschichte und ihr Rechnungsverhältnis zur Zentralbank. Berlin 1912): „Bis 1895 kann von einer gleichmäßigen Ausgestaltung des Depositenkassenwesens nur bei der Deutschen Bank die Rede sein.“ (S. 31.)

Eine noch bedeutendere Rolle spielen endlich die Interessengemeinschaften zwischen Großbanken und Provinzbanken, deren Zahl[1] 1896 nur 2 betrug, 1900 bereits auf 11 und bis 1911 auf 26 angewachsen war. Die Tendenz dieser Interessengemeinschaften geht am besten aus der Tatsache hervor, daß von diesen 26 allein 10 auf Montanreviere (und zwar Rheinland, Westfalen und Oberschlesien) entfallen. Sie dienen einer Vermehrung der Beziehungen der Großbanken zur Industrie und andererseits einer Erweiterung des Absatzgebietes für Emissionswerte.

Doch hatte sich die im Jahre 1903 zwischen der Dresdner Bank und dem Schaaffhausenschen Bankverein abgeschlossene Interessengemeinschaft, die auf Vertrag beruhend gemeinsame Geschäftsleitung mit Gewinnausgleich in sich schloß, anscheinend nicht bewährt. Die im Jahre 1908 erfolgende Auflösung dieser Gemeinschaft und die Tatsache, daß dieses Beispiel auch von anderer Seite nicht nachgeahmt wurde, hat dann die zu jener Zeit bisweilen vermutete baldige Vertrustung des deutschen Bankwesens nicht wahr gemacht.

Wenn die Konzentrationsbewegung — wenigstens auf direktem Wege — seit jenem letzten Ereignis allmählich abgeebbt ist, so ist sie auf indirektem Wege, d. h. durch Gründung von Depositenkassen entschieden nicht stehen geblieben. Gerade die Jahre 1908—1910 weisen (nach Wiernik) eine rapide Vermehrung der Depositenkassen auf, über deren Entwicklung und Bedeutung wir noch in anderem Zusammenhange zu sprechen haben werden.

Betrachtet man das Ergebnis dieser etwa 40jährigen hier kurz skizzierten Entwicklung, so wird man finden, daß das vorläufige Ende dieser letzteren eine in Berlin zentralisierte Bankenorganisation ist, die den größten Teil des deutschen Bankwesens umspannt und deren Leitung in den Händen verhältnismäßig weniger Großbanken liegt.

Unter diesen bereits in anderem Zusammenhange genannten 9 Berliner Großbanken haben folgende fünf, von denen jede mit ihren durch irgendeine der geschilderten Konzentrationsformen verbundenen Banken eine „Gruppe" bildet, eine Kapitalmacht geschaffen, deren Zusammensetzung (nach Riesser, a. a. O., S. 520ff.) folgende Zahlen erweisen.

	Aktienkapital + Reserven	Mark
1. Gruppe der Deutschen Bank	691050300 + 238486491	= 929536791
„Befreundete" Banken . . .	272000000 + 64844163	= 336844163
2. „ „ Diskonto-Ges. .	504450000 + 158111612	= 662561612
3. „ „ Dresdner Bank .	253180000 + 68142689	= 321322689
4. „ „ Darmstädter B.	219500000 + 41099399	= 260599399
5. „ des A. Schaaffhaus. Bankvereins .	172000000 + 37871829	= 209871829

[1] Riesser, a. a. O., S. 541ff.

Diese fünf Gruppen vereinigen demnach in sich zuzüglich der der Deutschen Bank „befreundeten" Banken und ihrer Kapitalien eine Kapitalmacht von M. 2720736483.

Angesichts der bisherigen Entwicklung auf dem Gebiete der Kapitalkonzentrationen — nicht allein des Bankwesens — hat man wohl auch die Frage nach ihrem wahrscheinlichen Ausgang und ihren Zielen gestellt. Wenn auch heute niemand imstande ist, diese Frage mit Sicherheit zu beantworten, so mag es erlaubt sein, einigen darüber geäußerten Ansichten hier Raum zu geben. Für den „Deutschen Ökonomist"[1] ist die Entwicklungstendenz, wie sie das Wirtschaftsleben gegenwärtig aufweist, „in hohem Grade staatssozialistischer Natur". Die Kaligesetzgebung in Deutschland von 1910, das von der englischen Regierung aus Anlaß des Bergarbeiterstreiks (Frühjahr 1912) eingebrachte Gesetz über die Festsetzung des Mindestlohnes im Kohlenbergbau bedeuten ihm solche Etappen auf dem Wege zum Staatssozialismus, hervorgerufen durch die privatkapitalistische Wirtschaftsform der Gegenwart. Seine Ausführungen gipfeln in dem Satze: „Die gewaltige und immer noch forttreibende Kapitalkonzentration, ergänzt durch die organisatorische Zusammenfassung in Syndikaten und Kartellen, hat auf verschiedenen Gebieten des Wirtschaftslebens tatsächlich die individuelle Gewerbefreiheit aufgehoben. Es ist unstreitig richtig, daß ökonomische und produktionstechnische Momente diese Entwicklung in weitem Maße bedingt haben, aber ebenso unbestreitbar ist, daß nun auf einzelnen Wirtschaftsgebieten eben ein Zustand erreicht worden ist, der zur Verwirklichung staatssozialistischer Ideen geradezu herausfordert. Und in dem Maße, in dem der selbständig wirtschaftende Mittelstand verschwindet, je größer die Zahl der von der kapitalistischen Unternehmung abhängigen Existenzen wird, desto geringer wird notwendigerweise der Widerstand, der im Volke den positiven Bestrebungen nach Umgestaltung unserer Wirtschaftsordnung entgegengesetzt wird."

Dem könnte man wohl entgegenhalten, daß diese Widerstände selbst privatmonopolistischen Bestrebungen gegenüber sich gerade in neuester Zeit als immer noch sehr bedeutend herausgestellt haben. Von dem Fall der Auflösung der Interessengemeinschaft Dresdner Bank-Schaaffhausenscher Bankverein abgesehen, die man ja auch als ein Anzeichen beginnenden Bankmonopols angesehen hatte, haben doch gerade die Schwierigkeiten, die die am 1. Mai 1912 erfolgte nur teilweise Wiedererneuerung des Stahlwerkverbandes verursacht haben, von dem noch vorhandenen Bedürfnis nach Erhaltung der individuellen Selbständigkeit Zeugnis abgelegt.

Immerhin muß man als richtig anerkennen, daß, wie der „Ökonomist" schließt, den „Regulierungshebel" für den Beginn des Staatssozialismus das private Unternehmertum auf Grund seines Handelns selbst in der Hand hat. Und diese Wahrheit gilt u. E. auch von den Bankenorganisationen und ihren Leitern.

[1] „Deutscher Ökonomist", Nr. 1526 v. 30. 3. 1912: „Auf dem Wege zum Staatssozialismus."

In Anbetracht der Höhe der als Ergebnis der Konzentration erreichten Zahlen und der begleitenden Umstände, die zu ihrer Entstehung geführt haben, kann es nicht wundernehmen, wenn gelegentlich Befürchtungen ausgesprochen wurden, daß der „Monopolgeist der Haute banque" bald eine unbeschränkte Herrschaft über die Volkswirtschaft ausüben würde. Die seitherige Entwicklung hat jedoch gezeigt, daß die gefürchtete Monopolisierung des Bankgeschäfts in ihren letzten Konsequenzen nicht zur Wirklichkeit geworden ist. Dafür sind Beweise die Wiederauflösung der Interessengemeinschaft Dresdner Bank-Schaaffhausenscher Bankverein, die ständigen Neugründungen kleiner selbständiger Aktienbanken und sogar das Entstehen neuer Privatbankgeschäfte der letzten Zeit. Von diesen Erscheinungen wird noch zu reden sein.

Wirft man mit Bezug auf die Frage der Nützlichkeit oder Schädlichkeit der Bankenkonzentration einen Blick auf die in der Literatur darüber geschehenen Äußerungen,[1] so findet man eine fast ausnahmslos günstige Beurteilung der Wirkungen der Konzentration, wenn auch deren Mängel nicht übersehen werden.

Es kann zunächst kein Zweifel darüber herrschen, daß das Zusammenströmen großer Kapitalmassen an einem Punkt, deren Bestimmung und Verteilung von einem Willen abhängig ist, die Möglichkeit bietet, großzügige Pläne zu verfolgen, deren Durchführung nur dem konzentrierten Kapitalbesitz möglich ist, und die neben dem eigenen Interesse durch ihren Umfang das Interesse der Gesamtwirtschaft berühren und es auch wahrzunehmen haben. Wir haben zwei dieser Möglichkeiten bereits zu erwähnen gehabt bei Besprechung der Aufgaben, die die Banken zu erfüllen haben zwecks Aufrechterhaltung der Produktionsfähigkeit der Industrie und auf dem Gebiete des Emissionswesens.

Es muß ferner zugegeben werden, daß nur ein einheitlich organisiertes Bankwesen, dessen einzelne Glieder in allgemeinen Fragen sich dem Willen Weniger unterzuordnen haben, gewisse große allgemeine Aufgaben durchführen kann, wie sie gegenwärtig die auf einheitliche Ausgestaltung des Zahlungs- und Kreditsystems, besonders auf Ausdehnung des bargeldlosen nationalen und internationalen Zahlungsverkehrs hinzielenden Bestrebungen stellen. So bedeuteten die Verzichte der vielen noch vor wenigen Jahrzehnten bestehenden Privatnotenbanken auf das Recht der Notenausgabe einen Fortschritt in dieser Richtung, wie gegenwärtig die stets zunehmende Erweiterung des Scheck- und Überweisungssystems bei den Banken überhaupt und des Abrechnungssystems bei der Reichsbank im besonderen in dem gleichen Sinne zu beurteilen sind.

Wenn man als ein weiteres günstiges Moment der Bankenkonzentration die damit allgemeiner gewordene öffentliche Kontrolle (Pflicht zur

---

[1] Wiewiórowski gibt in seinem zitierten Werke eine kurze Übersicht über die Stellung der Literatur zu den Wirkungen der Bankenkonzentration, wenigstens soweit sich diese auf Krisenerscheinungen beziehen.

Veröffentlichung von Bilanzen für solche durch die Konzentration zu Aktiengesellschaften umgewandelten oder angegliederten ehemals von dieser Pflicht befreit gewesene Bankgeschäfte) anführt, so kann man — wie es uns scheint — doch wohl auch denjenigen recht geben, die in dem durch die Konzentration bedingten Zusammenfassen der Ergebnisse vieler Einzelheiten zu wenigen mit Riesenbeträgen aufwartenden Großbankbilanzen eine immer weiter um sich greifende „Undurchsichtigkeit" der letzteren erblicken wollen. Überhaupt scheint es uns, als wenn man auch in dem kürzlich eingeführten neuen Bilanzschema ein konzentrationsförderndes Moment wird erblicken dürfen. Nach den neuen Bestimmungen des Bundesrats über die Zulassung von Wertpapieren zum Börsenhandel sind Banken, deren Aktien an der Börse zum Handel zugelassen werden sollen, zur Veröffentlichung von Zweimonatsbilanzen nach dem zwischen Banken und Reichsbank vereinbarten Schema verpflichtet. Wenn schon das Bedürfnis nach Rückhalt an einem mächtigen Institut für ein kapitalschwächeres an und für sich eine Konzentrationstendenz aufweist, so wird diese Tendenz leicht zur Tatsache werden, wenn eine solche Bank gelegentlich einer durch Kapitalerhöhung verursachten Einführung von neuen Aktien an der Börse zur Veröffentlichung der ihr vielleicht aus irgendwelchen Gründen unbequemen Zweimonatsbilanzen verpflichtet wird. Sie vermag alle Schwierigkeiten durch Übergang in den Konzern einer Großbank zu umgehen, indem sich dann die Möglichkeit zu sog. „Bilanzschiebungen" bietet, von denen wir in anderem Zusammenhange noch zu sprechen haben werden.[1]

In einem früheren Kapitel haben wir den Vorwurf erwähnt, den man gerade den Großbanken aus der oft falschen Kreditgewährung macht, die sie zugunsten der Industrie und des Großhandels treiben. Wir haben zu zeigen versucht, daß dieser Vorwurf nicht völlig unberechtigt ist. U. E. ist diese oft unangebrachte und einseitige Verteilung der angesammelten Kapitalien eine ungünstige Wirkung der Konzentration, insofern als sie ihre letzte Ursache wohl in der Verdrängung des Privatbankiers hat. Der Privatbankier war früher in seinem relativ begrenzten Wirkungskreis vermöge seiner Kenntnis des örtlichen Bedarfs und der persönlichen Verhältnisse seiner Kundschaft der Träger des Blankokredits, der allein für das Handwerk und den Kleinhandel geeignet war. Mit seiner allmählichen Zurückdrängung ging den Interessenten des reinen Personalkredits mehr und mehr die Zufluchtsstelle verloren, die ihnen bisher

---

[1] Wir finden diesen Gedanken auch in einem Artikel („Die neuen Zweimonatsbilanzen") der Zeitschrift „Die Bank", 1912, Heft 4, in dem es heißt: „Eine Bank, die über eine Anzahl nur scheinbar selbständiger Filialbanken verfügt und mit diesen eine Kontenausgleichung vornehmen kann, ist so wesentlich im Vorteil gegenüber einer nur auf sich selbst gestellten Bank, daß sicherlich jedes Institut, das etwas zu verbergen hat, sich nach Freundschaften umsehen wird, sobald es in die Lage kommt, Zwischenbilanzen veröffentlichen zu müssen. Und in diese Lage kommt fortan jede Bank, die neue Aktien an die Börse bringen will. Je detailliertere Bilanzen man also fordert, um so mehr leistet man der Konzentration Vorschub."

ermöglicht hatte, auch in ungünstigen Zeiten ihren Verpflichtungen nachzukommen. Dieses Verschwinden und Ersetzen des Privatbankgeschäfts durch Filialen oder Depositenkassen der Großbanken ist um so bedauerlicher, als der Privatbankier auf den angedeuteten Gebieten der Kreditgewährung auch heute noch nicht zu entbehren ist, und die Großbankfilialen usw. durchaus nicht imstande sind, die in bezug auf die Kreditgewährung von dem Privatbankier bisher erfüllten Aufgaben zu lösen.

Nun ist, wie wir gesehen haben (S. 55), die Gesetzgebung zum Teil an dem Niedergang des Privatbankierstandes schuld. Es ist deshalb besonders erfreulich, daß anscheinend seit der Novelle zum Börsengesetz vom 8. Mai 1908, die den kleinen Bankgeschäften wieder bessere Existenzbedingungen geschaffen hat, dieser Rückgang durch zahlreiche Neugründungen aufgewogen wird. Es muß dagegen festgestellt werden, daß Neugründungen von Bankgeschäften in der Form der Aktiengesellschaften — weniger allerdings in der der Ges. mit beschr. Haftung — durch gleichzeitige Auflösung bis dahin bestehender Bankfirmen zum Teil ausgeglichen werden, so daß von einem Fortschritt in dem obigen Sinne bei diesen Kategorien schwerlich die Rede sein kann. Nach der amtlichen Statistik für die Aktiengesellschaften und Kommanditgesellschaften auf Aktien für die Jahre 1908—11, für die Ges. mit beschr. Haftung für die Jahre 1910/11 wurden insgesamt

	Neu errichtet: Zahl	Neu errichtet: Nominal- resp. Stamm-kapital in 1000 M.	Aufgelöst od. ohne Auflösungsverf. beendetes: Zahl	Aufgelöst od. ohne Auflösungsverf. beendetes Nominalkap. in 1000 M.
Aktienges. u. Kommanditges. auf Aktien (1908—11) . .	27	44367	62	196073
Ges. mit beschr. Haftung (1910—11)	28	3871	8	2810

Es betrugen demnach der Überschuß der entstandenen über die aufgelösten Gesellschaften:

	An Zahl	An Kapitalien in 1000 M.
bei den Aktienges. u. Kommanditges. auf Aktien	— 35	— 151708
bei den Ges. mit beschr. Haftung . . .	+ 20	+ 1061

Noch aus einem anderen, einem sozialpolitischen Grunde, wäre das völlige Verschwinden privater Bankgeschäfte nicht wünschenswert. Er betrifft den Ersatz der an leitender, also verantwortungsvoller Stelle stehenden Personen, und zwar nicht nur der höchsten Stellen, für deren Heranbildung die Schulung in Privatbanken und selbständige Betätigung in kleinerer Sphäre eine geeignete Vorstufe bedeutete. „Mit dem Zusammenschrumpfen des Privatbankgeschäfts und der selbständigen dastehenden Provinzbankinstitute verengert sich fortwährend der Kreis, aus welchem Männer, die bereits Führer im kleinen gewesen sind, künftig zu den verantwortlichsten Posten berufen werden können, während gleichzeitig die Schwierigkeit der Leitung der Rieseninstitute steigen."[1] In diesem Zusammenhange bedarf noch eine andere ungünstige Begleiterscheinung der Bankenkonzentration, die an anderer Stelle (S. 138ff.) ausführlicher zu behandeln sein wird, einer Erwähnung: nämlich die allmähliche Verschlechterung der Liquidität der Bankbilanzen (s. Tabelle S. 138). Kann zwar nicht bewiesen werden, daß die Konzentration die Ursache dieser Erscheinung ist, so spricht doch die Tatsache, daß beide Vorgänge sich gleichzeitig abspielen, mindestens für die Wahrscheinlichkeit, daß die Konzentration an dem Rückgang der Verhältniszahlen einen gewissen Anteil hat.[2]

Zu den Konzentrationsformen, die in jüngster Zeit bei Ansammlung von Kapitalien mittels Dezentralisation des Betriebes eine nicht unbedeutende Rolle spielen, gehören unstreitig die Depositenkassen. Der Umstand, daß ihr Einfluß nicht immer ein guter ist, zwingt uns, einen Augenblick bei ihnen zu verweilen. Wenn man die Depositenkassen (zuweilen auch „Wechselstuben" genannt) die „Saugapparate" der großen Banken nennt, so kennzeichnet dieser Ausdruck sowohl ihre Bestimmung wie ihre Tätigkeit. Sie sind ein sehr wirksames Mittel zur „Aufsaugung" selbst kleinster Kapitalbeträge, und sie haben einige Eigenschaften, die sie auch vom Standpunkt der Rentabilität als vorteilhaft erscheinen lassen. Dahin gehören der relativ geringe notwendige Aufwand an Einrichtungskapital, Beamtenmaterial und Raum. Sie können deshalb, „in großer Anzahl leicht in direkter Abhängigkeit von der übergeordneten Zentrale oder Filiale installiert, als großes Netz über Stadt und Land verteilt werden".[3] Erhöhen sie dadurch einerseits die Vorteile und Bequemlichkeiten, die eine Bankverbindung dem Geschäftsmann und Kapitalbesitzer zu bieten vermag, indem sie diesen geradezu wörtlich „entgegenkommen" und durch ihre Wirksamkeit den Kundenkreis der Bank erweitern, so erfüllen sie andererseits der Bank gegenüber, wie die Depositenstatistik zeigt, vollkommen ihre Hauptaufgabe, ihrer Zentrale fremde Gelder zuzuführen und ihr daneben eine erweiterte Absatzmöglichkeit für die Emissionen ihrer Bank zu schaffen. Doch nicht allein die mancherlei Vorteile sind es, wie sie auch die Depositenkasse zweifellos bietet, die uns hier interessieren. Ihre Organisation bringt einige schwerwiegende Mängel mit sich, die selbst im Interesse der Zentralbanken einer Abstellung bedürfen. Uns erscheinen als solche einmal die mit der gleichzeitigen Verdrängung des Privatbankiers Hand in Hand gehende, durch immer weiterschreitende Dezentralisation der Be-

[1] Wallich, a. a. O., S. 167.

[2] Wir lesen darüber bei Riesser, a. a. O., S. 453: „Es kann aber nicht verkannt werden, daß jene Tatsache (die Verschlechterung der Liquidität der Bankbilanzen) einerseits mit der gerade in diesem Zeitraum aufgenommenen starken Konzentrationsbewegung im Bankwesen und in der Industrie, andererseits mit den alle Erwartungen übersteigenden Anforderungen der Industrie an die Banken und in letzter Linie wohl auch mit dem hieraus allein schon leicht erklärlichen Wachstum der Spekulation in Verbindung steht."

[3] Wiernick, a. a. O., S. 17ff.

triebe nur noch mehr geförderte unvollkommene Kreditpolitik der Großbanken, sowie andererseits die vielfach, so auch gegenwärtig in der Fachpresse gerügte Verleitung zur Spekulation seitens der Depositenkassen.

Die in bezug auf Kredit- zumal Blankokreditgewährung bestehende große Gebundenheit des Depositenkassenvorstehers, die ihrerseits aus der Unmöglichkeit der Bankleitung entspringt, sich selbst eine ständige genügende Kontrolle über viele kleine gewährte Einzelkredite zu verschaffen, macht eine Kreditgewährung nach Art der Praxis des Privatbankiers, also im Interesse des kleinen Gewerbetreibenden, unmöglich. Die Folge ist die zu einseitige Verwendung der fremden Gelder in einzelnen sog. „großen Geschäften". Um für diese aber die nötigen Beträge zu erlangen, „läßt sich" — wie Wiernick (a. a. O., S. 29) sagt — „gegenwärtig in Berlin ein förmliches Wettrennen in der Schaffung von Depositenkassen beobachten".[1]

Nicht minder nachteilig ist die andere Erscheinung der übertriebenen Spekulation in den Depositenkassen. Das soliden, kreditbedürftigen und vor allem kreditwürdigen Geschäftsleuten hierdurch vorenthaltene Kapital wird zu unproduktiven Zwecken an nicht immer genügend leistungsfähige Spekulanten gegen oft nur sehr geringe Sicherstellung geliehen, und diese beiden Momente besonders führen dann jene Belastungen des Geldmarktes herbei, die in Zeiten von Geldknappheit zur Kalamität werden können. Vom 30. August 1911 bis 31. Oktober 1911 nahmen die von 8 Berliner Großbanken gewährten Vorschüsse auf Reports und Lombards um 316 Mill. M. auf 870 Mill. M. ab, wozu der vorhin erwähnte Artikel der Frankfurter Zeitung[2] treffend bemerkt: „Daraus läßt sich erkennen, daß die Spekulationskundschaft der Banken und ihrer Depositenkassen zum Teil unter äußerst empfindlichen Verlusten aus ihren Positionen herausgetrieben und veranlaßt wurde, die Engagements auf ein gesundes Maß zu reduzieren. Weshalb aber hatte man die Engagements vorher so stark anwachsen lassen, daß eine zwangsweise Verringerung notwendig wurde?" An solcher Ausbreitung der Spekulation haben in letzter Zeit besonders die Depositenkassen Anteil, wie aus zahlreichen Börsenberichten hervorgeht. So steht z. B. in einem Börsenbericht vom 26. April 1912 zu lesen:[3] „Man kann es nur begreiflich finden,

[1] Ähnlich lesen wir in einem Artikel („Reichsbank und Kreditbanken") der „Frankfurter Zeitung" vom 16. 2. 1912: „Vorerst kann nicht davon gesprochen werden, daß die Depositenkasse einen befriedigenden Ersatz für den verdrängten Privatbankier, den erfahrenen Berater seiner Klientel bedeutet. Tatsache ist auf jeden Fall, daß die Depositenkassen vorerst sich gegenseitig eine um so schärfere Konkurrenz machen, als von den seitens der Institute untereinander getroffenen Vereinbarungen die Depositenkassen bisher ausgeschlossen sind, und so hört man immer wieder von wenig vornehmen Konkurrenzmanövern benachbarter Wechselstuben."

[2] „Frankfurter Zeitung", a. a. O.

[3] „Frankfurter Zeitung": „Berliner Börse." 26. April 1912, Nr. 117, 2. Morgenblatt.

wenn selbst ruhige Menschen anfangen, eine Gefahr darin zu erblicken, daß einerseits die Kurse weit über das gesunde Maß hinaus getrieben sind, und sodann auch die Engagements sich zum großen Teil in recht wenig kräftigen Händen befinden. Remissiers und . . . Wechselstuben wetteifern zurzeit, die Nerven des spekulierenden Publikums von neuem aufzupeitschen. . . ." Man wird zur Entschuldigung der Banken anführen müssen, daß der Drang zur Spekulation auf einem wohl jedem Menschen innewohnenden psychologischen Moment beruht, das auch Bestimmungen und Verbote nicht zu beseitigen vermögen. Man hat den Wunsch, auf möglichst bequeme Weise seine wirtschaftliche Lage zu verbessern und wendet sich an das Glück, wenn einem die Gelegenheit dazu geboten wird. Indem die Effektenspekulation eine Form solcher Möglichkeiten darstellt und eine gewisse Berechtigung aus psychologischen Gründen beanspruchen darf, wird man also den Banken an und für sich aus der Unterstützung dieser Spekulationen keinen Vorwurf machen können. Dieser richtet sich dagegen mit aller Schärfe gegen den von den Banken selbst ausgehenden Anreiz zur Spekulation; zumal, wenn es sich um wirtschaftlich schwache Personen handelt, die man zum Spekulieren drängt, wie es hier im Falle der Depositenkassen tatsächlich vorzukommen scheint.

Wir wollen gewiß nicht Einzelfälle verallgemeinern und zugeben, daß es sich um einige zu beseitigende „Auswüchse" einer gewissen berechtigten Spekulation handelt. Indessen geht doch aus den Tatsachen hervor, daß diese „Auswüchse" einen bedauerlichen und gefährlichen Umfang erreicht haben. Es bleibt eben Tatsache, daß „die Dezentralisation der Großbanken durch die Depositenkassen und Filialen in Berlin und in der Provinz die Spekulation ganz bedeutend angeregt hat".[1] Wir haben mit Absicht besonders die Schattenseiten des Depositenkassenwesens hervorgehoben, denn nur eine Milderung der Konkurrenz unter den Großbanken auf diesem Gebiete, die eine Verschärfung der Bedingungen und damit eine Einschränkung der Effektenspekulation u. E. zur Folge haben würde, könnte auch die Vorzüge dieser Bankverbindung voll zur Geltung bringen.

Um den Abschnitt über die Bankenkonzentration nicht mit einem Mißklang schließen zu lassen, gehen wir im folgenden auf eine andere, im allgemeinen günstig zu beurteilende Wirkung der Konzentration ein, nämlich die Beeinflussung von Krisenerscheinungen. Sie scheint neben den an erster Stelle genannten, die nationale Wirtschaft in hohem Maße belebenden und fördernden Eigenschaften der Bankenkonzentration wichtig genug, das günstige Urteil über den Wert der letzteren zu befestigen.

Wir haben oben erwähnt, daß fast ausnahmslos (s. S. 56) in der Literatur der Bankenkonzentration eine günstige Einwirkung auf Entstehung und Verlauf von Krisen zugeschrieben wird. Dies geschah bisher freilich nur auf Grund deduktiver Erwägungen. Wie-

---

[1] **Wiernik**, a. a. O., S. 191.

wiórowski hat es in seinem bereits zitierten Buche[1] unternommen, die Berechtigung der in der Theorie geltenden Ansichten auf induktivem Wege zu untersuchen. Er selbst schränkt die Geltung der Ergebnisse seiner Untersuchung ein. Da der Einfluß der Banken auf Wirtschaftskrisen nur eines der vielen die Krisen überhaupt beeinflussenden Momente darstellt, andere jedoch nicht berücksichtigt wurden, so räumt W. ein, sich über die untersuchten Erscheinungen ein abschließendes Urteil nicht haben bilden zu können.

Er vergleicht die Handlungen und geschäftliche Betätigung der seit der Mitte des vorigen Jahrhunderts bestehenden Banken und erwähnt die Krisen der Jahre 1857, 1873, 1900/01 und 1907/08, von denen die beiden ersten zeitlich vor der Bankenkonzentration sich ereigneten. Auf Grund seines induktiven Materials kommt er in der Hauptsache zu folgenden Ergebnissen:

1. Bei den in dem Konzentrationsprozeß zu Großbanken gewordenen Instituten hat eine im weiteren Verlauf dieses Prozesses zunehmende und durch gelegentliche Depressionen — besonders diejenige von 1907/08 — nicht wesentlich gestörte Stetigkeit ihrer Entwicklung Platz gegriffen. Die Stetigkeit dieser Entwicklung tut sich kund u. a. in der im allgemeinen regelmäßigen Zunahme an „fremden Geldern" und in der zunehmenden Stabilität der Dividenden. — Von beiden Erscheinungen haben wir im zweiten Hauptabschnitt dieser Abhandlung ausführlich zu sprechen.

2. „Die Großbanken wirken zunächst moralisch sowohl direkt durch Mitteilungen über die wirtschaftliche Lage und durch Warnungen vor übertriebener Spekulation als auch indirekt durch die Festigkeit und Stetigkeit, welche sie in ihrer eigenen Entwicklung vor und während kritischer Zeiten bewahren, dem Ausbruch und dem Umsichgreifen einer Krisis entgegen." Es ist eine bekannte Erscheinung, wie sie jeder Börsenbericht immer wieder bestätigt, daß gelegentliche, gerade für die Börse bestimmte Äußerungen seitens der Banken (von der Reichsbank ganz abgesehen) hier nie ihre Wirkungen verfehlen, und also die Banken darin ein oft erprobtes Mittel haben, den Verkehr an der Börse in gewünschter Weise zu beeinflussen. Solche Mitteilungen wie auch Meinungsäußerungen in den jährlichen Geschäftsberichten der Banken haben oft vor dem Eintreten von Krisen immerhin zur Milderung der Wirkungen derselben beigetragen.[2]

3. Was das Verhalten der Banken vor Krisen betrifft, so faßt W. sein Urteil darüber — nach Gegenüberstellung der Erfahrungen aus den Jahren 1857 und 1873 mit denen von 1901/02 — in die Worte zusammen: „Absolut noch nicht einwandfrei, relativ ein gewaltiger Fortschritt."

Es hatte sich besonders bei diesem Vergleich die Richtigkeit

---

[1] St. Wiewiórowski, Einfluß der deutschen Bankenkonzentration auf Krisenerscheinungen.

[2] Wiewiórowski, a. a. O., S. 89 und S. 106ff.

der theoretischen Annahme[1] von der krisenmildernden Wirkung der Risikoverteilung infolge der Konzentration gezeigt. Ein weiterer, sehr wesentlicher Unterschied gegenüber den Zuständen vor den Krisen der Jahre 1900/01 und 1907/08 bedeutet die Tatsache, daß 1857 wie besonders 1873 die Mehrzahl der Banken ganz im Gegensatz zu einer vernunftgemäßen Geschäftspolitik sich sehr aktiv an der herrschenden Gründungswut und der übertriebenen Börsenspekulation beteiligten, so daß sie nach Eintritt der Reaktion nicht imstande waren, anderen zu helfen und dadurch die Krisenwirkungen zu mildern.

Demgegenüber ist festzustellen, daß die Großbanken in den Jahren 1900/01 und 1907/08 die Fähigkeit bewiesen, während der Krisis infolge der eigenen relativen Sicherheit durch „angemessene Kreditgewährung an solide, vorübergehend in Schwierigkeiten geratene Betriebe oder durch sachkundiges Eingreifen an der Börse" den Umfang der Zusammenbrüche und damit einen weitergehenden Einfluß der Krise abzuschwächen; und diese Feststellung führt W. als letztes günstiges Ergebnis seiner Untersuchungen an. Es sei hier nur an die Hilfeleistung der Großbanken erinnert, die sie den in dieser Periode zusammengebrochenen Hypothekenbanken (der Preuß. Hypotheken-Aktienbank, der Deutschen Grundschuldbank, der Pommerschen und der Mecklenburg-Strelitzer Hypothekenbank) haben zuteil werden lassen. Auch aus den Depressionsjahren 1907/08 ließen sich Beispiele für die Interventionen von Großbanken bei Katastrophen kleinerer Institute anführen; Interventionen, die nur den durch die Konzentration mächtig gewordenen Berliner Banken möglich waren. Der Vollständigkeit halber muß noch bemerkt werden, daß auch die Hilfsaktionen der Großbanken wieder ermöglicht wurden durch die Bereitwilligkeit der Reichsbank, die den bedrängten Banken ihre Wechsel rediskontierte.

Man könnte vielleicht von uns schon hier eine Stellungnahme zu der Erscheinung der Bankenkonzentration bezüglich des Depositenproblems erwarten. Indessen möchten wir diese Erörterungen, um die Disposition einzuhalten, für einen uns dafür geeigneter erscheinenden Abschnitt vorbehalten. Nur das eine sei schon an dieser Stelle gesagt: Die geschilderten Vorteile, die die Bankenkonzentration dem Wirtschaftsleben bisher gewähren konnte, scheinen u. E. die mancherlei Nachteile, deren Abstellung überdies keine unüberwindliche Schwierigkeiten entgegenstehen, reichlich aufzuwiegen. Solange nicht die unmittelbare Gefahr besteht, daß die Konzentration der Banken zu einer tatsächlichen Monopolisierung des Bankgeschäfts wird — und diese Gefahr ist nach den Zeichen der Zeit eher geringer geworden —, möchten wir in der Bankenkonzentration wegen ihrer überwiegend günstigen Wirkungen eine die Volkswirtschaft fördernde Erscheinung erblicken.

[1] So schreibt u. a. Philippovich (Grundriß der politischen Ökonomie S. 152): „Die Abschwächung in der Intensität der Krisen, die für die jüngste Zeit so charakteristisch ist, ist nicht zum mindesten der Festigkeit zuzuschreiben, welche das Bankwesen infolge der Konzentration erlangt hat."

4. Großbanken und Reichsbank.

Wir haben im Verlauf unserer bisherigen Betrachtung mehrmals darauf hinweisen müssen, daß die letzten Ursachen mancher schädlichen Nebenerscheinungen in dem durch unser Bankwesen beeinflußten Wirtschaftsleben auf der in Jahren günstiger Konjunktur durch das „Übermaß der Erwerbshaft" hervorgerufenen Kreditüberspannung beruhen. Die vorwärtsschreitende wirtschaftliche Entwicklung auf fast allen Gebieten erhöht die Kreditansprüche ständig, und die miteinander konkurrierenden Kreditinstitute zeigen sich oft allzu leicht geneigt, nicht nur die berechtigten Ansprüche zu erfüllen. Wenn die Nachfrage nach Kapital die Neubildung übertrifft — und dies scheint gegenwärtig tatsächlich der Fall zu sein —, aber dennoch voll befriedigt wird, so ist die Folge davon jener durch dauernde Geldknappheit charakterisierte wirtschaftliche Zustand, der gegenwärtig die interessierten Kreise lebhaft beschäftigt. Für den Kapitalmarkt, also den Markt für langfristigen (Emissions-)Kredit, für Industriekredite, ja zu Spekulationszwecken werden kurzfristige, durch das Depositengeschäft gesammelte Kapitalien verwendet (s. o. S. 35), die ihrer eigentlichen Bestimmung, der Verwendung auf dem Geldmarkt, entzogen werden. Ihr Fehlen am Geldmarkt wird in steigendem Maße durch den Wechselkredit ersetzt, und dieser wendet sich an die letzte Kreditquelle unseres Landes, die Reichsbank, auf die man also letzten Endes die Folgen aller unwirtschaftlichen Vorgänge im Kreditwesen abzuwälzen sucht. Der scharfe Wettbewerb der Großbanken am Geld- und Kapitalmarkt, der sich in normalen Zeiten mehr außerhalb der Sphäre der Zentralnotenbank abspielt, vereinigt in kritischen Zeiten seine Wirkungen in summierten Ansprüchen der ersteren an diese und hat neuerdings die Reichsbankleitung veranlaßt, um etwaigen unheilvollen Wirkungen rechtzeitig vorzubeugen, mit positiven Vorschlägen zu Krediteinschränkungen an die Großbanken heranzutreten.

Diese offenbare Beeinflussung der Reichsbank durch die Kreditbanken rechtfertigt es, daß wir den Wechselbeziehungen zwischen beiden an dieser Stelle eine kurze Betrachtung widmen, um so mehr, als wir später Gelegenheit haben werden, auf die in diesem Zusammenhang zu erhaltenden Aufschlüsse bei der Betrachtung des mutmaßlichen Verhältnisses zwischen Reichsbank und Reichsdepositenbank zurückzukommen. Wir werden folgende Fragen zu beantworten haben: 1. Sind die durch die Konzentration erstarkten großen Bankinstitute imstande, die Position der Reichsbank zu beeinflussen oder, genauer gesagt, die Reichsbank in der Verfolgung der ihr als Zentralnotenbank obliegenden besonderen Aufgaben zu stören? und 2. wie und in welchem Maße äußert sich ein solcher Einfluß?

Die erste Frage erledigt sich in bejahendem Sinne durch die erwähnte Tatsache, daß die eingangs geschilderten Zustände im Kreditwesen die Reichsbank zu Abwehrmaßregeln (Erschwerung des Lombardverkehrs seit Anfang 1911) und zu Verhandlungen mit den Leitern der Großbanken veranlaßt haben. Haben doch die abnormen Verhältnisse auf dem Geldmarkte es der Reichsbank nicht gestattet, ganz im Gegensatz zu früheren Jahren, ihren Bankdiskont in den ersten Monaten des Jahres 1912 zu ermäßigen, so daß seit Ende September 1911 bis Mitte Juni 1912 der verhältnismäßig hohe Diskontsatz von 5% bestand!

Werfen wir einen kurzen Blick auf den Gang der bisherigen Entwicklung der Beziehungen zwischen der Reichsbank und den Kreditbanken.

Bis zum Beginn der Bankenkonzentration i. e. Sinne, etwa bis 1895/97, bildet die Reichsbank für die im Aufstreben begriffene Volkswirtschaft fast die einzige größere Kreditquelle des Landes, die vermöge ihrer besonderen Stellung auf dem Geldmarkte ihren Einfluß voll zur Geltung bringen kann. Stehen ihr doch in dem noch zersplitterten Bankwesen mächtige Rivalen nicht gegenüber. Immerhin bereiten ihr zeitweise die Privatnotenbanken Schwierigkeiten, indem sie ihr durch Unterbieten des offiziellen Reichsbank-Diskontsatzes Diskontmaterial entziehen.[1] Besonders empfindlich für die Reichsbank ward diese Betätigung der Privatnotenbanken in der Periode 1879 bis 1883, als die Nachfrage nach Goldmünzen wuchs, und gleichzeitig andere Staaten zur Goldwährung übergingen, wodurch die Aufrechterhaltung der deutschen Währung außerordentlich erschwert wurde.[1] Doch stellen diese Erscheinungen nur vorübergehende Störungen dar, die die Reichsbank mit ihren diskontpolitischen Mitteln zu überwinden vermag. Ihre herrschende Stellung auf dem Wechselmarkte, die ihrem Zinsfuß fast uneingeschränkte Geltung verschafft, bringt im ganzen eine hohe Liquidität ihres Status[2] mit sich und gestattet einen mäßigen Durchschnitts-Diskontsatz.[3] Diese im allgemeinen günstige Lage der Reichsbank nimmt etwa seit 1897 eine immer ungünstigere Wendung. Die stark sich entwickelnde nationale Wirtschaft mit ihrem gesteigerten Kreditbedürfnis, der Eintritt Deutschlands in den internationalen Zahlungs- und Geldverkehr, das durch die Konzentration begünstigte Aufkommen kapitalkräftiger Kreditinstitute, die einen merkbaren Einfluß auf den Geldmarkt erlangen, kennzeichnen die weitere Entwicklung, deren Kernpunkt in einer allmählichen Erschwerung der Diskontpolitik der Reichsbank liegt.[4] Die Metalldeckung der Noten, die, wie oben gezeigt, bis 1897 durchschnittlich über 80% beträgt, geht bis 1911 im Durch-

[1] Die Reichsbank 1876—1900, S. 123ff., 148.

[2] Notendeckung durch Metall zwischen 1883—1897 im jährlichen Durchschnitt stets über 80%, in einzelnen Fällen über 90% (1888: 96,82%, 1890: 91,99%, 1892: 95,67%, 1894: 93,40%, 1895: 92,35%).

[3] Durchschnittlicher Diskontsatz der Reichsbank (in %) in den Jahren 1886—1897: 3,28; 3,41; 3,32; 3,68; 4,52; 3,78; 3,20; 4,07; 3,12; 3,14; 3,66; 3,81.

[4] von Lumm, Die Stellung der Notenbanken in der heutigen Volkswirtschaft. Berlin 1909, S. 20.

schnitt auf 67,88% zurück. Der durchschnittliche Bankzinsfuß steigt von 3,81% im Jahre 1897 auf 4,40% und weist in Ausnahmejahren sogar 5,33% (1900), 5,15% (1906) und 6,03% (1907) auf. Der Verlauf der Kurven im nebenstehenden Diagramm,[1] in dem die durch-

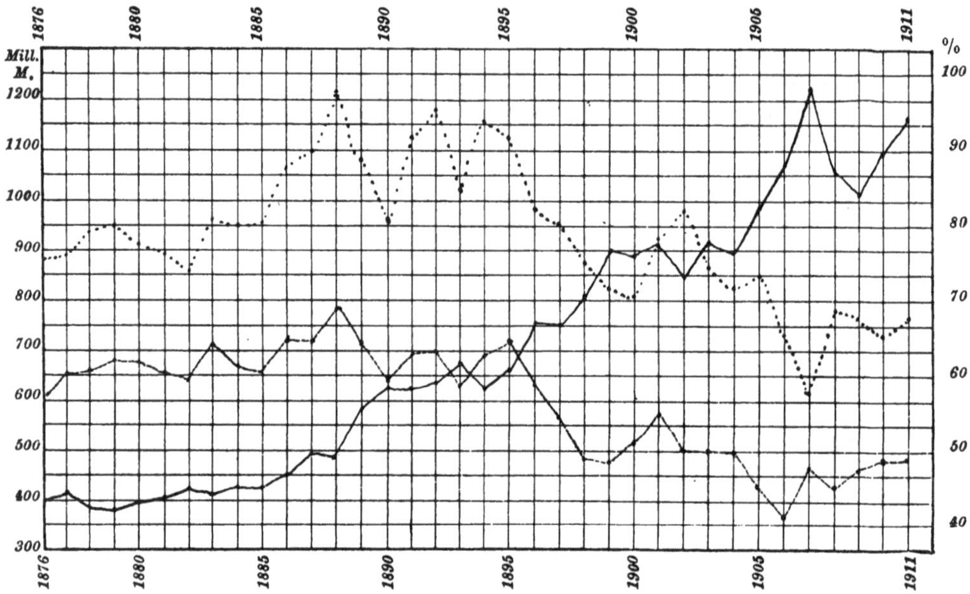

———— Höhe der Inanspruchnahme der Reichsbank durch **Wechsel** und **Lombards**.

– – – – – Deckung der Noten und sonstiger Verbindlichkeiten durch Metall.

.... Deckung der Noten durch Metall.

schnittlichen Wechsel- und Lombardbestände die Größe der „Inanspruchnahme" der Reichsbank und die Prozentzahlen der gleichzeitigen Deckungsverhältnisse die Liquidität darstellen sollen, läßt deutlich die beiden gekennzeichneten Perioden erkennen. Während die Liquidität der Reichsbank, insbesondere das reine Notendeckungsverhältnis bis in die Mitte der 90er Jahre des vorigen Jahrhunderts bei allmählicher Steigerung der Ansprüche einen günstigen Verlauf zeigen, lassen die Kurven in der zweiten Periode in der raschen Zunahme der Ansprüche einerseits und der gleichzeitigen ständigen Verschlechterung der Liquidität andererseits die auf Erschwerung der Diskontpolitik hinauslaufende Entwicklung dieser Epoche erkennen. Die einzelnen auf besonderen Ereignissen beruhenden Maxima

[1] Zusammengestellt nach den Zahlen in dem Geschäftsbericht der Reichsbank für 1911.

und Minima der Kurven vermögen an dem Gesamtergebnis nichts zu ändern.

Wenn die Reichsbank in dem Recht der Notenausgabe ein bequemes Mittel besitzt, sich jederzeit zinsfreie Kapitalien zu beschaffen, so sind in den Notendeckungsbestimmungen und in den Vorschriften über die Notensteuer der unwirtschaftlichen und gefährlichen Ausbeutung dieses Privilegs Schranken gesetzt. Die Aufgabe der „Diskontpolitik" der Reichsbank, d. h. der „Regelung des Geldleihpreises im Wechsel- und Lombardverkehr" besteht darin, „die an die Bank gestellten Kreditansprüche ihren jeweils verfügbaren Zahlungsmitteln nach Maßgabe der gesetzlichen Vorschriften und unter Wahrung der volkswirtschaftlichen Interessen so anzupassen, daß die Zahlungsfähigkeit der Bank und die Landeswährung unter allen Umständen gesichert sind".[1]

Die unmittelbaren Einwirkungen der Großbanken auf die Diskontpolitik der Reichsbank, deren Schwierigkeit und Wichtigkeit aus der obigen v. Lummschen Fassung wohl ohne weiteres hervorgehen, können sich zwischen zwei gleich schädlichen extremen Fällen bewegen. Es ist einmal die Emanzipation der Banken von dem Kredit der Reichsbank, indem diese von ihrem wichtigsten Nährboden, dem Wechselmarkte, verdrängt wird, was von Lumm in seiner im Bankarchiv vom 1. 2. 1912 veröffentlichten Abhandlung „Diskontpolitik" als bevorstehend befürchtet; das andere Extrem besteht in einer übermäßigen Inanspruchnahme der Mittel der Reichsbank.

Im ersten Falle, der sich in Zeiten großer Geldflüssigkeit oder infolge zu großen Anwachsens der Macht der Großbanken ereignen kann, würde die Gefahr für die Reichsbank darin bestehen, daß sie, deren Notenemission hauptsächlich auf dem Wechselgeschäft beruht, für ihre verfügbaren Mittel nicht mehr genügend geeignete Anlagen erhält und mangels solcher die Fühlung mit der Wirtschaft überhaupt und besonders die Herrschaft über den Geldmarkt verliert. Ihr offizieller Diskontsatz würde bedeutungslos werden und die Anwendung diskontpolitischer Maßnahmen ohne Wirkung bleiben.[2]

Umgekehrt kann (rein theoretisch) infolge eines plötzlichen übermäßigen Wechselangebots, das infolge großer Geldknappheit oder erhöhten Geldbedarfs, also in Zeiten, in denen naturgemäß der Metallbestand der Reichsbank abzunehmen pflegt, eintreten würde, die gesetzlich fixierte Grenze der Notenausgabe, die ja stets vom Metallbestand abhängig ist, erreicht werden. In dem Augenblick würde die Goldwährung, die die jederzeitige Einlösbarkeit der Noten durch Gold zur Voraussetzung hat, in Wahrheit nicht bestehen und mit der Zahlungsunfähigkeit der Reichsbank würde der nationale Kredit erschüttert sein. Die vielfachen mittelbaren Einflüsse, die die Großbanken auf Grund ihres „Verfügungsrechts über einen erheblichen

[1] v. Lumm, „Diskontpolitik" im Bank-Archiv, Nr. 9, 1. 2. 1912.

[2] v. Lumm, a. a. O.: „Die Bank (Reichsbank) zeigt ihre Macht zur Beherrschung des Marktes nicht darin, daß sie sich seinen Sätzen anpaßt, sondern umgekehrt darin, daß sie den Markt zwingt, ihrer Diskontpolitik zu folgen."

Teil des flüssigen Nationalvermögens"[1] auf die Diskontpolitik der Reichsbank ausüben, sind exakt nicht zu erfassen. Es sei nur daran erinnert, daß ihre immer bedeutenderen Beziehungen zum Auslande, besonders zu ausländischen Großbanken, ihre Betätigung in den Emissionen ausländischer Werte, zunächst auf die Zahlungsbilanz und die Wechselkurse und somit schließlich auch auf die Diskontpolitik der Reichsbank zurückwirken.

Die Befürchtung von Lumms, daß die wachsende Kapitalkonzentration bei den großen Kreditbanken zur Verdrängung der Reichsbank vom Wechselmarkt führen müsse, was die oben angedeuteten Folgen hätte, scheint uns angesichts der bisherigen Entwicklung und der gegenwärtigen Zustände unbegründet zu sein. Nicht die Quantität der Wechselanlage der Reichsbank, wohl aber ihre Qualität hat abgenommen. An die Stelle der reinen Warenwechsel sind mehr und mehr Wechsel für langfristigen Kredit, also Prolongationswechsel, getreten.[2]

Die Tatsache, daß die Banken heute nicht in dem Maße von dem Kredit der Reichsbank abhängig sind wie früher, ist eine Folge der Konzentration. An Stelle sehr vieler einzelner selbständiger Banken, von denen jede für den Zahlungsverkehr die Vermittelung der Reichsbank in Anspruch nahm, sind Bankengruppen getreten, zwischen denen sich Zahlungs- und Kreditverkehr unter teilweiser Ausschaltung der Reichsbank abspielen. Hierin liegt ein die Tätigkeit der Reichsbank unterstützendes Moment, wenn ihr auch freilich dadurch mancher Einblick in die allgemeine Wirtschaftslage verloren geht.

Die Unabhängigkeit vom Kredit der Reichsbank äußert sich in dem Aufsuchen des „offenen Geldmarktes", der dem Kreditsuchenden infolge der im allgemeinen niedrigeren Zinssätze einmal billigeres Geld liefert und andererseits bei der Qualität der als alleiniges Material dienenden „Privatdiskonten" für kurzfristige Anlagen sichere Werte darbietet. Der Umstand, daß sich der nicht offizielle, amtlich nicht notierte „Marktdiskont" nach der jeweiligen Lage des Geldmarktes richtet und naturgemäß fast täglich sich ändert, die Reichsbank dagegen ihren Diskontsatz nach anderen Gesichtspunkten zu regulieren und möglichst stetig zu halten hat, führt gelegentlich zu größeren auch andauernden „Spannungen" zwischen beiden Zinsfüßen, deren Wirkungen die Diskontpolitik der Reichsbank wohl zu durchkreuzen vermögen. Dazu kommt als weiteres erschwerendes Moment, daß für die Regulierung der Forderungen im Verkehr mit dem Auslande, also für die internationalen Geld- und Goldbewegungen, nur der Marktdiskont (als Preis für die sog. „Primadiskonten") in Frage kommt.

---

[1] Schwarz, a. a. O., S. 227.

[2] v. Lumm, Die Stellung der Notenbanken usw. (S. 16): „Der so in Wechselform auftretende Begehr nach langfristigem Kredit zu Kapitalinvestionen vermehrt das nach Realisierung strebende Diskontmaterial und führt eine andauernde Belastung des Geldmarktes herbei, da Rückflüsse aus den stets bei Verfall wieder prolongierten Wechseln nicht stattfinden."

Ein Beispiel möge zeigen, in welcher Weise eine zu große Spannung zwischen dem offiziellen und dem Marktdiskont die Diskontpolitik der Reichsbank paralysieren kann. Bei den vielfachen ausländischen Handelsbeziehungen, bei der immer größer werdenden „Interessengemeinschaft der internationalen Geldmärkte" regt eine große Spannung zwischen dem offiziellen Bank- und dem Marktdiskont (etwa hoher Bank- und relativ niedriger Marktdiskont bei gleichzeitig relativ höheren ausländischen Privatdiskontsätzen) „das Ausland zur Ausstellung von Finanztratten an, die im Inland diskontiert werden". Eine Folge solcher Diskontierungen ist die Steigerung der fremden Wechselkurse, die, wenn sie den Goldpunkt erreichen, zu Goldexporten führen können. Damit wäre ein gegenteiliges Ergebnis erreicht, als es die Reichsbank mit ihrem hohen Diskontsatz bezweckte.

Andererseits bedeutet rein volkswirtschaftlich (für das Inland) eine zu große Spannung zwischen Banksatz und Börsensatz eine einseitige Begünstigung von Großhandel, Großindustrie und Großbanken zuungunsten der mittleren und kleinen Betriebe, die vom Privatdiskont nur in geringem Umfange Gebrauch machen können, zumal gerade bei der Reichsbank[1] — im Gegensatz zu allen anderen Zentralnotenbanken — die Spannung zwischen Bank- und Marktdiskont durchschnittlich um etwa $^1/_2{}^0/_0$ höher zu sein pflegt. Diese Differenz aber bedeutet (nach Schwarz S. 103) „viele Millionen Mark, die die volkswirtschaftliche Arbeit mehr zu tragen hat".

Abgesehen davon, daß jener oben erwähnte extreme Fall, in dem eine zu große Spannung zwischen Bank- und Marktdiskont bei gleichzeitig hohen ausländischen Wechselkursen die Reichsbank zu Abwehrmaßregeln gegen Goldexporte zwingt, bisher nur selten[2] eingetreten ist, und die Reichsbank gewisse diskontpolitische Hilfsmittel (Begebung von Schatzscheinen, Gold- und Devisenpolitik, schließlich Herabsetzung des Diskontsatzes) zur Abwehr ergreifen kann, ist an sich die Benutzung des offenen Marktes seitens der Banken zur Beschaffung oder Anlegung kurzfristiger Gelder nicht zu verurteilen; ja die Banken können auf den Wechselankauf am offenen Markte gar nicht verzichten. Einmal entlastet in gewissem Sinne die Benutzung des offenen Marktes die Reichsbank, andererseits bedeutet die Anlage kurzfristiger Gelder in Privatdiskonten eine Stärkung der Liquidität der Großbanken: beides wünschenswerte Wirkungen des Nebeneinanderbestehens von Bank- und Privatdiskont.[3]

---

[1] Zahlenmäßig nachgewiesen in der Tabelle II, 2 der Anlagen der Bankenquete 1909, auf deren Wiedergabe wir hier verzichten können.

[2] So u. a. im Februar 1909, als der Marktdiskont $^7/_8{}^0/_0$ notierte, während die Reichsbank in Anbetracht der hohen ausländischen Wechselkurse, also im Interesse ihres Goldbestandes, an ihrem Bankdiskont von $4^0/_0$ festzuhalten gezwungen war.

[3] Schwarz, a. a. O., S. 105: „Daß unsere Großbanken absichtlich den Privatdiskont niedrig hielten, um die Diskontpolitik der Reichsbank zu durchkreuzen, wie dies namentlich von agrarischer Seite öfters behauptet wird, ist auf der Bankenquete von den Vertretern der ersteren wohl mit Recht bestritten

Liegt eine Verdrängung der Großbanken vom Wechselmarkt somit nicht einmal im Interesse der Reichsbank,[1] so kann umgekehrt von einer Verdrängung der Reichsbank durch die Großbanken ebensowenig gesprochen werden.

Wie die folgende Zusammenstellung zeigt, betrug bei der Reichsbank der Prozentanteil der Wechsel an ihrer gesamten nutzbringenden Kapitalanlage (Wechsel, Lomdards, Effekten) im Durchschnitt der Jahre:

1876: 88,7%	1885: 79,9%	1894: 86,2%	1903: 84,4%
1877: 87,7%	1886: 81,9%	1895: 86,3%	1904: 83,3%
1878: 86,5%	1887: 84,7%	1896: 85,1%	1905: 83,7%
1879: 82,6%	1888: 87,5%	1897: 84,8%	1906: 83,1%
1880: 84,2%	1889: 86,6%	1898: 86,7%	1907: 84,8%
1881: 81,3%	1890: 83,8%	1899: 89,9%	1908: 80,8%
1882: 84,2%	1891: 82,5%	1900: 88,9%	1909: 71,5%
1883: 86,0%	1892: 83,9%	1901: 86,9%	1910: 82,2%
1884: 83,5%	1893: 85,3%	1902: 84 1%	1911: 89,6%

Das Verhältnis zwischen Wechselanlage und Gesamtsumme ihrer nutzbaren Kapitalien ist also nahezu gleich geblieben. Der Gesamtumlauf an Wechseln im Reichsgebiet betrug:[2]

1876: 12,9 Milliarden M., 1900: 23,3 Milliarden M., 1911: 32 Milliarden M.

Davon gelangten vorübergehend in den Besitz der Reichsbank:

1876:	4,1	Milliarde	= 33,1%	des Umlaufs
1900:	8,7	„	= 37,3%	„ „
1911:	12,2	„	= 38,1%	„ „

Ende 1911 mögen (nach den Schätzungen der Frankfurter Zeitung) bei Annahme einer durchschnittlichen Laufzeit von 3 Monaten etwa $7^3/_4$ Milliarden M. zirkuliert haben, von denen etwa 3,5 Milliarden M. im Besitz der beiden „Hauptverwalter der Wechselbestände“, der Reichsbank und 8 Großbanken, sich befunden haben, und zwar 1,8 Milliarden M. bei der Reichsbank und 1,6 Milliarden M. bei den 8 Großbanken. Immerhin läßt die Statistik erkennen, daß die Zunahme der Wechselanlage bei den Großbanken im letzten Jahrzehnt relativ schneller vor sich ging als bei der Reichsbank.

---

worden, womit nicht ausgeschlossen ist, daß gelegentlich zur Erleichterung von größeren ausländischen usw. Emissionen dem offenen Markte Gelder zur Verfügung gestellt werden...“

[1] F. Thorwart sagt darüber in der „Frankfurter Zeitung“: „Die Banken aus dem Wechselmarkt verdrängen, und die Verkäufer noch mehr, als jetzt bereits geschieht, an die Reichsbank verweisen, heißt jene Anspannung zu einer dauernden machen.“

[2] Zum Teil aus der Jubiläumsschrift der Reichsbank, zum Teil nach der „Frankfurter Zeitung“.

Es betrug der Wechselbestand:[1]

	bei Privatbanken	bei der Reichsbank
Ende Dez. 1880:	93 Mill. M.	376 Mill. M.
1898:	492 „ „	837 „ „
1906:	1207 „ „	1277 „ „
1911:	1474 „ „	1799 „ „

Aus allen angeführten Erwägungen glauben wir den Schluß ziehen zu dürfen, daß der fraglos vorhandene Einfluß der Großbanken auf die Diskontpolitik der Reichsbank, soweit er allein in Betracht kommt, zur Befürchtung einer dauernden Verdrängung der Reichsbank vom Wechselmarkt zurzeit nicht berechtigt; vielmehr scheint uns der andere extreme Fall, die allzu große Inanspruchnahme der Reichsbank, d. h. die übermäßige Entnahme von Geldern gegen Wechsel und Lombard, wie sie gegenwärtig als Folge der bestehenden Kreditüberspannung sich zeigt, der schwerwiegendere zu sein.

Die bereits angedeuteten möglichen Folgen einer zu großen Ausschöpfung des letzten Geldreservoirs des Landes, die über eine bloße Erschwerung der Diskontpolitik weit hinausgehen würden, liegen auf der Hand. Denn auch der Reichsbank sind bei ihrer Wirksamkeit Grenzen gesetzt. „Wohin soll es führen“ — so fragt v. Lumm,[2] „wenn die Kreditgewährung von all den zahlreichen Instituten, die doch jedes nur ein Glied des Ganzen sind, so gehandhabt wird, als wäre die letzte Kreditquelle, die Reichsbank, für sie alle unerschöpflich? Wie kann die Reichsbank noch der letzte Rückhalt für besondere, unvorhergesehene Bedürfnisse bleiben, wenn jeder sich daran gewöhnt, jederzeit ihre Mittel zu benutzen, soweit es ihm selbst beliebt?“[3]

Die bisherige Entwicklung im Bankwesen — nicht nur im deutschen — hat es mit sich gebracht, daß die Zentralnotenbanken aus ihrer kreditvermittelnden Tätigkeit „erster Instanz“ immer mehr verdrängt wurden, und daß man ihren Kredit erst an letzter Stelle — im Wege der Rediskontierung und Lombardierung — in Anspruch nimmt. Diese Rediskontierungen aber „bilden ein sehr heikles Kapitel auf dem Gebiete der Geschäftsführung unserer Großbanken“.[4] Werden sie nämlich, wie das (nach Schwarz) auch bei Großbanken vorkommen

[1] Schwarz, a. a. O., S. 82.

[2] v. Lumm, „Diskontpolitik“ im Bank-Archiv w. o.

[3] Daß auch die Großbanken selbst die Notwendigkeit einer Einschränkung der Kreditansprüche anerkennen, geht aus Äußerungen in ihren Geschäftsberichten hervor. So schreibt beispielsweise die Diskontoges. (Bericht für 1911): „Das stetige Wachsen der Ansprüche an den Kapitalmarkt in Deutschland kann an sich nicht als ungesunde Erscheinung betrachtet werden, ist vielmehr eine natürliche Folge der Bevölkerungszunahme, des wachsenden Umfangs der kommerziellen und industriellen Tätigkeit und der durch die steigende Höhe der Lebensmittel- sowie der Rohstoffpreise verteuerten Produktionsbedingungen. Doch ist der Kapitalbedarf nicht immer in einer seinen Verwendungszwecken entsprechenden Weise befriedigt worden und hat dadurch eine Anspannung des Kredits hervorgerufen, die dessen Einschränkung ratsam erscheinen läßt.“

[4] Schwarz, a. a. O., S. 167.

soll, in unvorhergesehenem Umfang und mit einem Male ausgeführt, so wird die Reichsbank plötzlich mit so großen Posten Wechsel- und Lombardpapieren überschüttet, daß sie durch die infolge der Schmälerung ihres Metallbestandes eintretende Verschlechterung ihrer Liquidität zur Diskonterhöhung gezwungen werden kann.[1] Bedenkt man dabei, daß die Kreditansprüche, die sich in solchen plötzlichen unverhältnismäßig hohen Entnahmen äußern, nicht nur von einzelnen Stellen ausgehen, denen sie dann zugute kommen, die erhöhten Diskontsätze aber auch von den an ihrer Ursache nicht beteiligten Kreisen gezahlt werden müssen, so erhellt aus dieser ungerechtfertigten Belastung dieser zumeist das mittlere und kleine Diskontgeschäft in der Provinz vertretenden Kreise die Härte solches Vorgehens seitens der rediskontierenden Institute.

Es wäre jedoch ungerecht, einzig und allein die Banken als solche für die Schwankungen des Kreditbedarfs und die damit verbundenen Rückwirkungen auf die Reichsbank verantwortlich zu machen, wenn sie auch, wie wir sehen werden, die Schwankungen sowie deren Höhe zu beeinflussen vermögen. Auch auf dem Geldmarkt wechseln Perioden größerer Nachfrage mit solchen geringen Bedarfs. Bekanntlich lassen sich zwei Perioden in diesen Schwankungen unterscheiden: eine nahezu regelmäßige jährliche und eine mehr unregelmäßige nach längerer Pause für eine längere Zeit einsetzende Periode.

1. Die jährlichen Schwankungen im Geldbedarf.

Es ist eine Erfahrungstatsache, daß bei uns, wie aus nebenstehender Tabelle[2] hervorgeht, der Geldbedarf am niedrigsten in den zwei ersten Monaten des Jahres, am höchsten im letzten Quartal zu sein pflegt. Der erhöhte Geldbedarf im Herbst entsteht einmal aus den sich mit Beendigung der Ernte ergebenden Zahlungsverpflichtungen der landwirtschaftlichen Kreise sowie aus dem Rückströmen eines Teiles dieser Gelder zu den Banken, wo sie von neuem Anlage suchen. Auch der Geldbedarf des Großhandels, der die um diese Zeit importierten Waren zu begleichen hat, erhöht die Ansprüche an die Kreditinstitute. Schließlich werden die jährlichen Schwankungen in hohem Maße beeinflußt durch die bei uns üblichen Zahlungsgewohnheiten in Handel, Gewerbe und an der Börse, die besonders an den Quartalenden an den Geldmarkt und rückwirkend an die Reichsbank zuweilen außerordentliche Forderungen stellen.

In dieser Regelmäßigkeit, die den wahrscheinlichen Bedarf an Zahlungsmitteln auf Grund langjähriger Erfahrungen annähernd voraussehen läßt, liegt auch der Grund, weshalb die Zentralnoten-

---

[1] v. Lumm, „Diskontpolitik". „Jedermann weiß, daß der starke und steigende Bedarf nach Zahlungsmitteln, der die Reichsbank zu den hohen Diskontsätzen zwang, in der Hauptsache durch die Entnahmen seitens der Banken hervorgerufen wurde."

[2] Zum Teil aus Esslen, „Konjunktur und Geldmarkt"; zum Teil aus dem Verwaltungs-Bericht der Reichsbank von 1911.

Durchschnittliche Inanspruchnahme der Reichsbank in Millionen Mark

(Wechsel plus Lombards minus Giroeinlagen).

Jahr	Januar	Februar	März	April	Mai	Juni	Juli	August	September	Oktober	November	Dezember	Durchschnitt
1895	108,3	−26,3	25,5	103,3	46,8	108,5	173,5	125,0	234,0	348,0	303,5	341,3	157
1896	303,3	139,8	216,0	293,0	209,3	228,0	266,8	197,5	304,0	401,0	308,3	350,0	268
1897	311,8	149,3	198,5	293,8	201,8	227,8	292,3	243,5	370,5	467,5	301,5	324,0	282
1898	280,8	136,0	211,5	341,8	299,3	311,3	343,5	253,3	385,8	561,0	464,3	435,3	335
1899	347,8	203,3	253,5	337,8	259,3	291,8	358,5	305,0	457,3	589,9	503,8	566,0	373
1900	432,0	279,8	344,5	401,0	311,8	300,0	325,5	275,8	379,5	460,5	416,0	482,0	367
1901	400,3	221,8	259,3	256,3	173,3	252,8	386,0	311,5	407,3	487,3	347,0	358,5	321
1902	284,8	117,3	208,0	280,5	193,8	196,0	288,8	226,3	286,3	450,3	350,0	390,3	273
1903	343,5	219,8	243,8	307,5	258,0	379,0	416,5	315,3	425,0	558,0	435,8	499,0	367
1904	416,7	253,0	282,9	436,3	366,9	316,5	356,8	286,0	360,0	471,0	321,3	365,6	362
1905	296,8	160,3	201,4	238,7	264,2	399,6	465,4	387,0	571,4	682,2	532,4	547,7	396
1906	442,1	302,5	375,5	374,1	338,4	427,9	487,3	434,8	615,8	788,7	678,0	704,0	497
1907	554,0	428,1	541,7	555,9	439,8	564,9	616,7	536,9	689,3	811,0	823,0	934,3	625
1908	716,9	519,3	543,9	527,4	388,5	397,0	339,0	265,9	334,4	382,6	189,7	314,0	410
1909	252,8	130,3	216,2	217,7	—	241,8	274,0	172,9	329,7	545,9	462,2	525,6	—
1910	320,3	166,1	287,2	448,4	379,9	269,3	449,2	410,9	608,5	719,4	537,6	614,8	434
1911	745,1	279,8	400,7	309,8	220,5	382,9	420,7	349,3	537,5	794,1	604,0	794,5	486
1912	640,6	360,1	512,7	596,5	—	—	—	—	—	—	—	—	—

banken in normalen Zeiten die gesteigerten Anforderungen ohne Gegenmaßregeln erfüllen. „Ein auf Überspekulation und Überproduktion beruhender Geldbedarf“ — so sagt die Reichsbank in ihrer Jubiläumsschrift S. 126 — „erfordert schärfere Restriktionen, als die in der ganzen Struktur des normalen Zahlungsprozesses begründete, periodisch wiederkehrende Steigerung der Geldnachfrage am Quartals- und Jahreswechsel.“

Man kann somit diese im Laufe eines Jahres sich regelmäßig wiederholenden erhöhten Anforderungen an die Mittel der Reichsbank, da sie auf alten Gewohnheiten in unserem Zahlungsverkehr beruhen, an sich nicht als Ergebnis von Einwirkungen der Banken auf die Reichsbank ansehen. Denn in Wahrheit sind diese regelmäßigen Schwankungen im Kreditbedarf seitens der Banken auf die hinter den Banken stehenden Wirtschaftskreise zurückzuführen.

Wir würden demnach die Frage einer direkten Beeinflussung der Reichsbank durch die Bankwelt für diesen zunächst betrachteten Fall verneinen müssen, wenn nicht auch hier eine Erscheinung zu einem Angriff Veranlassung böte. Wir meinen die bereits öfter erwähnte Ultimospekulation, besonders die „illegitime“, die bei ihrer Ausdehnung und ihrer Eigenart allmonatlich gewaltige Ansprüche an den Geldmarkt stellt. Indem hier auf die früher geäußerten Ansichten über Spekulation Bezug genommen wird, sei nur festgestellt, daß das Reportgeschäft auch heute noch einen nicht unbedeutenden Anteil an den Aktivgeschäften der in nachfolgender Tabelle berücksichtigten Banken ausmacht und zur Erschwerung der Lage auf dem Geldmarkt an den Liquidationstagen beiträgt.

Anteil von Reports plus Lombards an den Aktiven von 9 Großbanken in % (nach „Deutscher Ökonomist“ 1912, S. 308.):

bei	1911	1910	1909
Deutsche Bank	22,7	24,1	14,7
Dresdner Bank	16,4	21,3	15,7
Diskontogesellschaft	21,1	17,9	11,3
Darmstädter Bank	14,8	17,8	17,5
Schaaffh. Bankverein	8,4	10,5	9,6
Berliner Handelsgesellschaft	13,7	14,4	13,5
Kommerz- u. Diskontobank	25,6	26,2	19,2
Nationalbank für Deutschland	24,9	23,0	27,3
Mitteldeutsche Kreditbank	14,0	12,5	13,7
Im Durchschnitt	18,8	20,0	15,2

Die Beträge für 1911 sind gegenüber 1910 heruntergegangen; auch die zuletzt vorliegenden Zwischenbilanzen (Februar/April 1912) lassen ein weiteres Zurückgehen der Anlagen in Reports und Lombards erkennen. Sie betrugen in absoluten Zahlen bei 8 Zwischenbilanzen veröffentlichenden Großbanken in 1000 M.:

am 31. Dezember 1910: 1437501, am 29. Februar 1912: 982700,
„ 31. „ 1911: 1023100, „ 30. April 1912: 972700.

In diesem Zusammenhange sei bemerkt, daß Bestrebungen vorhanden sind, um die aus dem Zusammentreffen so außerordentlich vieler Zahlungsverpflichtungen an wenigen Terminen sich ergebenden Schwierigkeiten zu beseitigen. Wie aus Angaben der Frankfurter Zeitung (vom 24. 4. 1912, 5. 6. 1912) hervorgeht, schweben zurzeit in Berlin Verhandlungen darüber, ob neben einer Einschränkung des illegitimen Spekulationskredits auch eine Verlegung der Ultimoregulierung geboten erscheint. Eine derartige Verlegung würde freilich erkennen lassen, ob die Liquidation in der Tat so große Mittel verlangt; andererseits ist die von den Bankvertretern geäußerte Besorgnis (Frankfurter Zeitung Nr. 113 vom 24. 4.) nicht unbegründet, daß dann zu den verbleibenden Zahlungsschwierigkeiten zum „Ultimo" auch solche in der Mitte des Monats sich gesellen würden.

Alles in allem möchten wir, was die regelmäßigen Schwankungen in der Inanspruchnahme der Reichsbank und die sich daraus für diese ergebenden Schwierigkeiten betrifft, die Hauptschuld nicht der störenden Einwirkung der Banken als vielmehr dem unzweckmäßig organisierten Zahlungsverkehr beimessen.

Man wird sich mit Bezug auf diesen Punkt der von Bankseite[1] geäußerten Ansicht anschließen können, daß die wirksamen Mittel zur Beseitigung der regelmäßigen Anspannung des Geldmarktes in einer Verbesserung der deutschen Zahlungsorganisation liegen.

Es ist eben „der Geldbedarf im Verhältnis zum Gesamtbetrag der während eines längeren Zeitraumes durch das Geld zu vermittelnden Übertragungen um so geringer, je gleichmäßiger sich der Zahlungsprozeß über den ganzen Zeitraum verteilt".[2]

Neben den periodischen jährlichen Schwankungen im Geldbedarf beobachten wir große, sich über längere Zeiträume erstreckende Wandlungen, deren „Wellenberge" die jährlichen Anschwellungen des Geldbedarfs erhöhen, während ihre „Täler" zu gewissen Zeiten des Jahres den Geldbedarf noch mehr vermindern. Solche Perioden regerer geschäftlicher Tätigkeit mit gesteigerter Nachfrage waren z. B. — nach Esslen[3] — die Jahre 1871—73, 1879—82, 1888—90, 1895—1900, 1903—07 — und, wir fügen hinzu: seit etwa 1909/10 bis zur Gegenwart, die von Krisen oder Depressionen — so in den Jahren 1873—79, 1883—88, 1890—95, 1901/02 — mit vermindertem Geldbedarf abgelöst wurden.

Um zu erkennen, welchen Anteil die Banken etwa an der Herbeiführung der geschilderten Zustände gehabt haben, wird es angebracht sein, zunächst einen Blick auf ihr Verhalten während früherer ähnlicher Epochen zu werfen. Es scheiden dabei von selbst alle vor 1895 liegenden Perioden gesteigerten Geldbedarfs aus, denn, wie wir gesehen haben, kann von einer Beeinflussung der Reichsbank durch

[1] K. Helfferich, „Das Geld" in Hand- und Lehrbuch der Staatswissenschaften von v. Heckel.

[2] Geschäftsbericht der Deutschen Bank für 1911.

[3] Joseph Esslen, Konjunktur und Geldmarkt 1902—1908. Stuttgart-Berlin 1909, S. 107.

Großbanken erst etwa seit Ende des vorigen Jahrhunderts die Rede sein.

Der wirtschaftliche Aufschwung führt erfahrungsgemäß[1] schließlich zu einer allzu starken Ausdehnung der Unternehmungen, zu einer Überproduktion und Überspekulation, als deren Folge dann wirtschaftliche Stockung, wenn nicht gar eine Krise einzutreten pflegt. Diese Erfahrung sollte sich auch im Jahre 1900 bewahrheiten. „Die Krisis der Jahre 1900—1902 in Deutschland war nach der allgemeinen Ansicht hauptsächlich durch eine Überproduktion an Produktionsmitteln hervorgerufen worden. . . ." „Zu dieser partiellen Überproduktion hinzugekommen war eine Überspannung in der Kreditgewährung und Fehler in der finanziellen Fundierung gewisser Unternehmungen."[2] Liegt in diesen Worten ein allgemein gehaltenes indirektes Urteil über die Betätigung der Banken vor dem Eintritt der Katastrophe, so ist es doch sehr schwierig,[3] im einzelnen die Schuldmomente der Banken aus ihrer Tätigkeit nachzuweisen, denn die Vorgänge bei der Kreditgewährung selbst, die ja die primären Ursachen aller Folgen sind, sind der Öffentlichkeit nicht zugänglich. Selbst Wiewiorowski, der im übrigen den Großbanken das Zeugnis ausstellt, daß sie auch in solchen den Krisen vorausgehenden Perioden günstiger Konjunktur eine „maßvolle" Geschäftspolitik (S. 104 a. a. O.) treiben, muß zugeben, daß ihre Kreditpolitik in bezug auf Industriekredite „eine gewisse Unvollkommenheit" in ihrem Verhalten kundtut (S. 98). Zahlreiche Zusammenbrüche während der Krisis haben denn auch gezeigt — im besonderen der krasse Fall der Leipziger Bank —, daß tatsächlich einzelne Institute über dem gewiß berechtigten Streben, die Gunst der Konjunktur auszunutzen, jedes Gefühl ihrer eigenen Verantwortlichkeit verloren hatten. Indessen trifft eine solche Verurteilung auf die Großbanken allgemein nicht zu.[4]

Naturgemäß hatte die Reichsbank unter den Rückschlägen der in der deutschen Wirtschaftsgeschichte einzig dastehenden glänzenden Entwicklung der fünfjährigen Periode von 1895—1900 besonders zu leiden. Der aus der „ungewöhnlichen Hochkonjunktur von Industrie und Handel hervorgegangene innere Geldbedarf ist als „die eigentliche Ursache der außerordentlichen Knappheit des Geldmarktes und der alles bisher Dagewesene übertreffenden Anspannung der

---

[1] K. Helfferich, a. a. O., S. 442.

[2] J. Esslen, a. a. O., S. 9.

[3] Loeb, „Die Berliner Großbanken" (zitiert bei Wiewiorowski), schreibt S. 262: „Die Frage, inwiefern Berliner Großbanken durch ihre Tätigkeit in den Jahren des wirtschaftlichen Aufschwungs von 1896—1899 zur Entstehung der Krisis beigetragen haben, ist aus verschiedenen Gründen sehr schwer zu beantworten, zunächst deshalb, weil zwischen Banktätigkeit und industrieller Entwicklung das Verhältnis einer intimen Wechselwirkung besteht, und es sich nicht nachweisen läßt, ob im einzelnen Falle die Banken bei ihrer Kreditgewährung an die Industrie die treibende Kraft oder sie selbst von der Industrie getrieben waren."

[4] Riesser, a. a. O., S. 295. Wiewiorowski, S. 97ff.

Reichsbank anzusehen"[1]. Die Steigerung ihrer Anlagen von 735,5 Millionen M. im Maximum des Jahres 1894 auf 1319,3 Millionen M. im Jahre 1900, die Bewegung und Höhe ihres Bankdiskonts[2] (im Durchschnitt von 1895—1900 von 3,14% auf 5,33%) im besonderen die Diskontverhältnisse im Jahre 1899/1900 (offizielle Zinssätze):

1899:	1900:
9. 5.—18. 6: 4%	12. 1.—26. 1: 6%
19. 6.— 6. 8: 4½%	27. 1.—12. 7: 5½%
7. 8.— 2. 10: 5%	13. 7.—31. 12: 5%
3. 10.—18. 12: 6%	
19. 12.—11. 1.: 1900: 7%	

weisen unwillkürlich auf die ähnliche gegenwärtige Lage der Reichsbank hin, als deren Ursachen man jene Vorgänge im Wirtschaftsleben ansehen zu müssen glaubt. Es ist nicht möglich, eine eingehende Schilderung des Anteils zu geben, den die Großbanken an der Herbeiführung der geschilderten Lage etwa hatten; die unzweifelhaft bestehende Kreditüberspannung in den Jahren 1898—1900 ist aber hauptsächlich auf Vorgänge in der industriellen Kreditgewährung zurückzuführen, und hieran sind in erster Linie die Großbanken beteiligt gewesen.

Müssen wir demnach den Großbanken an der Herbeiführung der Ereignisse in den Jahren 1900—1902 eine gewisse Schuld beimessen, so muß doch anerkannt werden, daß ihr Verhalten vor der Depression von 1907/08, also in den günstigsten Jahren 1903—1907 zu einer Verurteilung in diesem Sinne kaum Anlaß bietet. Sie haben aus den Erfahrungen in der Krisis von 1900 gelernt; ihr Verhalten in bezug auf das Emissionsgeschäft (sowohl bezüglich des industriellen wie des dem Auslande gewährten Kredits)[3], sowie ihre Einschränkungen der Spekulation und ihre Warnungen an die Börse sind Symptome für das Bestreben der Banken, die deutsche Volkswirtschaft vor den Einflüssen der im Oktober 1907 in Amerika ausgebrochenen Geldkrisis zu schützen.

Was im besonderen die Reichsbank und ihr Verhältnis zum Geldmarkt betrifft, so besteht hinsichtlich der Depression von 1907/08 und der Krise von 1900 der sehr wesentliche Unterschied, daß die ungewöhnlichen Diskonterhöhungen des Jahes 1907 „ohne die abnormen Geld- und Zahlungsverhältnisse in den Vereinigten Staaten zweifellos nicht notwendig geworden wären, während im Jahre 1900 die Anspannung ihres Status auf Einwirkungen des Inlandes zurückzuführen waren".[4] Denn wie Deutschland hatte auch England, das

[1] „Die Reichsbank 1876—1900", S. 180.

[2] Desgl., S. 172: „Nur eine beträchtliche Erhöhung des Diskonts vermochte die rapid wachsenden Kreditansprüche innerhalb der mit Rücksicht auf die gesamte Volkswirtschaft und auf die Zahlungsschwierigkeit der Reichsbank zu ziehenden Grenzen zu halten."

[3] Siehe die Tabelle auf S. 49.

[4] Schwarz, a. a. O., S. 186.

ebenfalls einen sehr regen Handelsverkehr mit den Vereinigten Staaten unterhält, unter den Rückwirkungen der amerikanischen Krisis zu leiden. Der von Amerika geführte „Kampf um das Gold", die Notwendigkeit, Gold aus dem Ausland um jeden Preis einzuführen, bewilligte für dieses Metall „Liebhaberpreise von solcher Höhe, daß die Bedeutung der Wechselkurse für die internationalen Goldströmungen völlig eliminiert wurde"[1].

Die Diskontsätze der Reichsbank und der Bank von England, die mehrfache Erhöhungen erfuhren, vermochten den Goldabfluß nicht zu verhindern. Von Deutschland strömten trotz eines Bankdiskonts von $7^1/_2$% (im November 1907) vom 15. Oktober bis 15. Dezember über die Bank von England 150 Mill. M. Gold, von England bei 7% Bankdiskont etwa 250 Mill. M. Gold nach Amerika.[2] Die Wirkungen dieser Goldentzüge wurden noch dadurch verschärft, daß beide Zentralnotenbanken gerade damals am wenigsten auf derartig heftige Angriffe vorbereitet waren.[3]

Aus den angeführten Tatsachen geht hervor, daß die Zustände dieser Periode aus einem erheblichen Einfluß der Großbanken auf die Diskontpolitik der Reichsbank nicht erklärt werden können, daß vielmehr die Schwierigkeiten, die auch andere Zentralnotenbanken damals zu überwinden hatten, aus der Verstrickung der einzelnen Länder in den weltwirtschaftlichen Verkehr[4] und aus der schon einmal genannten wachsenden „Interessengemeinschaft der internationalen Geldmärkte" herrühren.

Nach anderen Gründen werden wir suchen müssen, wenn wir die gegenwärtigen Verhältnisse des Geldmarkts und des Standes der Reichsbank erklären wollen, zumal sich die Lage an ausländischen Geldplätzen viel günstiger zeigt (s. Tabelle). In diesem Unterschiede liegt ein Zeichen für das Abnorme in unserer derzeitigen Geldverfassung.

Fast regelmäßig bringt nach den Anspannungen des Geldmarktes im Herbst das folgende Frühjahr eine Entlastung, die sich in einer Ermäßigung der offiziellen Zinssätze kundzutun pflegt. Diese Erscheinung ist international. Die nachstehende Tabelle, die den Stand des Diskontos der Deutschen Reichsbank, der Bank von Frankreich und der Bank von England vom 1. Januar 1911 bis 30. Juni 1912, effektiv und im Monatsdurchschnitt bietet, zeigt, daß im Frühjahr 1912 eine solche Erleichterung für den deutschen Geldverkehr nicht eingetreten ist, daß sich dagegen eine das gewohnte Maß bedeutend übersteigende Spannung von nahezu 2% in den entsprechenden Geldsätzen zwischen Berlin einerseits, London und Paris andererseits herausgebildet hat. Vom nationalen Standpunkt ist diese Tatsache an sich zwar nicht bedauerlich; es gilt u. E. noch heute, was s. Zt. die Reichsbank in ihrer Festschrift über ähnliche

[1] v. Lumm, Stellung der Notenbanken usw., S. 25.
[2] Schwarz, a. a. O., S. 187.
[3] [4] v. Lumm, a. a. O., S. 24 und 25.

Zustände in früheren Perioden ausführte (S. 183): „Wenn in solchen Zeiten (der Geldknappheit) die Zinssätze der Reichsbank diejenigen anderer großen Zentralbanken, namentlich diejenigen der Bank von Frankreich, mitunter nicht unbeträchtlich überschritten haben, so liegt die Schuld daran nicht, wie zuweilen behauptet worden ist, an der Reichsbank, sondern an den verschiedenen Verhältnissen und der verschiedenartigen Entwicklung der beiden Länder. Deutschland hat auf der Grundlage eines geringeren Reichstums an Geld und Kapital eine beträchtlich stärkere wirtschaftliche Kraftentfaltung erfahren als die Länder, mit denen die Lage seines Geldmarktes in der Regel verglichen wird; und diese stärkere Kraftentfaltung war natürlich nur möglich bei einer weit stärkeren Anspannung der zur Verfügung stehenden Kapitalien und Umlaufsmittel."

	1911												1912					
	Januar	Februar	März	April	Mai	Juni	Juli	August	Sept.	Okt.	Nov.	Dezember	Januar	Februar	März	April	Mai	Juni
Berlin	5	-6. 5 -17. 4½ -29. 4	4	4	4	4	4	4	-19. 4 -30. 5	5	5	5	5	5	5	5	5	-11. 5 -30. 4½
Monatsdurchschn.	5	4,39	4	4	4	4	4	4	4,4	5	5	5	5	5	5	5	5	4,7
Paris	3	3	3	3	3	3	3	3	-21. 3 -30. 3½	3½	3½	3½	3½	3½	3½	3½	-16. 3½ -31. 3	3
Monatsdurchschn.	3	3	3	3	3	3	3	3	3,2	3,5	3,5	3,5	3,5	3,5	3,5	3,5	3,3	3
London	-25.4½ -31.4	-16.4 -29.3½	-8. 3½ -31.3	3	3	3	3	3	-21. 3 -30. 4	4	4	4	4	-7. 4 -29. 3½	3½	3½	-8. 3½ -31. 3	3
Monatsdurchschn.	4,4	3,78	3,13	3	3	3	3	3	3,3	4	4	4	4	3,6	3,5	3,5	3,1	3

Können wir demnach Einwirkungen ausländischer Geldmarktverhältnisse für die Lage unseres Geldmarktes nicht verantwortlich machen, so gibt es dennoch ein vom Auslande hervorgerufenes Moment, das wenigstens einen Anteil an der im Herbst des Jahres 1911 einsetzenden „Geldversteifung" hat. Wir meinen die hauptsächlich aus politischen Gründen im Zusammenhang mit der Marokkoaffäre des Sommers 1911 erfolgten Zurückziehungen ausländischer (besonders französischer, auch englischer) Guthaben aus Deutschland, deren Betrag etwa auf 400 Mill. M.[1] geschätzt werden kann. Indessen vermochten diese Kapitalentziehungen die „relativ gute Haltung des deutschen Geldmarktes" nicht zu erschüttern, und gerade die glatte Erfüllung der ausländischen Forderungen bewies die vom

[1] Nach dem Jahresbericht der Deutschen Bank von 1911.

Ausland angezweifelte Gesundheit und Leistungsfähigkeit des deutschen volkswirtschaftlichen Organismus. Auch blieb die deutsche Zahlungsbilanz trotz dieser Erschwerungen im internationalen Zahlungsverkehr mit einem Plus im Goldimport und -export von 124 Mill. M.[1] eine aktive.

Die Ursachen der in Rede stehenden Erscheinung werden sonach in Vorgängen im Inland zu suchen sein. Wie an anderer Stelle (S. 65) auseinandergesetzt, glaubt man sie in einer allgemeinen Kreditüberspannung erkennen zu sollen, die aus Kapitalbildung überschreitenden Kapitalinvestierungen folgt. Die akute bis in den Juni 1912 hinein andauernde Geldteuerung möchten wir als die durch Kreditüberspannung verstärkte Wirkung einer, man könnte sagen, seit 1903 nur mit einmaliger Unterbrechung (1907/08) bestehenden günstigen Wirtschaftslage erblicken, deren Begleiterscheinungen ja Geldteuerungen zu sein pflegen. Diese Geldteuerungen führen jene von Helfferich[2] mit folgenden Worten geschilderten, auch heute wieder zu beobachtenden Symptome herbei: „Unter dem Druck des steigenden Geldbedarfs erfahren die in den Kellern der Banken liegenden großen Barreserven der Volkswirtschaft dadurch eine Verminderung, daß seitens dieser Institute größere Barbeträge als sonst dem Verkehr im Wege der Wechseldiskontierung[3] zur Verfügung gestellt werden, während andererseits auf Grund der schmaleren Bargeldbasis ein größerer Betrag von Zahlungsausgleichungen als in normalen Zeiten bewirkt wird."

Daß in dieser Periode die Großbanken einen gewissen Anteil an dem Werden auch der unerfreulichen Begleiterscheinungen unseres Wirtschaftslebens und direkt an der Anspannung des Reichsbankstatus haben, geben sie, wenigstens bezüglich des ersten Punktes, selbst zu, wie die auf S. 95 mitgeteilte Stelle aus dem Geschäftsbericht der Diskontogesellschaft unzweideutig erkennen läßt.

Eine nicht immer einwandfreie Kreditgewährung an die Industrie (im besonderen in der Form des Akzeptkredits), eine oft ausgeübte Animierung auch weniger leistungsfähiger Personen (durch Depositenkassen!) zur Börsenspekulation scheinen uns die Hauptbelastungsmomente zu sein, die in ihren Folgen bei der Höhe der in Betracht kommenden Summen zur Erschwerung der Lage der Reichsbank beigetragen haben. Zu der Annahme einer absichtlichen Durchkreuzung der Diskontpolitik der Reichsbank seitens der Großbanken liegt u. E. kein Anlaß vor, um so weniger, als die Banken, wie die neuesten Bilanzen zeigen, auf dem Wege sind, den Anregungen der Reichsbankleitung folgend, unberechtigte Kredite einzuschränken und

[1] „Frankfurter Zeitung" vom 24. 12. 1911: „Rückblicke auf das Wirtschaftsjahr 1911."

[2] K. Helfferich, a. a. O., S. 447.

[3] Nach der „Frankfurter Zeitung" vom 7. 6. 1912 Nr. 155 zeigen die Beträge der Wechselstempelsteuer seit Mitte Juli 1909 „zum Teil ganz außerordentlich große Steigerungen". Gegen die betreffenden Vormonate des Jahres 1911 stiegen die Erträgnisse: im Januar 1912 um 7,4 %, im Februar um 3,5 %, im März um 3,1 %, im April um 8,2 %.

zu beseitigen.[1] Der Verlauf der Geldkalamität im Herbst 1911 bis Frühjahr 1912 hat andererseits gezeigt, daß die Reichsbank, was freilich ja nur zu wünschen ist, immer noch imstande ist, gegenüber der wachsenden Macht der Kreditbanken ihrem Diskont Geltung zu verschaffen. Man hat es ihr als Verdienst angerechnet, daß sie trotz der im Herbst 1911 eingetretenen und anhaltenden Anspannung ihres Status (s. Tabelle auf S. 73) die deutsche Volkswirtschaft vor einem erhöhten Zinssatz bewahrt hat. In anerkennenden Worten äußert sich darüber die Bayrische Notenbank in ihrem Geschäftsbericht für 1911 wie folgt: „Innerhalb dieses von mancherlei Schwierigkeiten und Zwischenfällen begleiteten Zeitabschnittes darf die Reichsbank das Verdienst für sich beanspruchen, durch eine kluge, zum Teil in völlig neuen Bahnen wandelnden Bankpolitik den deutschen Geldmarkt vor krisenhaften Verhältnissen bewahrt zu haben.“

Zusammenfassend wäre zu sagen: Die als das Resultat der neueren Entwicklung entstandene Erschwerung der Diskontpolitik der Reichsbank beruht nicht allein auf allgemeinen wirtschaftlichen Ursachen des Inlandes und den allerdings immer verwickelteren Beziehungen der deutschen Volkswirtschaft zum Auslande; einen erheblichen Anteil an dieser Entwicklung hat auch die Geschäftspolitik der im gleichen Zeitraum immer mehr erstarkten Großbanken. Wenn diese auch, dank ihrer Organisation, die Aufgabe der Reichsbank, den nationalen Kreditverkehr zu bewältigen sehr erleichtern, so verdrängt andererseits ihr dadurch wachsender Einfluß die Zentralnotenbank immer mehr aus ihrer Stellung als Kreditinstitut erster Instanz. Hierdurch entsteht die Möglichkeit, daß die Reichsbank die Kontrolle über die heimische Wirtschaft verliert, ihr Diskontsatz seine Geltung einbüßt, daß die Banken die ihnen zuströmenden Mittel unwirtschaftlich verwenden und daß unvorhergesehene, in ungünstigen Zeiten eintretende Entnahmen seitens der Banken die Reichsbank allzusehr belasten. Die auswärtigen Beziehungen der Großbanken beeinflussen die Zahlungsbilanz; auch dieser Umstand kann, in Verbindung mit der Interessengemeinschaft der internationalen Geldmärkte, unter Umständen die auf die Aufrechterhaltung der Währung gerichtete Diskontpolitik der Reichsbank erschweren.

Wie wir gezeigt haben, kann von einer Verdrängung der Reichsbank vom Wechselmarkt nicht die Rede sein; ihre Macht ist, wie der Herbst 1911 gezeigt hat, noch bedeutend genug, um selbst außergewöhnlichen Anforderungen zu genügen. Trotzdem läßt die bisherige Entwicklung, inbesondere das stete Wachsen der Kapitalmacht der großen Banken, befürchten, daß die Reichsbank bei Beibehaltung ihrer derzeitigen Verfassung in ihrer Konkurrenzfähigkeit zurückbleiben

[1] Im Geschäftsbericht pro 1911 der Dresdner Bank heißt es u. a.: „Nach Wiederherstellung des Vertrauens auf die Fortdauer des Friedens unter den Großmächten werden freilich die Banken in ihrem eigensten Interesse bemüht sein müssen, die beanspruchten Kredite allmählich auf ein geringeres Maß zurückzuführen.“

muß; daher ist im Interesse der Gesamtwirtschaft die an die Adresse der Großbanken gerichtete Aufforderung der Reichsbankleitung zur Revision ihrer Kreditpolitik voll berechtigt.

II. Mutmaßliche Wirkungen des „Reichsdepositengesetzes".

1. Einwirkung der Reichsdepositenbank auf die (äußere) Bankenorganisation.

a) Im allgemeinen.

Bisher haben wir die Interessen der durch das Depositenwesen mittelbar berührten „Gruppen" der Volkswirtschaft darzustellen versucht und gezeigt, welche Wirkungen die Tätigkeit der Banken auf diese besonderen Interessen wie auf das Wirtschaftsleben überhaupt ausgeübt hat. Es bedeutet in gewissem Sinne keinen Fortschritt im deutschen Bankwesen gegenüber dem Zustand zur Zeit der Bankenquete, wenn auch heute noch die Worte des Präsidenten Havenstein am Schlusse der Kommissionsberatungen Geltung haben:[1] „. . . Sie haben aber auch hingewiesen auf mancherlei Übertreibungen und Schäden, insbesondere auch auf tatsächliche Mißstände in unserer Kreditorganisation in ihren mancherlei großen und kleinen Spielarten, auf Mißstände und Schäden, die mit solchem schnellen Wachstum (des deutschen Wirtschaftslebens) sich verbunden haben, die nicht mit bewußter Absicht herbeigeführt, aber doch tatsächlich vorhanden sind, und die auch auf die Liquidität unserer Kreditorganisation und unserer Volkswirtschaft und schließlich immer wieder auf die Reichsbank selbst in sehr unerwünschter Weise zurückwirken. . . ."

Die Mehrzahl der Bankenquetekommissions-Mitglieder war damals der Ansicht (nach Präs. Havenstein, a. a. O. S. 192), daß „diese Übertreibungen und Mißstände noch wieder ausgemerzt werden können, wenn die verantwortlichen Leiter und Führer unserer verschiedenen Kreditorganisationen und Kreditinstitute sie klar erkennen und mit weitem Blick, mit Besonnenheit, mit ernstem Willen selbst die Zügel für das notwendige Maßhalten kürzer fassen."

Indes die oben (s. S. 78ff.) geschilderten Zustände auf dem Geldmarkt während des Frühjahrs 1912, die mehrfach erwähnten Warnungen des Reichsbankpräsidenten an die Bankwelt lassen es nicht zweifelhaft erscheinen, daß die erhoffte völlige Gesundung unserer Kreditverhältnisse bisher nicht eingetreten ist, wenn man auch den festen auf Beseitigung bestehender Schäden gerichteten Willen der Banken nicht verkennen kann.

Wie an anderer Stelle bereits erwähnt, müßte die Errichtung einer Reichsdepositenbank eine völlige Umwandlung unseres gegenwärtig bestehenden „gemischten" Bankensystems in ein solches mit

[1] Bankenquete 1908/09. Die Verhandlungen der Gesamtkommission zu Punkt VI des Fragebogens. Stenograph. Berichte, S. 191.

reinen Depositenbanken (Reichs- und Staatsdepositenbanken) einerseits und fast reinen Effektenbanken andererseits zur Folge haben. Zwei Momente würden diese Wandlung herbeiführen: einmal die Bestimmung des Warschauerschen Gesetzentwurfs, daß die deutschen Effektenbanken und Gesellschaften m. b. H. das Recht haben sollen, nur bis zur „doppelten Höhe des volleingezahlten Grundkapitals Depositen anzunehmen", sowie die im Gesetz zwar nicht ausgesprochene aber enthaltene Forderung auf Reduktion der das gesetzliche Maß überschreitenden Depositenbeträge seitens der betroffenen Banken; sodann die Möglichkeit, daß vom Augenblick der Errichtung staatlicher Depositenbanken den Banken die früher übergebenen Depositen wieder entzogen und ihnen weitere Beträge nicht übergeben würden.

Die obige Bestimmung über die Höhe der Depositenbeträge soll sowohl eine Ausgestaltung der staatlichen Depositenbanken zu „monopolartigen Unternehmungen" verhindern, als auch in Anerkennung der „intellektuell-finanziellen Verdienste" der Banken, die immerhin durch Pflege des Depositengeschäfts den Spartrieb in der Bevölkerung gefördert haben, diesen die Möglichkeit einer Beteiligung am Depositengeschäft offenlassen.[1]

Am 31. Dezember 1910 besaßen 165 Kreditbanken (je mit einem Aktienkapital von mindestens 1 Mill. M.) ein Gesamtaktienkapital von: M. 2784251000.[2]

Die Höchstgrenze für Depositenannahme belief sich demnach (nach W.s Vorschlag) auf: 5568502000 M., der Depositenbestand betrug aber nur: 3240921000 M. = 58,2%, so daß für das Depositengeschäft ein weiterer Spielraum von ca. 2,3 Milliarden M. verblieb. Ende 1911 betrug bei 158 nach gleichen Gesichtspunkten zusammengefaßten Kreditbanken mit einem Gesamtaktienkapital von 2928,9 Mill. M. und einem Gesamtdepositenbetrag von 3767,08 Mill. M. die entsprechende Prozentziffer bereits 64,3, die noch offene Depositensumme 2,1 Milliarde M.

Am 29. Februar 1912 betrug das doppelte Aktienkapital bei 86 Zwischenbilanzen veröffentlichenden Banken[3]	5026,8	Mill.	M.	
Die Gesamtsumme der „Einlagen auf provisionsfreier Rechnung"	3741,1	„	„	= 74,4%
Davon entfielen allein auf 8 Berliner Banken:				
an doppeltem Aktienkapital	2280	„	„	
„ Einlagen	1974,3	„	„	= 86,6%
Am 30. April 1912 betrug das doppelte Aktienkapital bei 86 Zwischenbilanzen veröffentlichenden Banken	5054,8	„	„	

[1] Warschauer, a. a. O., S. 481.
[2] Franz, R., Die deutschen Banken im Jahre 1910.
[3] „Frankfurter Zeitung", 2. 6. 1912, 1. Morgenblatt.

Die Gesamtsumme der „Einlagen auf provisionsfreier Rechnung“	3786,9 Mill. M.		= 74,9 %
Davon entfielen allein auf 8 Berliner Banken:			
an doppeltem Aktienkapital	2280 „	„	
„ Einlagen	2032 „	„	= 89,1 %
Am 30. Juni 1912 betrug das doppelte Aktienkapital bei 86 Zwischenbilanzen veröffentlichenden Banken	5118 „	„	
Die Gesamtsumme der „Einlagen auf provisionsfreier Rechnung“	3970,7 „	„	= 77,6 %
Davon entfielen allein auf 8 Berliner Banken:			
an doppeltem Aktienkapital	2280 „	„	
„ Einlagen	2197,2 „	„	= 96,4 %

und zwar im einzelnen auf:

	Doppeltes Aktien-Kapital	Einlagen: Millionen Mark 29./II. 12	30./IV. 12	30./VI. 12
Die Deutsche Bank.	400	791,4	863,3	1011,8
„ Dresdner Bank	400	327,6	337,7	344,3
„ Diskontogesellschaft	400	307,2	273,2	271,4
„ Darmstädter Bank	320	149,3	153,8	166,8
den Schaaffhaus. Bankverein . .	290	139,1	135,3	137,8
die Nationalbank für Deutschland	180	88,3	96,4	90,1
„ Kommerz- u. Diskontobank .	170	127,2	127,6	125,0
„ Mitteldeutsche Kreditbank. .	120,0	44,0	46,0	49,1

Diese Zahlen lassen zweierlei erkennen: erstens, daß die in ihnen einbegriffenen Banken — als Gesamtheit betrachtet — die erlaubte Grenze in ihrem Depositengeschäft im Verhältnis zum Aktienkapital bisher zwar nicht erreicht haben, sich ihr aber ständig nähern, zweitens, daß gerade die größeren und die Großbanken diesem Punkte am nächsten kommen. Es müssen sich demnach die Wirkungen eines „Reichsdepositengesetzes“ in erster Linie bei den „führenden“ Banken bemerkbar machen, deren Aktionsfähigkeit durch Beschränkung der zur Verfügung stehenden fremden Mittel mit Notwendigkeit eine Schwächung erfahren müßte. Daß diese Folgerung nicht für jedes einzelne Institut zutrifft, zeigt die obige Zusammenstellung, aus der hervorgeht, daß das scheinbar ungünstige Verhältnis von 96,4 % zwischen zulässigem und bereits erreichtem Depositenbestand bei den Berliner Banken gegenüber einem entsprechenden Verhältnis von 77,6 % bei allen (86) Banken ausschließlich auf den Rekordziffern der Deutschen Bank beruht; sobald man deren Zahlen ausschaltet, sinkt es für die übrigen 7 Berliner Banken auf 63,1 %, also unter den Gesamtdurchschnitt. Andererseits ist aus der Tabelle ersichtlich, daß unter den „Provinzbanken" neben einigen Vertretern mit sehr geringen Depositenbeständen eine größere Anzahl — und gerade kleinere Institute — sehr bedeutende, über den allgemeinen Durchschnitt weit hinausgehende Verhältniszahlen aufweisen. Die wirtschaftliche Bedeutung dieser Ergebnisse soll noch gewürdigt werden.

Wichtiger als die Maßregel einer ziffernmäßigen Begrenzung eines Zweiges des regulären Bankgeschäfts und in ihren möglichen Folgen verhängnisvoller erscheint die angedeutete und durch das „Reichsdepositengesetz" bezweckte Entziehung von Bankdepositen im allgemeinen, als auch — weit über das verlangte Maß hinausgehend — im besonderen! Warschauer nimmt als wahrscheinliche Summe der Bareinlagen bei der zu errichtenden Reichsdepositenbank einen Betrag von mindestens 1 Milliarde M. an. Bedenken wir nun, daß die Summe der Bankdepositen im ganzen das erlaubte Maximum noch nicht erreicht hat, der genannte Betrag aber möglicherweise voll den Banken entzogen werden könnte, so würde durch den Gründungsakt einer Reichsdepositenbank in kurzer Zeit das Depositengeschäft der Banken mindestens schwer geschädigt[1] und die Kreditgewährungsfähigkeit der Banken um mindestens 1 Milliarde M. reduziert werden; ein bei ca. 3,8 Milliarden M.[2] Gesamtdepositen immerhin nennenswerter Betrag! Eine solche Einschränkung des Kreditgeschäfts — so führte Kommissionsmitglied Peter in der Bankenquete[3] aus — ist gleichbedeutend mit einer „Verteuerung des Kredits, der die wirtschaftlich schwachen Kreise schwer belasten müßte". Nach all dem würde die Errichtung einer Reichsdepositenbank in ihren Folgen wesentlich beeinflussen:

1. die äußere Organisation unserer Kreditbanken, unmittelbar herrührend aus der Entziehung der Depositengelder,
2. die Kreditorganisation, mittelbar verursacht durch Änderung der Bankorganisation überhaupt wie durch die Beschränkung in der Depositenannahme im besonderen.

Wie bekannt, beruht die Mehrzahl der Vorschläge für eine Reform des deutschen Bankwesens auf der Vorstellung, daß nur ein nach dem Muster der englischen Bankenorganisation umgestaltetes deutsches Kreditbanksystem die gröbsten der zutage liegenden Mängel beseitigen und für die Folge vermeiden würde. In solcher Verallgemeinerung sind diese Ansichten bekanntlich durch die einschlägigen Arbeiten

---

[1] Wenn Riesser (a. a. O., S. 461) der Ansicht ist, daß dem Depositengeschäft der deutschen Kreditbanken „durch die neue Konkurrenz eine irgend erhebliche Gefahr, jedenfalls zunächst, nicht drohen dürfte", so trifft diese Annahme u. E. nur für die Großbanken sowohl ihrer finanziellen, wie ihrer moralischen Übermacht wegen zu. Die „Provinzbanken" aber, die ohne solche Mittel der Konkurrenz der „allerorten im Reichsgebiet" errichteten Filialen der Reichs- und Staatsdepositenbanken ausgesetzt sind, dürften sicher unter jener Konkurrenz zu leiden haben.

[2] Franz, R., Die deutschen Banken im Jahre 1911. „Deutscher Ökonomist", 1543. 27./VII. 1912.

[3] Bankenquete 1908/09, a. a. O., S. 120.

Webers[1] und Jaffés[2] widerlegt. Wenn es nicht unsere Aufgabe sein kann, das Hauptgewicht ebenfalls auf eine Vergleichung beider Banksysteme zu legen, so wird dennoch eine gelegentliche Gegenüberstellung deutscher und englischer Bank- und Kreditverhältnisse nicht zu umgehen sein, um so weniger, als auch Warschauer bei Begründung seines Vorschlages Vergleiche aus dem englischen Bankwesen heranzog. Immerhin bedeuten u. E. das gegenwärtige englische Banksystem und ein nach den Ideen Warschauers umgestaltetes deutsches Banksystem trotz der Gemeinsamkeit der äußeren Scheidung in „Depositen-" und „Effektenbanken" zwei sehr verschiedene Dinge, deren Funktionen und Wirkungen nicht ohne weiteres gleichgesetzt werden können.

Auf deutscher Seite steht (von Noten- und Hypothekenbanken abgesehen) einer durch Gesetz errichteten und in ihrer gesamten Geschäftsführung an gesetzliche Bestimmungen gebundenen Reichsdepositenbank, zu der Staatsdepositenbanken hinzutreten können, als Hauptträger des Depositen- und sogenannten regulären Bankgeschäfts eine Mehrzahl von Effektenbanken und Privatbankiers gegenüber, die zwar von dem Depositengeschäft nicht völlig ausgeschlossen, in der Hauptsache jedoch auf das „irreguläre" Bankgeschäft angewiesen sind.

Eine viel weitergehende Arbeitsteilung kennzeichnet die englischen Verhältnisse. Von den den „Londoner Geldmarkt" bildenden Kreditanstalten stehen sich im wesentlichen Depositenbanken und merchant bankers als Geldgeber und bill-brokers und stock-brokers (die „Kreditvermittler") als Geldnehmer gegenüber, während die fremden Banken je nach Bedürfnis als Geldnehmer oder Geldgeber auftreten, und die Bank von England als letzte Kreditquelle aller den Mittelpunkt des Ganzen bildet. Von den genannten Klassen arbeiten nur die merchant bankers, die man als eigentliche „Kredit- und Handelsbanken" bezeichnet, mit überwiegend eigenen Mitteln, während die eingezahlten Aktienkapitalien der Depositenbanken sowie die eigenen Mittel der bill- und stockbrokers verhältnismäßig unbedeutend zu sein pflegen. Die Stellung der merchant bankers ähnelt denn auch derjenigen unserer Kreditbanken; die Depositenbanken dagegen beschränken sich auf wenige Zweige des regulären Bankgeschäfts und überlassen es den „Kreditvermittlern", die Verbindung zur Bank von England (für den Wechselverkehr) einerseits und zur Börse (für den Effektenverkehr und die Spekulation) andererseits herzustellen.

Über die Schwächen, die diesem System anhaften, wird später noch zu sprechen sein.

b) Mit Rücksicht auf die Bankenkonzentration.

Eines jener Argumente, die man für ein Eingreifen der Gesetzgebung in die freie Betätigung der Banken anführt, bildet die Er-

[1] Weber, A., Depositenbanken und Spekulationsbanken. Leipzig 1902.
[2] Jaffé, E., Das englische Bankwesen. 2. Aufl., Leipzig 1910.

scheinung der Bankenkonzentration, die — wie man sagt — eine Konzentrierung riesiger Kapital- und Machtmittel in wenigen Händen bewirkt habe. So machte auf der Bankenquete neben anderen Wagner[1] die von den Effektenbanken geförderte Konzentration für das Wachsen der „Maßlosigkeit der Erwerbshaft" mit verantwortlich, die ihrerseits wieder die letzte Ursache zur Entstehung von Krisen sei. Gewiß ist bei der Annahme solcher Zusammenhänge nicht daran gedacht, daß möglicherweise eine Reichsdepositenbank das geeignete Mittel zur Hemmung der einmal eingeschlagenen Entwicklung sei — auch führt Warschauer dieses Moment für sein Reichsdepositengesetz nicht an, denn von einer Bankenkonzentration in unserem heutigen Sinne war damals nicht die Rede —, doch scheint es uns, um einen Anhalt für die etwaige Berechtigung einer Reichsdepositenbank zu gewinnen, geboten, auch diese Möglichkeit zu untersuchen.

Es fragt sich somit, ob eine Reichsdepositenbank, soweit ihre Wirkungen auf die äußere Umgestaltung des deutschen Banksystems in Frage kommen, ein weiteres unerwünschtes Vordringen der „Konzentration" verhindern könnte.

Es hat fast den Anschein, als ob die Tatsache, daß die Konzentrationsbewegung, soweit sie äußerlich in die Erscheinung tritt, in der Gegenwart zu einem Stillstand gelangt ist, eher gegen die Notwendigkeit einer aus diesem Grunde zu errichtenden Reichsdepositenbank spricht. So lesen wir über die Vorgänge auf dem Gebiet der Bankenkonzentration im Jahre 1911 in der neuesten Besprechung des „Deutschen Ökonomist"[2]: „In der äußeren Organisation des deutschen Bankwesens hat sich seit der Veröffentlichung unserer vorjährigen Abhandlung nichts wesentliches geändert. Die Konzentrationsbewegung ist zwar nicht vollständig zum Stillstand gekommen. Hier und da wurden den bestehenden Organisationen neue Maschen angefügt. Aber das Gesamtbild ist im großen und ganzen dasselbe geblieben." Wenn auch besonders auf indirektem Wege, d. h. durch Gründung von Depositenkassen die Konzentration stetig eine gewisse Förderung erfährt, so hat sich doch an dem Bestande der fünf großen beherrschenden Bankengruppen nichts Wesentliches geändert. Es stehen immer noch einige Großbanken (so die Berliner Handelsgesellschaft und die Nationalbank für Deutschland) gegenüber ihren Genossinnen in dieser Beziehung als „Außenseiter" da, und es haben andererseits eine Anzahl größerer Provinzbanken bis heute ihre Selbständigkeit bewahrt. Daß daneben gerade in neuerer Zeit ein Anwachsen von Neugründungen selbständiger kleiner Aktienbanken und Privatbankiers zu beobachten ist, wurde früher bemerkt. Derartige Beobachtungen könnten dazu verleiten, die „Furcht vor der Konzentrationsgefahr", deren Annahme Wachler auf der Bank-

---

[1] Bankenquete 1908/09. Stenograph. Berichte, S. 45.

[2] „Deutscher Ökonomist", 1541, 1542. Rob. Franz, Die deutschen Banken im Jahre 1911.

enquete (a. a. O. S. 15) von „Männern der Wissenschaft, die einen weiteren Blick sich über das Wirtschaftsleben erworben haben und die Vorgänge der Vergangenheit und der Gegenwart mit richtigem kritischen Urteil zu vergleichen verstehen" für „eigentlich unbegreiflich" hielt, als in der Tat unbegründet und damit die Gefahr selbst als beseitigt zu betrachten. Es scheinen allerdings zurzeit Anzeichen dafür vorhanden zu sein, daß die Gegenwart der Verwirklichung privatmonopolistischer Tendenzen nicht günstig sei; indessen hat man keine Garantie, daß nicht in naher Zukunft ein Umschwung sollte eintreten können.

Nach der Ansicht eines trefflichen Sachverständigen soll der ganze bisherige Entwicklungsgang der Konzentration, wie er sich namentlich (in den letzten Jahren) innerhalb der Provinzbanken vollzogen hat, es wahrscheinlich machen, daß das Ende der Konzentration im deutschen Bankwesen, mindestens außerhalb Berlins, noch lange nicht erreicht ist. Erst nach Bildung einigermaßen gleichstarker Gruppen, „die sich gegenseitig in ihrem Besitzstande respektieren müssen", soll man die Beendigung der Konzentration erwarten dürfen. Wir stehen also mindestens vor der Möglichkeit eines wieder stärkeren Einsetzens der Konzentrationsbewegung. —

Von allen Folgerungen, die man aus der Errichtung einer Reichsdepositenbank in bezug auf die fernere äußere Gestaltung unseres Banksystems ableiten könnte, hat eine den Vorzug größter Wahrscheinlichkeit für sich. Es ist die gelegentlich zu erkennen gegebene Absicht der großen Banken bei etwaigem Inkrafttreten des „Reichsdepositengesetzes" zum Zwecke der Wahrnehmung ihrer Interessen ihrerseits reine Depositenbanken zu gründen oder ihre bestehenden Depositenabteilungen in solche umzuwandeln, deren Leitung, Verwaltung und Aktien in ihren Händen verbleiben würden. Der in dieser Absicht ausgedrückte Gedanke einer Umwandlung der Depositenabteilungen in besondere, vermögensrechtlich getrennte „Depositenbanken" ist nicht neu; ja, man will[1] gegenwärtig aus der Geschäftsführung der Deutschen Bank eine auf dieses Ziel hinauslaufende Politik erkannt haben.[2] In diesem Zusammenhange aber muß man sagen, daß ein solches Vorgehen der Banken, vorausgesetzt, daß es zur Ausführung käme, vom volkswirtschaftlichen Standpunkt aus nur zu bedauern sein würde, obgleich man es den Banken gewiß nicht verübeln kann, daß sie als Erwerbsgesellschaften in erster Linie ihren privatwirtschaftlichen Vorteil zu wahren suchen. Denn die Folge eines Nebeneinanderbestehens beider Arten Kreditinstitute könnte bei den in einem so wichtigen Punkte wie dem Depositengeschäft heftig kollidierenden Interessen beider nur ein aussichtsloser Konkurrenzkampf sein, bei

---

[1] Heiligenstadt auf der Bankenquete, a. a. O., S. 42.

[2] Demgegenüber hat die Deutsche Bank in einem ihrer Geschäftsberichte erklärt, daß eine derartige Umwandlung zurzeit nicht vorteilhaft — weil unrentabel — sein würde.

dem vielleicht nicht einmal so sehr die großen Institute selbst[1], als besonders die selbständigen kleineren und kleinen Banken und Bankiers gefährdet wären; der in diesem Falle einsetzende Konkurrenzkampf, d. h. der Kampf um die Depositengelder, würde in erster Linie die Depositenzinsen in dem Sinne einer an sich unberechtigten Steigerung beeinflussen. Da die selbständigen Depositenbanken sich selbst zu unterhalten haben werden, ihre Rentabilität jedoch notwendigerweise mit dem Steigen der Zinsen abnehmen muß, so folgt daraus, daß nicht genügend kapitalkräftige Institute in diesen Konkurrenzkampf gar nicht eintreten könnten. Es würde also dann jenes von Wallich (s. S. 51) „quantitativ-negativ" genannte konzentrationsfördernde Moment Geltung erlangen, und eine durch die Heftigkeit des Kampfes potenzierte „schwächere Betriebe ausschaltende Wirkung der Konkurrenz" die Zahl der zurzeit noch selbständigen Banken und Bankiers[2] zugunsten der wirtschaftlich Stärkeren, also der Großbanken vermindern. Abgesehen von der rein äußerlichen Wirkung eines weiteren Umsichgreifens der heute bereits unter der Herrschaft des Großbankkonzernsystems in weitem Maße eingetretenen unerwünschten Schematisierung des Bankgewerbes würden sich daraus jene Schäden ergeben, die wir bei Besprechung der Aufgaben erwähnt haben, die den Privatbankiers auch heute noch zufallen.

Selbst wenn man Warschauer darin zustimmen muß, daß die Depositengläubiger die größten Verluste „durchschnittlich im Verkehr mit Privatbankiers erleiden", so erscheint uns eine gewaltsame Beseitigung einer existenzberechtigten Klasse des Handelsstandes nicht nur ungerecht, sondern besonders mit Rücksicht auf die zu verhindernde weitere Ausdehnung der Bankenkonzentration geradezu verkehrt. Auch heute noch kann und soll der Privatbankier die wirtschaftliche Bestimmung einer „Bank" in Befolgung seiner besonderen Aufgaben nicht nur ergänzen, sondern gegen etwaige Monopoltendenzen der Großbanken ein Gegengewicht bilden. Wenn die Fähigkeit hierzu unter dem Einfluß der bisherigen Entwicklung schon bedeutend herabgemindert ist, so würde ein unter den gemachten Voraussetzungen eintretender Konkurrenzkampf dieselbe sofort ersticken.

Wie schon einmal in der Geschichte der Bankenkonzentration, nämlich während der auf die „Gründerjahre" folgenden Periode, so dürften auch in diesem Falle zahlreiche „Entgründungen" die Schnelligkeit der Konzentrationsbewegung erneut anfachen, so daß eine auf den Bankentrust hinstrebende Entwicklung die unmittelbare Wirkung der Errichtung einer Reichsdepositenbank sein würde. Die Wahrscheinlichkeit, daß die Banken in der gekennzeichneten Weise vor-

[1] Daß auch die Rentabilität, vielleicht sogar die Existenz der Reichsdepositenbank unter solcher scharfen Konkurrenz von Anfang an gefährdet wäre, ergibt sich von selbst.

[2] Es soll zwar (nach Warschauer) das Gesetz auf die Privatbankiers nicht ausgedehnt werden, wir bezweifeln aber nicht, daß sie indirekt nicht weniger unter seiner Wirkung zu leiden haben würden.

gehen und dadurch ähnliche Zustände wie die geschilderten herbeiführen würden, läßt es fast überflüssig erscheinen, einen zweiten möglichen Fall zu betrachten und das sich daraus ergebende Zukunftsbild zu zeichnen.

Die Bestimmung des Warschauerschen Gesetzentwurfs, das Depositengeschäft auf die doppelte Höhe des Aktienkapitals zu begrenzen, würde den unmittelbarsten Einfluß auf die weitere Entwicklung der Effektenbanken haben. Was diese Begrenzung rein zahlenmäßig bedeutet, wurde oben ausgeführt. Bevor ihre wirtschaftliche Bedeutung gewürdigt werden soll, sei in kurzem die prinzipielle Berechtigung einer derartigen Beschränkung untersucht. Dabei kann man von verschiedenen Gesichtspunkten ausgehen, je nachdem, ob die Beschränkung der Depositenannahme sich auf bestimmte Institute oder auf die Höhe der Beträge beziehen soll; in beiden Fällen kann sowohl das Moment der Liquidität der Bankbilanz, wie auch der volkswirtschaftliche Standpunkt bestimmend sein.

Die Tatsache, daß schon heute gewisse Institute (Noten- und Hypothekenbanken) in der Ausübung des Depositengeschäfts gesetzlichen Bestimmungen unterliegen, kann u. E. für die Kreditbanken nicht geltend gemacht werden. Die Vielseitigkeit und der fortwährende Wechsel in ihrem Geschäftsbetrieb, wobei Gunst oder Ungunst der Geschäftslage eine mannigfach wechselnde Disposition über die verfügbaren Gelder bedingen, duldet aus rein technischen Gründen keine zahlenmäßige Begrenzung, wie sie bei mehr schematisch arbeitenden Betrieben immerhin durchführbar ist. Wichtiger ist jedoch der vom volkswirtschaftlichen Standpunkt zu erhebende Einwand, der auch auf der Bankenquete geltend gemacht wurde, daß infolge der Ausschließung einzelner Institute ganz besonders die kleinen Banken — namentlich die mit genossenschaftlicher Verfassung — beeinträchtigt würden, obgleich sich die Abneigung, wie Mommsen[1] bemerkt, offenbar in erster Linie gegen die Großbanken richtet! Kommissionsmitglied Peter[2] führte dazu aus: „Bezüglich der Beschränkung der Annahme von Depositen bei den verschiedentlichen Instituten kann ich erklären, daß ich darin eine schwere Schädigung des Kreditgeschäfts erblicken würde. Es würde daraus entstehen eine Verteuerung des Kredits, der die wirtschaftlich schwachen Kreise schwer belasten müßte, denn wenn die Beschränkung der Annahme von Depositen eine Verteuerung des Zinses bewirken würde — und das würde sie herbeiführen bezüglich der Zinsen für den Schuldner —, so würde diese Preiserhöhung selbstverständlich die wirtschaftlich schwachen Kreise in erster Linie treffen.“ Warschauer (a. a. O. S. 482) verneint die Frage, „ob die im Gesamtbetrag illimitierte Entgegennahme von Depositen dauernd stattfinden soll“, aus volkswirtschaftlichen Gründen. Wenn wir uns dieser Ansicht zwar an-

---

[1] Bankenquete a. a. O., S. 106.

[2] Bankenquete a. a. O., S. 120.

schließen, da in dieser Beziehung besonders bei manchen kleinen Instituten tatsächlich ungesunde Zustände herrschen, so können wir jedoch das Mittel einer gesetzlichen Beschränkung der Höhe der Depositenannahme volkswirtschaftlich nicht als berechtigt anerkennen. Hier hat u. E. eine auf ausführlichen, nach einheitlichem Schema zusammengestellten, regelmäßig zu veröffentlichenden Bilanzen fußende öffentliche Kritik der Fach- und auch der Tagespresse für Abstellung sich zeigender Mißstände zu sorgen. Die Gesamtheit der Banken, oder einzelne Arten von ihnen wegen vereinzelt auftretender Mißstände wirtschaftlich zu schädigen, läßt sich nicht rechtfertigen, zumal auch in diesem Falle gerade die kleinen Institute, im besonderen wieder die Kreditgenossenschaften, die Leidtragenden sein müßten. Es ist daher zu fordern, daß die in der erwähnten Richtung bereits teilweise durchgeführten Reformen auf sämtliche Banken ausgedehnt werden.

Auch für die Bankdepositen gelten u. E. die Ausführungen Neumann-Hofers[1] über die Fixierung eines bestimmten Bankkapitals: „Der Staat kann bei einem gut durchgeführten Prinzip der Öffentlichkeit von jeder materiellen Bankgesetzgebung absehen und selbst die Beurteilung solcher Fragen, wie die Höhe des stets vorrätig zu haltenden Barfonds oder die Größe des Bankkapitals ruhig der Allgemeinheit überlassen. Diese wird im konkreten Falle am besten prüfen und danach auch entscheiden können.“

Daneben hat man in der Literatur und bei der Bankenquete noch andere Gründe gegen die Festsetzung eines bestimmten Verhältnisses zwischen Depositen und Aktienkapital angeführt. Als Haupthindernis gerade einer gesetzlichen Festlegung jenes Verhältnisses nennen Riesser (a. a. O. S. 465) und bei der Bankenquete Kaempf (a. a. O. S. 128) das Fehlen einer rechtlich einwandfreien Definition der Begriffe: „Depositen“ und „Kreditoren“. Mag man auch dieses Hindernis nicht für unüberwindlich ansehen, so zeigt gerade ein von anderer Seite (Mommsen auf der Bankenquete) angeführter Grund, daß selbst die Durchführung einer gesetzlichen Bestimmung eine wirtschaftlich unberechtigte Steigerung des Depositengeschäfts nicht würde verhindern können; denn es bliebe den Banken, und namentlich den großen Instituten, die Möglichkeit, durch Erhöhung des Aktienkapitals die Quote für das Depositengeschäft um das Doppelte zu erhöhen! Eine derartig unmotivierte Kapitalserhöhung birgt wieder andere wirtschaftliche Gefahren in sich (Anreiz zur Agiotage und zu spekulativen Geschäften), um deretwillen „wir nichts tun sollten, um die Banken durch einen solchen außerordentlichen Grund zu einer Kapitalserhöhung zu veranlassen“.[2]

Nach alledem glauben wir, aus volkswirtschaftlichen Gründen für eine Beschränkung des Depositengeschäfts im Sinne des Warschauerschen Vorschlages nicht eintreten zu können.

---

[1] Neumann-Hofer, a. a. O., S. 215.
[2] Bankenquete a. a. O. S. 107.

Die das Depositengeschäft beschränkenden Bestimmungen beziehen sich auf sämtliche Effektenbanken und Gesellschaften mit beschränkter Haftung, die deren Wirkungen formell in gleicher Weise ausgesetzt sind. Die individuellen, in den folgenden Zahlen zum Ausdruck kommenden Verschiedenheiten der einzelnen Banken jedoch bringen es mit sich, daß eine Reihe von Banken — je nach dem Verhältnis zwischen Depositenbestand und doppeltem Aktienkapital — zurzeit von der Bestimmung gar nicht berührt würde, während eine größere Anzahl sofort zu einer wesentlichen Reduktion ihrer Depositenkonten gezwungen wäre. Die nachstehende Tabelle (s. S. 94 u. 95) zeigt die Institute mit mehr als 1 Mill. M. Aktienkapital, deren Depositenbestände mindestens die doppelte Höhe des Aktienkapitals erreicht haben.

Den Passivposten sind die Hauptaktivposten so gegenübergestellt, daß sich aus der Zusammensetzung der Summen beider Seiten die Art der Verwendung in den meisten Fällen annähernd erkennen läßt, wenn auch nicht mit Sicherheit gesagt werden kann, welche Passivgelder in den Aktivgeschäften Verwendung gefunden haben. Die „Depositen" stellen, da die Bilanzen nicht sämtlich nach dem neuen Schema, also nach einheitlichen Gesichtspunkten zusammengestellt sind, ungleichartige, also nicht gleichwertige Größen dar; bei den „eigenen Mitteln" sind (nach dem Beispiel Warschauers) die Reserven fortgelassen.

Die Tabelle lehrt, daß es im Gegensatz zu dem auf S. 83 dargestellten, sich aus der Durchschnittsberechnung ergebenden Resultat überwiegend die kleinen und kleinsten Institute sind, die die erlaubte Höchstgrenze der Depositenannahme bereits erreicht oder überschritten haben, während von der Gesamtheit der Mittel- und Großbanken nur eine, die Deutsche Bank sich ihnen zugesellt.

Wenn Warschauer im Jahre 1904 noch mit einigem Recht über die mutmaßliche Wirkung einer Reichsdepositenbank auf „Effekten banken, die, wie z. B. die Deutsche Bank in der Vergangenheit sich durchweg bewährt haben und bei denen zuungunsten der Deponenten die schädigende Möglichkeit und Wahrscheinlichkeit eines Risikos nicht vorhanden ist, die in der Tradition gewissermaßen ein Kapital besitzen, das dauernd Zinsen abwirft" sagen konnte, daß diese Banken „durch die Errichtung einer Reichsdepositenbank wesentlich in ihrem Wirkungskreise nicht geschädigt werden",[1] so wird man heute eine so optimistische Ansicht selbst bezüglich der Deutschen Bank nicht mehr teilen können.

Folgende Berechnung, in der Aktienkapital, Reserven, Kreditoren und Depositen zusammen das Betriebskapital darstellen, ermittelt den Betrag, um den das Betriebskapital, in Prozenten der Gesamtsumme, bei Inkrafttreten eines Reichsdepositengesetzes zu verringern wäre.

[1] a. a. O., S. 480.

Es betrugen: — in runden Ziffern und in Mill. M. —
am 31. 12. 1911:

Aktienkapital .	200	Überschuß der Depositen über das doppelte Aktienkapital:
Reserven . . .	121	
Kreditoren . .	709	
Depositen . .	800	
	1830	400 Mill. M. = 22 % der Betriebsmittel.

am 30. 6. 1912:

Aktienkapital .	200	Überschuß der Depositen über das doppelte Aktienkapital:
Reserven . . .	110	
Kreditoren . .	632	
Depositen . .	1012	
	1954	612 Mill. M. = 31 % der Betriebsmittel.

Somit würde die Erfüllung des Warschauerschen Vorschlages für die Deutsche Bank die beträchtliche Schwächung ihres Betriebskapitals um fast $^1/_3$ des gegenwärtigen Bestandes, also eine „wesentliche" Verminderung der Mittel bedeuten. Ganz abgesehen davon, daß bei der Deutschen Bank, wie hier vorgreifend bemerkt sein mag, die Frage der Liquidität für ein derartiges Vorgehen im Vergleich zu anderen Instituten kaum eine Handhabe bietet, wird man ebensowenig vom volkswirtschaftlichen Standpunkt eine absichtliche Schwächung des Instituts wegen seiner nationalen Bedeutung, die ja auch Warschauer anerkannt, gutheißen können. Der Umstand, daß mit der Bank zugleich wichtige Interessen des deutschen Handels und der Industrie im Auslande gefährdet sind — wir denken hier besonders an die bisherige Unterstützung des deutschen auswärtigen Handels durch die Verbindungen und eigenen Niederlassungen der Bank mit dem Orient und im Auslande, an ihre Gründungswerke, die Anatolische und Bagdad-Eisenbahn-Gesellschaft— sollte ein solches Experiment ohne weiteres verbieten.

Es zeigt sich eben an diesem Beispiel der Deutschen Bank ein schwerer Mangel eines gesetzlichen Eingriffs — selbst wenn man prinzipiell dafür wäre — nämlich: Die Anwendung eines Schemas auf eine große Zahl individuell verschiedener und somit verschieden zu beurteilender Banken.

Sprechen daher die angeführten Gründe gegen die Anwendung eines gesetzlichen Zwanges, so fragt es sich, ob nicht mit Rücksicht auf die Konzentrationserscheinung sich Einwände erheben lassen, die ein gesetzliches Vorgehen rechtfertigen könnten. Wir haben gesehen, daß die Deutsche Bank in ihrem Konzern über eine Kapitalmacht (nur eigene Mittel!) von mehr als einer Milliarde Mark verfügt; wir haben manche Schattenseiten der Bankenkonzen-

Name der Bank	Aktien-kapital	Kre-ditoren	Depositen	Verhältnis zwischen Depositen u. dopp. Aktienkap.	Konto-korrent	Wechsel	Lombard	Verschiedenes
	In 1000 Mark				In 1000 Mark			
Deutsche Bank	200000	708842	799805	199,9	708516	586637	484418	—
Deutsch-Überseeische Bank	22500	130531	112303	249,8	105078	115576	—	—
Ostbank f. Handel u. Gewerbe . .	22500	30969	52697	117,0	54599	36878	—	—
Osnabrücker Bank	14500	10457	34833	120,1	52007	—	—	—
West-Holsteinische Bank	12000	19115	30274	126,1	40804	—	—	—
Brasilian. Bank f. Deutschland. . .	10000	69000	41959	209,8	—	36530	37435	28370 (Kasse)
Schleswig-Holst. Bank.	7550	20728	29004	192,0	47487	—	—	—
Holsten-Bank, Neumünster	7500	1213	18529	123,5	19358	—	—	—
Löbauer Bank	6000	8630	13685	114,1	24935	—	—	—
Vogtländische Bank	5500	15218	15172	137,9	29327	—	—	—
Bank für Chile u. Deutschland. . .	5000	18376	37095	371,0	28872	16448	10332	—
Mecklenburger Sparbank	5000	7323	36678	367,0	19177	10427	—	15134 (Hypoth. ?)
Rostocker Bank	5000	11060	12191	122,0	13595	6362	—	5013 —
Vereinsbank in Zwickau	4500	8566	14045	156,6	18703	7069	—	—
Oldenburger Spar- u. Leihbank . .	4000	5281	50486	631,1	31039	13977	—	11457 —
Bankv. f. Schlesw.-Holst.	3700	6374	11188	151,2	13568	4882	—	—
Rheinische Volksbank	3000	1553	7280	121,3	5199	—	—	3262 —
Thüringer Landesbank	3000	915	19911	332,0	14865	5571	—	—
Norder Bank	2550	1477	8798	172,5	10326	—	—	—
Döbelner Bank	2500	1557	7159	143,2	7715	—	—	—
Kieler Kreditbank	2500	203	6162	123,2	5307	3598	—	—

Landw. Genossenbk. Darmstadt . .	2500	10137	7927	158,5	17957	—	—	—
Leher Bank	2500	2452	5281	105,6	6836	—	—	—
Potsdamer Kreditbank	2500	781	6109	122,2	6593	—	—	—
Vereinsbank, Kiel	2400	1337	8425	175,5	—	—	8715	—
Trierer Volksbank	2000	1838	5578	139,5	7954	—	—	—
Vorschuß- u. Sparv., Lübeck . . .	2000	2606	14543	363,6	4558	—	12149	—
Nordd. Handelsbk., Geestemünde . .	1800	3260	4072	113,1	5848	—	—	—
Dürener Volksbank	1687	4216	6466	191,6	7455	—	—	3643 —
Geestemünder Bank	1600	1832	8939	279,4	6108	—	—	—
Geringswalder Bank	1500	1367	4538	151,3	5160	—	—	—
Ottensener Bank	1500	2055	5150	171,6	—	5580	—	—
Vereinsbank in Wismar	1500	1413	15511	517,1	6267	7370	—	—
Weseler Bank	1500	1040	3039	101,3	4050	—	—	—
Wurzener Bank	1500	1737	9449	315,0	9862	—	—	—
Oldenburger Landesbank	1200	2533	54233	2259,7	45946	8290	—	—
Spar- u. Kreditbank, Mittweida . .	1200	512	2449	102,0	2830	—	—	—
St. Pauli Kreditbank, Hamburg . .	1200	2820	34056	141,9	—	—	—	33415 —
Bankverein Artern	1001	1827	3063	152,9	5179	—	—	—
Brem. Bk.-Verein, Bremerhaven . .	1000	222	4458	222,9	3452	—	1185	—
Creditbank, Hameln	1000	799	3344	167,2	3707	—	—	—
Leipziger Vereinsbank	1000	336	3223	161,1	—	1119	2411	—
Neurp. Spar- u. Credit-Bank	1000	63	7748	387,4	5564	1584	—	—
Riesaer Bank	1000	341	3408	170,4	3380	—	—	—
Schwarzburger Landesbank	1000	5557	8987	449,3	10943	1532	—	—
Zabern u. Wasselnh. Bank	1000	568	2147	107,3	2870	—	—	—
Eisleber Diskonto-Gesellschaft . . .	900	1156	6743	374,6	7425	—	—	—

tration anführen müssen und gesagt, daß deren weitere Ausdehnung nicht wünschenswert sei. Da man ferner annehmen muß, daß eine bedeutende Kapitalentziehung die Konzentrationsfähigkeit mindestens herabsetzen wird, so erscheint offenbar die behandelte gesetzliche Bestimmung als ein Mittel, die Konzentrationsbewegung zum Stillstand oder gar zum Rückgang zu bringen.

Mag das theoretisch richtig gedacht sein, so würde doch der wirkliche Ausgang aus folgenden Gründen ein anderer sein:

1. Die Konkurrenzgründungen der Großbanken, an erster Stelle der Deutschen Bank, würden die bezweckte Wirkung des Gesetzes aufheben.

2. Selbst wenn man diesen Gesichtspunkt außer acht läßt, so bleibt es zweifelhaft, ob bei dem auch nach Reduzierung der Depositen bestehenden Übergewicht der Deutschen Bank über ihre Konzernbanken an dem tatsächlichen Zustand etwas wesentliches geändert würde.

3. Die oben angeführte, von fachmännischer Seite betonte Wahrscheinlichkeit, daß die Banken der drohenden Entziehung von Depositengeldern durch Kapitalerhöhungen vorzubeugen suchen würden, gilt theoretisch auch für die Deutsche Bank.

Der große Unterschied in der wirtschaftlichen Bedeutung und finanziellen Leistungsfähigkeit der Deutschen Bank gegenüber den mittleren und kleinen Banken wird sich notwendigerweise auch in den Wirkungen des Reichsdepositengesetzes geltend machen, zumal in den Fällen, wo es sich um noch selbständige Institute handelt. Erhöht wird diese Verschiedenheit noch durch die zahlenmäßig (nach Warschauer) viel ungünstigere Situation der kleinen Banken. Von allen 47 in die Tabelle aufgenommenen Instituten, deren Aktienkapitalien zwischen 1 und 200 Mill. M. schwanken, entfallen 34 auf die Kleinbanken, je mit einem Kapital von weniger als 5 Mill. M. Das maßgebende Verhältnis zwischen Depositen und doppeltem Aktienkapital erreicht sein Maximum bei der Oldenburger Landesbank mit 2259,7 und beträgt noch bei jeder der zehn im Folgenden aufgeführten Banken mehr als 350. Wenn schon bei der Deutschen Bank bei der mäßigen Verhältniszahl von rund 200 die Reduzierung der Depositen eine wesentliche Entziehung von Betriebsmitteln darstellt, so erlangen die Zahlen bei den kleinen Banken, deren Reserven und Kreditoren neben dem Aktienkapital hinter den Depositenbeträgen ganz unverhältnismäßig zurücktreten, eine viel höhere, ja ausschlaggebende Bedeutung; denn in vielen Fällen bedeutet für diese Kreditanstalten eine so umfangreiche Kapitalsentziehung eine Gefährdung oder gar Vernichtung der Existenz.

Zur Beleuchtung dieser Ausführungen haben wir nachfolgend zehn Banken mit den höchsten Prozentzahlen zusammengestellt. Nach der gleichen Methode wie bei der Deutschen Bank ist auch hier der Betrag ermittelt, um den gegebenenfalls das Betriebskapital der einzelnen Banken vermindert werden müßte:

	Betriebsmittel	Zu reduz. Betrag	% der Betriebsmittel
	in Tausend Mark		
Oldenburger Landesbank	58675	51833	88,4
St. Pauli-Kreditbank	40163	31656	78,8
Oldenburger Spar- und Leihbank . .	62170	42486	68,3
Vereinsbank Wismar	18849	12511	66,4
Schwarzburger Landesbank	15748	6987	44,4
Neuvorpommersche Spar- u. Kreditbank	8850	5748	64,9
Eisleber Diskontogesellschaft . . .	9129	4943	54,1
Bank für Chile und Deutschland .	60770	27095	44,5
Mecklenburgische Sparbank	50203	26678	53,1
Vorschuß- und Sparbank Lübeck .	19429	10543	54,2

Es würden danach von diesen zehn Instituten acht mindestens die Hälfte, die Oldenburger Landesbank fast $^9/_{10}$ ihrer Betriebsmittel einbüßen.

Der Wert dieses Ergebnisses und die daraus zu ziehenden Schlußfolgerungen würden u. E. nicht beeinträchtigt durch den Einwand, daß die vermeintlichen Wirkungen ja nur einen Teil der Banken treffen würden, und die Folgerungen nicht verallgemeinert werden dürften, denn:

1. sind in der Tabelle nur die Kreditbanken mit mehr als 1 Mill. M. Aktienkapital berücksichtigt, also an sich schon nur ein Teil!

2. lassen wir, da für eine Schätzung der Beträge, um die es sich handeln könnte, jeder Anhalt fehlt, absichtlich die Möglichkeit außer acht, daß die Kapitalsentziehungen über das durch das Gesetz bedingte Maß hinausgehen und daher viel einschneidendere Wirkungen zur Folge haben könnten.

3. und dies ist wohl der wichtigste Punkt:

Die jederzeitige Zahlungsfähigkeit einer Bank hängt in hohem Grade von ihrer „Liquidität“ ab. Wie des öfteren bemerkt, läßt diese gerade bei kleinen Instituten, die laut Tabelle in erster Linie von den hier behandelten Einflüssen berührt würden, viel zu wünschen übrig. Nehmen wir an, durch die Kapitalentziehungen würde mangels genügender Liquidität auch nur eine Bank zahlungsunfähig, so würde diese Tatsache bei Bekanntwerden — wie es die Erfahrung so oft gezeigt hat — das Signal sein für einen „run“ ängstlicher Depositengläubiger auch auf andere Institute.[1] Fügt es der Zufall,

[1] Von Beispielen aus früheren Jahren abgesehen, ereignete sich ein derartiger Fall im April 1911 bei der Hildesheimer Bank, auf die völlig unbegründet, lediglich auf Gerüchte hin infolge des vorhergegangenen Zusammenbruchs eines Hildesheimer Privat-Bankgeschäfts ein regelrechter „run“ unternommen wurde, dem die Bank indessen mit eigenen Mitteln zu widerstehen vermochte.

Vgl. darüber Abschnitt B dieser Abhandlung.

daß sich ein solcher Ansturm gegen eine an sich solide, jedoch für so außergewöhnliche Anforderungen im Augenblick nicht gewappnete Bank richtet, der keine Hilfe zur Seite steht, so wird sie ein gleiches Los treffen wie die erstere, wenn auch — im Gegensatz zu jener — unverdienterweise, denn es ist „weder einer einzelnen Bank, noch allen Banken zusammen möglich, jederzeit ihre Verbindlichkeiten mit barem Gelde aus eigener Kraft einzulösen".[1]

Wie in diesem fingierten Fall die Bank ein Opfer des psychologischen Moments der Massenbeeinflussung geworden ist, das sich beim Ausbruch von Krisen stets geltend zu machen pflegt, so würde der gleiche Umstand im Falle der Kapitalentziehungen auf die kleinen Banken dieselbe Wirkung ausüben und neben manchen selbst verschuldeten Zusammenbrüchen auch solche von einwandfreien Betrieben hervorrufen. Es ist demnach zwar unzweifelhaft, daß nicht nur die gesetzlich in Betracht kommenden Institute gefährdet wären, erweisen läßt es sich indes nur bei den angeführten.

Maßgebend für die Beurteilung der mutmaßlichen äußeren Beeinflussung dieser „Provinzbanken" durch die Reichsdepositenbank ist auch hier die anzunehmende, teilweise sehr bedeutende Entziehung der Betriebsmittel. Man würde aus der Verwirklichung dieser Wahrscheinlichkeit zweierlei Wirkungen folgern dürfen:

1. eine weitere Zunahme der Konzentration,
2. eine Verteuerung des Kredits, wie überhaupt eine Verschlechterung des Kreditwesens.

Die treibende Kraft — im Sinne einer Zunahme der Konzentration — wird im Falle dieser Provinzbanken ausschließlich die „schwächere Betriebe ausschaltende Wirkung der Konkurrenz" sein, wobei der durch die Rivalität zweier mächtiger Nebenbuhler, der neu entstandenen Reichsdepositenbank einerseits und der großen und Großbanken andererseits, verschärfte Konkurrenzkampf die an sich weniger widerstandsfähigen kleineren Institute mit doppelter Wucht treffen muß. Für die kleineren und kleinsten Betriebe wird die Errichtung der Reichsdepositenbank unbedingt eine „kritische" Zeit heraufbeschwören; denn zweifellos werden durch die plötzliche und gewaltsame Schwächung der Betriebskapitalien und unter der Einwirkung der oben genannten besonderen Momente manche Betriebe zugrunde gehen und somit durch ihr Verschwinden indirekt zu dem Machtzuwachs der Bankenkonzerne beitragen.

Doch nicht allein durch die Ausschaltung solcher vielleicht schon morsch gewesener Banken, deren Erlöschen man volkswirtschaftlich nicht bedauern wird, also nicht nur indirekt, sondern auch direkt, d. h. durch positiven Zuwachs, wird die Konzentration an Ausdehnung gewinnen.

Wie schon in früheren Epochen, so werden auch jetzt zahlreiche „Entgründungen" zur Beschleunigung der Konzentrationsbewegung

---

[1] Franz, R., Die deutschen Banken im Jahre 1911.

beitragen. Unter dem Einfluß der Konkurrenz und der Unbestimmtheit der weiteren Entwicklung werden zahlreiche solide Banken der Gefahr eines etwaigen Zusammenbruches[1] durch Anschluß an eine Großbank oder gar durch Aufgehen in ihr auszuweichen suchen. Im ersten Falle, wo die Banken immerhin äußerlich ihre Selbständigkeit bewahren, wird das „Anlehnungsbedürfnis", im anderen Falle die eigentliche „Entgründung" konzentrationsfördernd zum Vorteil der Großbanken, aber in Anbetracht der Qualität der Banken zum Nachteil der Volkswirtschaft wirken. Wenn jene Liquidationsperiode der 70er Jahre gleichsam als das „Vorspiel zur eigentlichen Konzentrationsbewegung" betrachtet werden kann, so dürfte eine neuerliche Beschleunigung der Bewegung das Hinstreben auf ein unerwünschtes „Finale", nämlich den Bankentrust, bedeuten. Somit gelangen wir auch auf diesem Wege — d. h. unter der Voraussetzung einer sich selbst überlassenen Entwicklung — zu dem gleichen Ergebnis: Der Beeinflussung der Bankenorganisation im Sinne einer Zunahme der Konzentration.

Wir haben bei der Deutschen Bank das Depositengesetz vorwiegend aus Gründen der nationalen Bedeutung dieses Institutes abgelehnt und die ungehemmte Konzentrationsbewegung als das kleinere Übel angesehen. Da man bei keinem der zuletzt behandelten „Provinz-Institute" nationale Gesichtspunkte in dem obigen Sinne wird geltend machen können, wäre um so eher die Gegenfrage berechtigt, ob nicht auch in diesem Falle die Zunahme der Konzentration als das „kleinere Übel" anzusehen wäre gegenüber der durch das Reichsdepositengesetz bewirkten Ausschaltung zahlreicher, wenn auch „unsolider" Banken.

Selbst wenn man zugibt, die Ausmerzung einzelner morscher Bankbetriebe bedeute trotz der dabei möglicherweise eintretenden Depositenverluste in gewissem Sinne einen Gewinn, so wird man dennoch aus zwei Gründen auch an dieser Stelle das Mittel des Reichsdepositengesetzes nicht gutheißen können. Diese Gründe sind:

1. der auch bei „Provinzbanken" waltende Fehler des Schematismus, der seine Wirkung auch auf solide Institute ausüben würde;
2. die Verschlechterung der Kreditorganisation, soweit sie eine Folge der äußeren Umgestaltung des Bankwesens ist.

Zu 1: Ein genaueres Eingehen auf Einzelfälle bei diesen Provinzbanken zeigt, daß Bilanzzahlen allein für ein Urteil nicht maßgebend sein können.

Allen diesen Banken ist der Mangel gemeinsam, daß „die Depositenbeträge proportional dem Aktienkapital viel zu hoch" sind und

[1] Wiewiorowski, a. a. O., S. 114. „Viele an sich solide Unternehmungen gehen schließlich (in derartig ungewissen Zeiten) nur daran zugrunde, daß ihnen im geeigneten Moment infolge von Mißtrauen keine Hilfe gewährt wird."

daher das Aktienkapital „in seinem geringen Umfang die erforderliche Sicherheit den Deponenten nicht zu bieten vermag".[1]

Die Frage, ob Aktienkapital und Reserven Garantiemittel für die Depositengläubiger sind, soll dabei als bejaht betrachtet werden.[2] Selbst dann kann die Höhe des Aktienkapitals allein als ausschlaggebend für die „Sicherheit" der Deponenten nicht angesehen werden. Wie sich über diese „Höhe" naturgemäß nichts Absolutes sagen läßt, sie sich vielmehr nach „den ganzen Verhältnissen der Zeit und des Landes und dem ganzen Geschäftsbetriebe der Bank" zu richten hat, so hängt die allgemeine Sicherheit einer Bank noch von einigen anderen Umständen ab, wie der Art der Aktivgeschäfte, dem Vorhandensein staatlicher oder kommunaler Garantien, der Nachschußpflicht der Bankeigner[3], die die Sicherheit der Deponenten wesentlich mit bedingt. Prüfen wir im Hinblick auf diese theoretischen Forderungen die tatsächlichen Verhältnisse bei den Banken, so finden wir, daß bei der Oldenburgischen Landesbank sowohl die Beaufsichtigung durch den Staat[4] sowie die Nachschußpflicht der Aktionäre besteht; bei der Schwarzburgischen Landesbank — die zur Anlegung von Mündelgeld gesetzlich für geeignet erklärt worden ist —, der Wurzener Bank, der Mecklenburgischen Sparbank, der Bank für Schleswig-Holstein, der Leher Bank, der Potsdamer Kreditbank, der Kreditbank Hameln gewährt die statutengemäße Ausschließung der „Spekulation für eigene Rechnung der Bank", bei der Schwarzburgischen Landesbank, der Mecklenburgischen Sparbank, der Wurzner Bank, der Bank für Chile und Deutschland und bei der Dürener Volksbank das Anrecht auf die fehlende Einzahlung jene Sicherheit, die das ziffernmäßig niedrige Aktienkapital ergänzt.

Noch bei einer Anzahl von Banken ließen sich ähnliche die Aktivgeschäfte beeinflussende Momente geltend machen, doch kann nicht geleugnet werden, daß nicht alle Betriebe diesen Anforderungen gerecht werden. Es erscheint daher sowohl ungerecht wie volkswirtschaftlich verhängnisvoll, wenn durch schematische Anwendung eines Gesetzesparagraphen gerade diejenigen Banken am schwersten getroffen werden, die man nach allgemein gültigen Normen für „solide" zu halten berechtigt ist.

c) Zweckmäßigkeit der Reichsdepositenbank-Organisation an sich.

Nach dem Warschauerschen Projekt wird das Depositengeschäft in der Reichsdepositenbank — und eventuell in einzelnen Staatsdepositenbanken — zentralisiert. Schon diese Form entspricht ebensowenig den theoretischen Gründen wie dem englischen „Vor-

---

[1] a. a. O., S. 453.

[2] Während beispielsweise Neumann-Hofer und Weber diese Frage bejahen, spricht sich u. a. Riesser dagegen aus.

[3] Neumann-Hofer, a. a. O., S. 81.

[4] Statutengemäß entsendet die Oldenburgische Staatsregierung ständig 2 ihrer Mitglieder in den aus 5 Mitgliedern bestehenden Aufsichtsrat der Bank.

bild", wonach für die Depositenbanken die weitestgehende Dezentralisation in selbständigen Banken „durchaus wünschenswert ist". „Der Staat wird eine so große Anzahl von Depositenbanken unmöglich erfolgreich leiten können,[1] namentlich, da es durchaus nicht erwünscht ist, daß etwa sämtliche Depositenbanken eines Landes als Filialen einer Zentraldepositenbank, also als zu einem Unternehmen gehörig angesehen werden."[2] Zwar wird durch Errichtung von Filialen die Forderung weitestgehender Verzweigung der Geschäftsstellen erfüllt, die eine Vorbedingung für den Zweck von Depositenbanken — die Herbeiziehung und Nutzbarmachung vorübergehend unproduktiver Gelder — bedeutet. Auch wird man das Moment der Sicherheit — theoretisch — für den Staatsbetrieb anführen können, wenn auch (nach Neumann-Hofer, a. a. O. S. 198) „die mögliche Verquickung mit den Finanzen immerhin bedenklich bleibt und ein Mißbrauch bei der Verwendung der deponierten Gelder hier besonders nahe liegt". Indessen wird die Schwerfälligkeit und Kostspieligkeit des Staatsbetriebs die zweckentsprechende Durchführung des Depositenverkehrs beeinträchtigen.[3]

Doch abgesehen von diesen weniger ausschlaggebenden rein theoretischen Gründen erscheint auch noch aus anderen Erwägungen die Konstruktion einer zentralistischen von einer größeren Zahl Filialen umgebener Reichsdepositenbank nicht einwandfrei. Selbst wenn man dem Filialsystem, das sich bei den Depositenbanken in England und besonders in Schottland großer Beliebtheit erfreut, vor dem dezentralistischen System der selbständigen kleinen Banken den Vorzug gibt, wird sich aus seiner Durchführung in Verbindung mit den geschilderten Konkurrenzgründungen der Großbanken eine schwere Kalamität ergeben. „Dann aber hätten wir die Reichsdepositenbank, ferner die einzelstaatlichen Depositenbanken und endlich eine große Reihe von konkurrierenden Privatdepositenbanken, die alle — die staatlichen und die privaten — genötigt wären, das ganze Deutsche Reich mit einer Unzahl von Nebenstellen zu versehen, und die sämtlich früher oder später — vielleicht im Verein mit den noch vorhandenen einzelstaatlichen Notenbanken — der Diskontpolitik der Reichsbank schwere, vielleicht unüberwindliche Hindernisse bereiten würden."[4]

Daß die Rivalität der verschiedenen Bankkategorien zu schweren

---

[1] Daß die Reichsdepositenbank (wie die Reichsbank) nur eine „Quasi-Staatsbank" sein würde, ändert an dem angeführten Urteil N. H.s. nichts wesentliches.

[2] Neumann-Hofer, a. a. O., S. 187.

[3] Ohne an dieser Stelle auf die Frage der Rentabilität der Reichsdepositenbank einzugehen, sei nur bemerkt, daß, wie Riesser nachgewiesen hat, die bezügliche Warschauersche Berechnung als viel zu günstig anzusehen ist, um so mehr, als im Laufe der letzten Jahre gerade bei den großen Banken mit starker Dezentralisation das Verhältnis der Unkosten zum Bruttogewinn bedeutend, von (1905) 27% auf (1910) 31,6% gestiegen ist. Die Verwaltungskosten der Reichsbank betrugen Ende 1911 ca. 41% des Gesamtgewinns.

[4] Riesser, a. a. O., S. 462.

Mißständen führen muß, zeigen gerade die englischen Zustände. Noch 1902 schrieb Weber (a. a. O. S. 69) über das englische System: „Im ganzen darf man wohl konstatieren, daß das Filialsystem mehr Vorzüge als Mängel aufzuweisen hat, und daß wir in ihm einen Hauptgrund für die Solidität und das ersprießliche Wirken der englischen Banken vor uns haben." Doch hat die Entwicklung in England unter dem Einfluß von Konkurrenz und Konzentration dahin geführt, daß die Errichtung von Filialen „zum Teil nicht mehr auf kühle und verständige Berechnung, sondern auf — man möchte beinahe sagen: Nachahmungssucht und Eitelkeit zurückzuführen ist".[1] Das an sich berechtigte Streben der Banken, in einem Lande, in dem Scheck- und Abrechnungsverkehr eine so große Rolle spielen, durch Bankfilialen diesen Verkehr zu unterstützen, hat unter der Wirkung der Konkurrenz zu dem Resultat geführt, daß „heute die Zahl der Bankfilialen eine zum Teil weit über das Bedürfnis hinausgehende ist und gerade in den letzten Jahren zu einer Verschärfung der Konkurrenz geführt hat, deren Fortdauer nicht nur die Rentabilität, sondern auch die Sicherheit der Banken ungünstig zu beeinflussen droht".[2] Theoretische Erwägungen sowie Vergleiche aus der englischen Praxis zwingen sonach dazu, die am Anfang dieser Erörterung gestellte Frage zu verneinen und die gesetzliche Organisation des Depositenwesens in der äußeren Form einer zentralistischen Reichsdepositenbank zu verwerfen.

2. Einwirkung der Reichsdepositenbank auf die Kreditverhältnisse.

a) Unter der Voraussetzung eines aktiven Widerstandes der Kreditbanken.

Wenn die Hauptaufgabe der Kreditbanken im Kreditnehmen besteht, um Kredit geben zu können, so muß notwendig diese letztere Fähigkeit herabgemindert werden, falls die Möglichkeit des Kreditnehmens eingeengt wird. Diesen Zweck aber verfolgt ein Reichs-, depositengesetz mit Hilfe der zu gründenden Reichsdepositenbank, um die Depositengelder, die bisher das Hauptobjekt des von den Banken genommenen Kredites waren, in andere Bahnen zu lenken.

Ist nun überhaupt aus irgenwelchen Gründen eine Änderung in dem Kreditgeschäft, wie es von den Kreditbanken gehandhabt wird, wünschenswert oder notwendig und ist, falls irgendwelche Mängel zu beseitigen sind, das gewählte Mittel geeignet, die erstrebte Besserung herbeizuführen?

Zur Beantwortung der ersten Frage sei daran erinnert, daß in der Tat gewisse Erscheinungen auf dem Geldmarkt, namentlich eine Kreditüberspannung, deren mittelbare Folge die abnorme „In-

[1] Jaffé, S. 276.

[2] Ders., S. 275.

anspruchnahme" der Reichsbank war, zurückzuführen sind auf Mängel in der Organisation des Kreditverkehrs, deren Beseitigung als besonders dringend erkannt wurde.

Vor Beantwortung der zweiten Frage ist zunächst zu bedenken, daß der eigentliche Zweck eines Reichsdepositengesetzes (nach Warschauer) die unbedingte Sicherstellung der Depositengelder ist, und die Kreditorganisation zwar notwendigerweise, aber nur mittelbar beeinflußt werden soll. An dieser Stelle interessieren uns indessen gerade jene vielleicht unbeabsichtigten Nebenwirkungen, wie sie mutmaßlich hervorgerufen würden.

Die Beeinflussung der Kreditorganisation kann sich vollziehen unter gleichzeitiger Opposition der Großbanken oder ohne eine solche; der ersteren Annahme und den sich daraus ergebenden Folgerungen kommt eine größere Wahrscheinlichkeit und höhere Bedeutung zu.

1. Fall. Die „Kreditüberspannung", die in ihren Folgen die schwierige Lage der Reichsbank im Frühjahr 1912 vergrößerte, haben wir erkannt als die Rückwirkung einer nicht immer bankmäßigen Verwendung kurzfristiger Gelder vorwiegend im Interesse industrieller Unternehmungen, in denen sie zu Unrecht in Anlagekredite umgewandelt wurden. Dieser Vorgang ist ursächlich begründet in einer jede Hochkonjunktur begleitenden, allzuraschen wirtschaftlichen Entwicklung, die eine „gesteigerte Intensität der Ausnutzung aller verfügbaren Kapitalien" mit sich bringt.[1] Da geeignete Institute zur Vermittlung langfristigen industriellen Kredits fehlen, so sind seine üblen Folgen nicht in vollem Umfang auf das Konto der Banken zu setzen. Dennoch sind diese Folgen wesentlich verschärft worden durch die „gegenseitige Eifersüchtelei und Konkurrenz der Banken, die leider bei der Frage übermäßiger Kreditgewährung an Kunden ebenfalls eine Rolle spielt".[2] Was für den langfristigen, gilt in gleicher Weise für den kurzfristigen Kredit, indem die Expansion der Großbanken seine berufenen Träger, besonders die Privatbankiers für den Personalkredit, immer mehr verdrängt.

Wir haben oben darzustellen versucht, daß die Errichtung einer Reichsdepositenbank eine Zunahme der Bankenkonzentration und damit eine Verstärkung aller ihrer Mängel zur Folge haben müsse; daß im besonderen die zur Durchführung eines Konkurrenzkampfes zwischen Großbanken und Reichsdepositenbank allerorten gegründeten Filialen die weniger leistungs- und widerstandsfähigen Elemente des Bankiergewerbes zwischen den „Mühlsteinen beider Parteien" zermahlen würden. Nun hat die Wirtschaftspolitik gewiß nicht die Auf-

[1] In einer auf dem IV. deutschen Bankiertag im September 1912 angenommenen Resolution heißt es u. a.: „Der vierte Allgemeine deutsche Bankiertag erblickt die Ursache der zeitweisen übermäßigen Inanspruchnahme der Reichsbank... 3. in der gesteigerten Intensität der Ausnützung aller verfügbaren Kapitalien, die notwendigerweise in der Haltung relativ geringer Barreserven zum Ausdruck kommt, während sie auf der anderen Seite die großen wirtschaftlichen Fortschritte der letzten Jahrzehnte geschaffen hat."

[2] Schwarz, a. a. O., S. 125.

gabe, alles in seiner einmal bestehenden Form zu erhalten. Indessen wäre ein derartiges Ergebnis volkswirtschaftlich doch nur dann zu billigen, wenn erwiesen wäre, daß jene besonders gefährdeten Klassen tatsächlich eine Existenzberechtigung nicht mehr haben, und daß die an ihre Stelle tretenden Großbank- oder Reichsdepositenbank-Filialen deren besondere Aufgaben — die Kreditgewährung an den gewerblichen Mittelstand wie die Beratung in allen Vermögensverwaltungsangelegenheiten — in befriedigender Weise übernehmen könnten. Beides wäre — zurzeit jedenfalls — nicht der Fall. Der geplanten Reichsdepositenbank, deren Kreditgewährungsfähigkeit an sich beschränkt ist, ist jede Personalkreditgewährung, d. h. der reine Blankokredit untersagt, und die Mängel, die das Großbank-Filialsystem[1] zurzeit aufweist, lassen die Filialen nicht als geeigneten Ersatz der Privatbankiers erscheinen. In einer Besprechung des im September 1912 stattgefundenen IV. deutschen Bankiertages sagt mit Bezug auf die Frage der Existenzberechtigung des Privatbankiers der Deutsche Ökonomist[2]: „Gleichwohl halten wir die Erhaltung eines soliden und kräftigen Privatbankierstandes, auch vom allgemeinen volkswirtschaftlichen Standpunkt aus betrachtet, für durchaus erwünscht. Denn er bildet immerhin ein Gegengewicht gegen die allzu ausschließliche Kapitalkonzentration bei den Großbanken und damit auch gegen eine hypertrophische Entwicklung der großindustriellen Unternehmen, denen die Kredite der Großbanken ja aus leicht erklärlichen Gründen in erster Linie zur Verfügung stehen".

Wohl würde die vollständige Unterdrückung des Privatbankierstandes unter den angenommenen Umständen durchaus nicht gleichbedeutend sein mit einem völligen Ausfall von Kreditgewährung an den gewerblichen Mittelstand. Im Gegenteil! — und darin liegt gerade das Hauptübel der wahrscheinlichen Weiterentwicklung — die bisherige Entwicklung bei uns, deren Tendenzen durch den zu erwartenden Konkurrenzkampf verschärft würden, sowie ähnliche Vorgänge in England lassen darauf schließen, daß die Kreditgewährung auch an Kleinindustrielle und Handwerker, die nach einem bei Schwarz[3] mitgeteilten Artikel einer Berliner Zeitung aus dem Jahre 1909 schon damals eine ungesunde Höhe erreicht hatte, noch ganz anderen Umfang annehmen würde. Darin würde dann die Verschlechterung der Kreditverhältnisse gegenüber den heutigen Zuständen liegen,

---

[1] Vgl. S. 60ff. über „Depositenkassen".

[2] „Deutscher Ökonomist" Nr. 1549 vom 7. 9. 1912.

[3] Über die Entstehung der Akzeptkredite heißt es dort: „Der Kleinkaufmann, der Handwerker, die sich bisher mit geringen Mitteln behelfen mußten, bekommen relativ bedeutende Kredite eingeräumt, die aus dem Handwerker einen Fabrikanten, aus dem Inhaber einer Schneiderwerkstatt einen Konfektionär machen. Die Depositenkasse diskontiert die Akzepte des Kreditnehmers und schreibt ihm den Gegenwert, den er erst nach und nach abhebt, auf Depositenkonto gut ... Das Schlimme ist nur, daß die forcierte Unwandlung handwerksmäßiger Betriebe zu Fabrikbetrieben das Wechselmaterial in erschreckender Weise vermehrt und die bedrohlichen Belastungen der Reichsbank, die Verengung des Geldmarktes herbeiführt."

wenn die wachsende Quantität der gewährten Kredite ihre abnehmende Qualität ersetzen soll!

Und wie steht es damit in England?

Gab es vor der etwa um die Mitte des vorigen Jahrhunderts einsetzenden Bankenkonzentration eine „Konkurrenz im gewöhnlichen Sinne des Wortes" nicht, so hat die Konzentration besonders in der Gegenwart nach völliger Verdrängung des Privatbankiers durch Filialbildung im größten Stil zu einer derartig übertriebenen Konkurrenz geführt, daß unter ihrer Wirkung die Qualität der Kreditgeschäfte bedenklich herabgemindert ist.[1] Wenn Weber[2] bereits 1902 auf Grund der Tatsache, daß die Qualität der Effektenportefeuilles der englischen Depositenbanken gegen früher bedeutend abgenommen hat, schrieb: „Die Vermutung liegt ja auch nahe genug, daß man sich in einer Zeit, in der man die traditionelle Bankpraxis soweit verlassen hat, Minenaktien und Versicherungspolizen zu lombardieren, auch im übrigen nicht allzusehr durch die „Überlieferung" beeinflussen läßt", so wird die Richtigkeit seiner damaligen Annahme bestätigt durch die Worte Jaffés[3] über den gegenwärtigen Zustand: „....heute hat die wachsende Konkurrenz und die immer wiederholte Nachfrage nach Geld gegen solche Unterlage (gemeint sind hier afrikanische Minenaktien) dazu geführt, daß derartige Geschäfte allgemein gemacht werden, und zwar nicht nur Darlehen gewährt werden auf Minenpapiere, die in der offiziellen Liste der Fondsbörse regelmäßig quotiert werden, sondern auch auf solche, die einer Quotierung noch entbehren."

Aus allen diesen Erwägungen und Beispielen müssen wir eine allgemeine Verschlechterung der Kreditverhältnisse annehmen, die möglicherweise in eine chronische Kreditüberspannung ausarten kann und mit der mutmaßlich eine wenigstens gewisse Erwerbskreise treffende Verteuerung des Kredits Hand in Hand gehen dürfte. In diesem letzteren Punkte würden sich — wie das heute ja bereits der Fall ist — die deutschen und englischen Verhältnisse aus Gründen der inneren Verschiedenheit beider Kreditorganisationen gänzlich unterscheiden. In England hatte man (nach Jaffé a. a. O., S. 283) als Folge der Konzentration eine „Monopolbildung der Banken" und als deren wahrscheinliche Begleiterscheinung eine allgemeine Steigerung der Darlehnsraten bei gleichzeitiger Herabsetzung der Depositenzinsen befürchtet. Entgegen dieser Befürchtung hat „gerade die Konzentration in Verbindung mit der Ausdehnung des Filialsystems zu einer so scharfen Konkurrenz geführt, daß die Darlehnssätze, anstatt zu steigen, im Fallen begriffen sind, und daß die sonstigen Vorteile für das allgemeine Publikum in jeder Hinsicht größer statt kleiner geworden

[1] Jaffé (a. a. O., S. 275) sagt darüber: „In vielen Distrikten, wo für ein oder zwei Filialen Platz wäre, reißen sich vier oder fünf um die Geschäfte; sie kommen dadurch in die Versuchung, zweifelhafte Kundschaft zu nehmen und Vorschüsse auf ungeeignetes Unterpfand zu machen."

[2] Weber, a. a. O., S. 176.

[3] Jaffé, a. a. O., S. 123.

sind".[1] Aus zwei Gründen, die sich für das deutsche Banksystem nicht geltend machen lassen und daher gleichartige Wirkungen nicht erwarten lassen, können die englischen Depositenbanken solche für das Publikum günstigen Sätze im Kreditverkehr anwenden. Einmal verlangt das nicht nur relativ, sondern auch absolut sehr minimale dividendenberechtigte Eigenkapital der englischen Depositenbanken[2] nur geringe Beträge vom Reinertrag zur Verzinsung; zum andern pflegen die eigentlichen Depositen (deposit accounts) nur sehr niedrig[3], die Guthaben in laufender Rechnung (die current accounts) gar nicht verzinst zu werden. Man wird als ein weiteres, in der englischen Volkswirtschaft begründetes, in jenem Sinne wirksames Moment anführen können, daß nahezu ausnahmslos zu jeder Zeit der offizielle Bankdiskont in England, nach dem jene Sätze geregelt werden, niedriger ist als der Diskontsatz der deutschen Reichsbank.

Wenn demgegenüber bei uns schon „der heutige starke Wettbewerb um die Depositengelder den Depositenzinsfuß in die Höhe treibt und die Banken wieder zwingt, Geschäfte aufzusuchen, die einen höheren Zinsgenuß in Aussicht stellen"[4], so ist mit Sicherheit anzunehmen, daß unter der Einwirkung der Konkurrenz zwischen Reichs-Depositenbank und Großbanken diese Entwicklung, deren schädliche Wirkungen namentlich die kapitalschwächeren Institute und Privatbankiers fühlen und deren Rückbildung daher von dieser Seite gefordert wird[5], nur gesteigert werden könnte. Wenn ein solches Ergebnis nicht einmal im Interesse der Deponenten liegen würde, da ja der höhere Zinsgenuß mit dem gleichzeitigen Verzicht auf hinreichende Sicherheit der Bareinlagen erkauft wäre, so dürfte dessen Kehrseite — die aus der Verteuerung des genommenen Kredits resultierende Verteuerung des gewährten Kredits — die Interessen der Kreditbegehrenden, besonders der erwerbtätigen Mittelklassen, schwer schädigen. Vollends wird eine derartige Kreditverteuerung für diese Klassen Platz greifen müssen, wenn die Bestimmung des Reichsdepositengesetzes, die selbst den Kreditgenossenschaften, den Vermittlern des kleingewerblichen Kredits, die Depositenannahme beschränkt oder versagt (§ 4 des Gesetzes), erfüllt würde und ein geeigneter Ersatz für diese nicht vorhanden ist. Auch in England, wo der Privatbankier fast vollständig verdrängt ist, sind die großen Banken nicht imstande, die durch sein Verschwinden im Kreditverkehr entstandene Lücke auszufüllen. Ist nun aber gegen-

[1] Jaffé, a. a. O., S. 283.
[2] Ders., a. a. O., S. 292.
[3] Für die Jahre 1895—1900 nimmt Weber (a. a. O.) als Durchschnitts-Verzinsung der Depositen in Deutschland mindestens 3%, in England nur 1,45% an.
[4] Aus: Franz, R., Die deutschen Banken im Jahre 1911.
[5] So heißt es z. B. in einer vom IV. Allgem. Deutschen Bankiertag angenommenen Resolution: „Der Bankiertag spricht sich auch im Interesse der Erhaltung eines kräftigen Privatbankierstandes für die Förderung aller Bestrebungen aus, welche auf die Schaffung und Sicherung angemessener Geschäftsbedingungen im Bankverkehr .... gerichtet sind."

über England bei uns, wo eine ähnliche Zurückdrängung des Privatbankiers zum Teil eingesetzt hat, durch „die glänzende Entwicklung des Genossenschaftswesens, dem in England nichts Gleichwertiges an die Seite gestellt werden kann, wenigstens ein Teil dieser Lücke wieder geschlossen“,[1] so wäre es u. E. ein unverantwortliches Beginnen, mit Absicht die weitere Entwicklungs- oder gar Existenzfähigkeit dieser Erwerbskreise zu untergraben. Ein Reichsdepositengesetz würde aber in dieser Richtung wirken.

b) Unter der Voraussetzung eines nur passiven Widerstandes.

Wie bei den Erörterungen über die Einwirkung der Reichsdepositenbank auf die äußere Bankorganisation wird man auch unter der Annahme, daß irgendwelche direkte Gegenmaßregeln von den Banken nicht ergriffen werden, auf mutmaßliche Wirkungen der Einschränkung und Entziehung von Depositengeldern schließen können. Das Depositengesetz der Banken hat sowohl die geschäftliche Tätigkeit, als auch die Rentabilität der Banken in günstigem Sinne beeinflußt. Da die Rentabilität der Banken auch vom volkswirtschaftlichen Standpunkt von Bedeutung ist und im Zusammenhang steht mit dem Depositengeschäft, dessen Änderungen danach auf sie einwirken, so werden den weiteren Betrachtungen ihre Resultate zugrunde zu legen sein.

Am Schlusse seiner Betrachtungen über die Gesamtresultate der deutschen Kreditbanken kommt Riesser (a. a. O., S. 379) zu dem Ergebnis, daß „bei den einzelnen Banken die Höhe der Dividenden mit der Ausdehnung des laufenden Geschäfts und deren Stetigkeit mit der Ausdehnung des regelmäßigen Depositengeschäfts zu wachsen pflegt.[2] Die folgenden Zahlen mögen die Dividendenentwicklung[3] illustrieren.

Es betrugen die Durchschnittsdividenden[4]

1885:	bei 71	Banken	6,41 %	1892:	bei 94	Banken	5,80 %
1886:	„ 71	„	6,43 %	1893:	„ 93	„	5,72 %
1887:	„ 71	„	6,53 %	1894:	„ 96	„	6,49 %
1888:	„ 71	„	7,79 %	1895:	„ 94	„	7,61 %
1889:	„ 93	„	8,77 %	1896:	„ 98	„	7,66 %
1890:	„ 92	„	7,60 %	1897:	„ 102	„	7,63 %
1891:	„ 95	„	6,11 %	1898:	„ 108	„	7,86 %

[1] Jaffé, a. a. O.,S . 284.

[2] Warschauer sagt in bezug auf die Beeinflussung der Rentabilität durch das Depositengeschäft: „Eine wesentliche Steigerung der Rentabilität ist durch denselben (d. h. den Depositenverkehr) äußerlich nicht erkennbar.“ Dazu ist zu bemerken, daß Warschauer hierbei nur die Zahlen von 5 Großbanken berücksichtigt hat, und daß ferner die erkennbare Entwicklung in der oben behaupteten Richtung in der Tat erst in den letzten 10 Jahren — also nach der Veröffentlichung des Warschauerschen Aufsatzes — voll zum Ausdruck gekommen ist.

[3] Über die Entwicklung des Depositengeschäfts waren oben (S. 8) nähere Angaben gemacht.

[4] Nach Robert Franz, Die deutschen Banken im Jahre 1911.

1899: bei 116	Banken	8,12 %		1906: bei 143	Banken	7,88 %
1900: „ 118	„	7,19 %		1907: „ 158	„	7,45 %
1901: „ 125	„	5,66 %		1908: „ 169	„	7,41 %
1902: „ 122	„	6,19 %		1909: „ 168	„	7,68 %
1903: „ 124	„	6,59 %		1910: „ 165	„	7,75 %
1904: „ 129	„	7,25 %		1911: „ 158	„	7,84 %
1905: „ 137	„	7,75 %				

Wenn nun auch diese Stetigkeit der Dividenden nicht allein dem regulären Bankgeschäft, sondern daneben einer gewissen, auch die Reserven[1] zur Dividendenausschüttung mit heranziehenden „Dividendenpolitik" zu verdanken ist, so zeigt das Beispiel der englischen Depositenbanken, daß in der Tat das Depositengeschäft auf die Rentabilität der Banken einwirkt. Da zudem die englischen Banken reine Depositenbanken sind, kommt bei ihnen diese Einwirkung noch stärker zum Ausdruck sowohl in bezug auf Höhe wie Stetigkeit der Dividenden. So betrug nach einer bei Jaffé (a. a. O., S. 366) mitgeteilten Tabelle die Durchschnittsdividende der großen englischen Depositenbanken in den Jahren 1892—1909: 15,7 % — die Dividende in einzelnen Fällen für 1 Jahr 22 % —, und die Stetigkeit dokumentierte sich durch ein Gleichbleiben des Dividendenbetrages in einzelnen Fällen bis zu 11 Jahren! Doch sind auch hier Einschränkungen zu machen. Die Höhe dieser Sätze wird nur ermöglicht durch das Zusammentreffen verschiedener günstiger Momente: Relativ niedrige Beträge der eingezahlten Aktienkapitalien, auf die allein die Dividende berechnet wird, gestatten bei sehr hohen Umsätzen und sehr hohen Reserven, deren Erträgnisse zur Dividende nicht beitragen, die Festsetzung solcher wenigstens scheinbar[2] hohen Dividenden. Die Stetigkeit der Dividenden beruht zwar hauptsächlich auf der ausschließlichen Pflege des regulären Bankgeschäfts, ist aber daneben die Folge einer streng befolgten Dividendenpolitik, deren Ziel (nach Jaffé, a. a. O., S. 375) die Festsetzung eines „auch in ungünstigen Zeiten sicher zu erreichenden und dann so weit als irgend möglich festzuhaltenden" Satzes ist.

Doch ändern diese Einschränkungen nichts an der Tatsache, daß das reguläre Bankgeschäft im ganzen, im besonderen das Depositengeschäft, auch bei den deutschen Banken die Rentabilität günstig beeinflußt. Wir werden daher umgekehrt zu dem Schlusse berechtigt sein, daß eine plötzliche Änderung in der Geschäftsgebarung der Banken, wie sie die Einschränkung des Depositengeschäftes mit

---

[1] An derselben Stelle (Franz, R.) lesen wir hierüber: „Im Durchschnitt ist also in den letzten Jahren mehr als $1^1/_4$ % Dividende durch die Reserven beigetragen worden, und es ist im allgemeinen eine steigende Tendenz des Beitrags der Reserven zu der Dividende zu konstatieren."

[2] Die tatsächliche Verzinsung der Aktien beträgt in Anbetracht der (nach Jaffé) „viel zu hohen Kurse" jedoch nur 4—$5^1/_2$ %. Dagegen betrug vergleichsweise (nach Riesser, S. 818) „das durchschnittliche Dividendeneinkommen eines Aktionärs der deutschen Kreditbanken für die letzten 10 Jahre (1900—1910) 6,70 %".

sich bringen würde, eine Verschlechterung der Rentabilität zur Folge haben müßte.[1]

Ist der wahrscheinliche Rückgang der Rentabilität der Banken zwar zunächst nur vom privatwirtschaftlichen Standpunkt zu bedauern, so liegt die Vermutung doch nahe, daß sich auch für die Volkswirtschaft aus ihm nachteilige Folgen ergeben könnten. Die gewaltige Zahl der in Betracht kommenden Unternehmungen sowie ihre auch in Einzelfällen hohe allgemeine Bedeutung berechtigen zu solcher Annahme.

In welcher Richtung könnten sich die mutmaßlichen Folgen bewegen? Haben wir den Fall gesetzt, daß von seiten der Banken direkte Gegenmaßregeln nicht ergriffen würden, so ist die Annahme naturgemäß, daß die Banken bestrebt sein werden, solche durch Einengung, wenn nicht gar Unterbindung des Depositengeschäfts drohenden Rückgänge in Umsatz und Gewinn durch erhöhte Umsätze und Gewinne auf anderen Konten auszugleichen, um ihre relativ hohen Kapitalien dauernd genügend verzinsen zu können. Bedenkt man nun, daß bei der Konkurrenz der ausschließlich das reguläre Bankgeschäft betreibenden Reichsdepositenbank als Ersatz für das ausfallende Depositengeschäft nur das irreguläre Bankgeschäft, das Emissions-, Gründungs- und eigentliche „Spekulationsgeschäft", d. h. die Börsenspekulation — übrig bleibt, so wird man nicht umhin können, eine Umwandlung des gemischten Kreditbanksystems in ein solches mit vorwiegend fast reinen Effektenbanken annehmen zu müssen. Warschauer (a. a. O., S. 480), der die Möglichkeit einer solchen Entwicklung andeutet, glaubt ihre Wirkungen in bezug auf die Banken mit den Worten erledigen zu können, daß die Banken bei der „bisher bewiesenen Rührigkeit" sich wohl „anderweitige, vielleicht ergiebigere Operationsgebiete zu erschließen" verstehen würden. Doch steht dem die Befürchtung entgegen, daß bei den heutigen schon sehr zugespitzten Konkurrenzverhältnissen zwischen Großbanken und Privatbankiers, sowie selbst zwischen den Großbanken unter einander die Aussichten auf derartige „ergiebigere Neuerschließungen" sehr gering sein würden. Volkswirtschaftlich würde eine solche Veränderung umso bedauerlicher sein, als sie für die „Effektenbanken" einen Rückfall in einen überwundenen Zustand bedeuten würde und möglicherweise dessen nachteilige Wirkungen wieder herbeiführen könnte. Vor der systematischen Pflege des laufenden, also auch des Depositengeschäfts, d. h. in der ersten Epoche des Bankwesens (nach Riesser etwa 1848—1870), waren die Kreditbanken mehr oder weniger „Spekulationsbanken", die — bei Anerkennung aller ihrer Verdienste um die Förderung einzelner Zweige der Volkswirtschaft — durch ihre Teilnahme an den jedes vernünftige Maß überschreitenden Gründungen, vor allem auf den Gebieten des Eisenbahnwesens

[1] Auch Warschauer sagt darüber: (a. a. O., S. 451) „Würde jedoch der Depositenverkehr vollständig ausscheiden, so dürfte bei der Mehrzahl der genannten Banken wohl ein Rückgang der Dividende erfolgen."

und der Montanindustrie zur Verschärfung der Krisis von 1857 sowie später 1873 beigetragen haben. Indes ist doch im Laufe einer 40jährigen Entwicklung in dem ganzen Geschäftsgebaren dieser Banken eine Wandlung eingetreten. Überwog damals mitunter das irreguläre (Gründungs- und Emissionsgeschäft) das laufende Geschäft, so ist es im Laufe dieser Entwicklung „in etwa dem Maße in den Hintergrund getreten, in welchem das reguläre Bankgeschäft in den Vordergrund gelangt ist“[1]. Sie haben sich — und das gilt besonders von einzelnen gegenwärtigen Großbanken,[2] die zum Teil in jener Epoche bereits bestanden haben — soweit von „Spekulationsbanken“ im engeren Sinne entfernt, daß „ihre Aktien denn auch schon seit langer Zeit als beliebte Anlagepapiere in Kapitalistenkreisen geschätzt werden“[3]. Eine plötzliche und dauernde Unterbrechung dieser neuerdings eingeschlagenen Entwicklung müßte zur Herausbildung eines dem gegenwärtigen englischen ähnlichen Systems bei uns führen. Würde das eine Verbesserung des jetzigen Zustandes bedeuten?

Gegenüber dem von Warschauer bei Aufstellung seines Gesetzentwurfs verfolgten Bestreben, bei Gelegenheit dieses gesetzlichen Eingriffs das deutsche Banksystem nach dem englischen Muster umzugestalten, ist sowohl in der Literatur wie auch in der Bankenquete als schwerstwiegendes Bedenken der Einwand erhoben worden, daß es ein sehr gewagtes Beginnen wäre, ein fremdes Kreditsystem, das in fremdem Lande unter besonderen Bedingungen geschichtlich geworden ist, ohne weiteres auf ein anderes Land mit anderen Verhältnissen übertragen zu wollen. Es ist ferner zu bedenken, daß das englische System neben großen Vorzügen auch schwere Mängel aufweist, die möglicherweise mit übertragen werden könnten.

Als seine Hauptmängel wird man ansehen können: die indirekte Verbindung der Depositenbanken mit der Fondsbörse, d. h. der Spekulation,[4] in bezug auf die Träger des irregulären Bankgeschäfts (besonders die Finanz- und Trustgesellschaften), u. a. den „gerade in England weit verbreiteten Schwindel bei Gründungen von Aktiengesellschaften,[5] schließlich in bezug auf die Bank von England wie überhaupt auf die Kreditorganisation als Ganzes das herrschende „Einreservesystem“.

Von vornherein wird man glauben können, daß ähnliche Erscheinungen bei einer vom Staate geleiteten und beaufsichtigten

---

[1] Riesser, a. a. O., S. 182.

[2] Gelegentlich einer Betrachtung der Rentabilität und Sicherheit der Großbanken stellt Dr. H. Nicklisch (in Zeitschrift für Handels-Wiss. und Handels-Praxis April 1911) fest: „Als Banken, die vorwiegend das laufende Geschäft, das reguläre Bankgeschäft, pflegen, lassen sich ohne weiteres die Deutsche und auch die Dredsner Bank erkennen, seit 1901 auch die Diskontogesellschaft. Auch die Kommerz- und Diskonto-Bank wird infolge ihres Schaubildes hierher gerechnet werden müssen.“

[3] „Deutscher Ökonomist“: Franz, Die deutschen Banken im Jahre 1911, S. 550.

[4] Weber, a. a. O., S. 112. Jaffé, a. a. O., S. 122.

[5] Weber, a. a. O., S 179

Reichsdepositenbank ausgeschlossen sind. An ihrer Sicherheit und Solidität wird man nicht zweifeln wollen. Aber wie steht es mit ihrer Rentabilität?

Solange die Bank keine Staatsbank ist und keine „Wohltätigkeitsanstalt" sein soll, wird sie auf die Erzielung eines genügenden Reingewinnes bedacht sein müssen. Im Depositenverkehr aber spielt eine große Rolle ein psychologisches Moment: das Vertrauen der Einleger. Die Erfahrung hat gezeigt, daß diejenigen Banken, die in bezug auf Höhe der Kurse ihrer Aktien und der Dividendenergebnisse mit besonders hohen Zahlen aufwarten können, dort, wo der Einleger die Wahl hat, im allgemeinen bevorzugt werden. Aus diesem Umstand erklärt sich zum Teil das Anwachsen der Depositen bei den Großbanken. Wenn nun zwar die Reichsdepositenbank ihre besondere Verfassung als ein derartiges im gleichen Sinne wirkendes Moment anführen kann, so würden voraussichtlich gerade die Konkurrenzverhältnisse, unter denen auch sie zu leiden haben würde, heute eine derartig glänzende „Rentabilität", wie sie Warschauer (allerdings 1904) glaubte voraussagen zu dürfen,[1] unmöglich machen. Erschwerend für die Reichsdepositenbank würde ferner die Vorschrift wirken, daß sie in der Bewilligung von Depositenzinsen über einen Satz von $3\,^1/_2\,^0/_0$ überhaupt nicht hinausgehen soll. Es ist u. E. weiter unberechtigt, der Rentabilitätsberechnung der Reichsdepositenbank einige Zahlen englischer Depositenbanken gegenüber zu stellen. Hier ist ein Punkt, wo die Wesensverschiedenheit beider Volkswirtschaften eine einfache Vergleichung nicht gestattet. Während nämlich den englischen Depositenbanken von der Bevölkerung namhafte Guthaben (current accounts und deposit accounts) fast zinslos überlassen werden, würden einer Reichsdepositenbank in dem im ganzen ärmeren Deutschland derartige gering verzinsliche Beträge kaum zu Gebote stehen. Dazu kommt, daß die Reichsdepositenbank verpflichtet sein soll (Warschauer, S. 477), einen „dauernden baren Kassenbestand von $10\,^0/_0$" der durchschnittlich fälligen Depositen zu halten, was nicht gerade zur Erhöhung der Rentabilität beitragen kann, während vergleichsweise die englischen Depositenbanken, die (nach Jaffé) einen relativ sehr niedrigen baren Kassenbestand halten, auch in dieser Beziehung besser gestellt sind.

Es soll jedoch mit diesen Ausführungen die Rentabilität an sich nicht bezweifelt werden. Ihre etwaige tatsächliche Entwicklung würde im besonderen abhängen von dem effektiven Betrag der Bareinlage und dieser wieder von dem Verhalten der übrigen Banken, also von zwei im Voraus nicht zu berechnenden Vorgängen.

2. Wird man die Solidität der geplanten Reichsdepositenbank von vornherein für unzweifelhaft halten müssen, so glauben wir aus der

---

[1] Die von Warschauer unter der Annahme einer Gesamt-Bareinlage von 1 Milliarde Mark errechnete wahrscheinliche Durchschnittsdividende von $21-22\,^0/_0$ wird, ebenso wie der Betrag der Einlage selbst allgemein für ganz unwahrscheinlich gehalten (Riesser, S. 464, Bankenquete. Stenogr. Berichte, S. 103).

unter den gemachten Voraussetzungen vollzogenen Bankentrennung eine Verschlechterung der Qualität der übrigen Kreditbanken folgern zu sollen.

Auch für die Begründung dieser Annahme ist eine einfache Parallele zwischen deutschen und englischen tatsächlichen Zuständen, deren Ursachen zum Teil auf grundsätzlichen Verschiedenheiten gewisser Einrichtungen beider Länder beruhen, nicht ohne weiteres zulässig.

Der erwähnte Gründungsschwindel in England, der eine ähnliche Ausbreitung erlangt zu haben scheint wie die (mit den Geldern der Depositenbanken betriebene) Börsenspekulation,[1] wird nur ermöglicht durch ein sehr unzureichendes Aktienrecht, dessen Mängel von den „Gründern" in gewissenloser Weise besonders für die Interessen der Minenspekulation ausgebeutet worden sind.[2]

Derartige schwindelhafte Vorgänge sind in Deutschland, obwohl das Vorkommen unsolider Gründungen nicht geleugnet werden soll, wegen der strengeren Gesetzesbestimmungen undenkbar. Doch liegt die Annahme sehr nahe, daß unter dem Druck der veränderten Verhältnisse die Sorge um die Erhaltung der Rentabilität, d. h. letzten Endes der eigenen Existenz — die deutschen Kreditbanken wieder mehr der Pflege riskanter Geschäfte, besonders einer „Forcierung des Emissionsgeschäftes"[3] zutreiben dürfte. Liegt hierin selbst für diejenigen, denen dieser Emissionskredit zugute kommt, nicht immer ein Segen, so bewirkt diese Forcierung der spekulativen Geschäfte nicht nur die Verschlechterung der Qualität der Banken, sondern wegen der gleichzeitigen Herausbildung einseitiger „Gründungs"- oder „Spekulations"-Banken auch eine Verschlechterung des Systems. „Die Spekulationstätigkeit" — so sagt Weber (a. a. O., S. 256), „insbesondere das Emissionsgeschäft scheint mir aber erst dadurch vernünftiger Zweck eines soliden Aktienunternehmens zu werden, daß sie sich mit dem regulären Bankgeschäft verbindet". Daß außerdem eine maßvolle Verbindung des regulären mit dem spekulativen Bankgeschäft selbst in kritischen Zeiten den gemischten Instituten gegenüber den „reinen" Banken eine gewisse „Solidität und Stabilität" verleiht, hat sich in der Krisis von 1901/02 gezeigt, aus der die deutschen Kreditbanken den englischen Depositenbanken gegenüber mit „am Ende recht geringen Verlusten hervorgegangen sind". Dieser letztere Umstand hat „viel dazu beigetragen, die Anhänger der absoluten Arbeitsteilung zwischen

---

[1] Darüber führte Jaffé auf dem III. A. D. Bankiertag u. a. aus: „Nirgends werden so viele schwindelhafte Gründungen lanciert als an der Londoner Fondsbörse, nirgends hat das Publikum so enorme Summen verloren als gerade hier." (Zitiert bei Riesser, a. a. O., S. 445.)

[2] Weber, a. a. O., S. 179ff.

[3] Schwarz, O., a. a. O., S. 129. „Würde man auf der anderen Seite reine Emissions- und Gründungsbanken errichten, welche keine Depositen annehmen, sondern nur mit eigenem Kapital und Reserven zu arbeiten haben, so liegt namentlich die Gefahr vor, daß diese nunmehr das Emissionsgeschäft zu sehr forcieren, um ihr hohes Kapital genügend verzinst zu erhalten. Das würde gerade vom allgemeinen volkswirtschaftlichen Standpunkt wieder zu beklagen sein."

Depositenbanken einerseits und Effektenbanken andererseits stutzig zu machen".

Die erhöhte Bewilligung von Kredit bedeutet selbst für die Empfänger — also in erster Linie die Industrie — nicht immer einen Segen. Es ist bisher auch von Gegnern unseres Banksystems die Unterstützung und Förderung der deutschen Industrie trotz der vorgekommenen Mißgriffe als ein großes Verdienst der deutschen Kreditbanken anerkannt worden. Fraglich bleibt, ob die Art und Weise, wie möglicherweise nach jener Bankentrennung die „Finanzierung" und „Kreditierung" der Industrie vor sich gehen würde, als „Verdienst" zu buchen wäre. Mögen vergleichsweise die englischen Depositenbanken durch das fast vollständige „Desinteressement" an der Entwicklung der englischen industriellen Unternehmungen die Sicherheit ihrer Depositen erhöht haben, der Volkswirtschaft haben sie damit, wie jene Vorgänge am Gründungsmarkt zeigen, keinen Dienst geleistet. Man wird aus bereits angeführten Gründen gleiche Folgen für die deutsche Industrie nicht anzunehmen brauchen. Auch ist es fraglich, ob eine gewisse, nicht zu umfangreiche Entziehung von Mitteln für die Industrie selbst unter allen Umständen von Nachteil wäre.[1]

Schon jetzt überschreitet die Kreditgewährung an die Industrie zuweilen das notwendige Maß, und allerlei ungünstige Folgen sind daraus für den Geldmarkt gezeitigt worden. Eine unter den vorausgesetzten Bedingungen etwa eintretende erneuerte Forcierung des Emissions- und Gründungsgeschäfts könnte daher u. E. nur zu einer für die Industrie übermäßigen Verschuldung und unerwünschten Abhängigkeit von den Banken, für diese selbst aber zu einer schweren Gefährdung ihrer Liquidität und Sicherheit führen. Könnte somit eine etwaige Steigerung der zurzeit im allgemeinen zu liberalen Kreditgewährung an die Industrie für diese selbst kaum von großem Nutzen sein, so müßte u. E. eine plötzlich eintretende bedeutende Einschränkung dieser Kredite, wie man sie theoretisch aus der Zentralisation des Depositengeschäfts annehmen muß, die berechtigten Interessen der Industrie und damit auch der Volkswirtschaft schwer schädigen. Doch ist die Verwirklichung dieser zweiten Annahme aus bekanntem Grunde nicht wahrscheinlich. Im ganzen kann somit eine gewaltsame Bankentrennung nicht im Interesse der Industrie liegen, und wir müßten vom Standpunkt der letzteren — und nur von diesem! — für den Fall der Gründung einer Reichsdepositenbank beabsichtigte Konkurrenzgründungen der Großbanken gutheißen. Denn einmal würde durch die Erhaltung der Mittel auch die Leistungsfähigkeit der Industrie gewährleistet, während andererseits die nur formell durchgeführte Trennung in „Depositen"- und „Effektenbanken" wegen der doch tatsächlich vorhandenen Vereinigung beider Ge-

[1] Ein Mitglied der Bankenquete-Kommission (Gontard), der selbst als „Vertreter der Industrie..." an den Sitzungen teilnahm, glaubte wenigstens zu jener Zeit (1908) eine mäßige Einschränkung der Kredite nicht für nachteilig halten zu sollen.

schäftsarten eine ungesunde Forcierung des irregulären Geschäfts zu vermeiden gestattet.

Wir kommen somit zu folgendem Ergebnis:

1. Setzen wir den Fall, daß die Banken gegen die Reichsdepositenbank mit Konkurrenzgründungen vorgehen, so führt dies zu einer allgemeinen Verschlechterung der Kreditverhältnisse und Verteuerung der Kredite, wenn auch das gemischte Banksystem in bezug auf die Kreditbanken selbst erhalten bliebe, was der Bankenorganisation selbst und einzelnen Zweigen der Volkswirtschaft (Industrie) zum Vorteil gereichen würde.

2. Nehmen wir eine durch keinen aktiven Widerstand der Banken beschränkte Wirksamkeit der Reichsdepositenbank an, so führt diese bei gleichzeitiger namhafter Entziehung von Depositen zunächst zu einem allgemeinen Rückgang der Rentabilität der Banken. Daraus könnte sich dann durch die wachsende einseitige Bevorzugung „irregulärer" Geschäfte eine allgemeine Verschlechterung der Qualität der Banken, d. h. eine Umwandlung in mehr oder weniger reine „Spekulationsbanken" ergeben.

3. Reichsbank und Reichsdepositenbank.

In dem Abschnitt „Reichsbank und Großbanken" haben wir die Schwierigkeiten zu schildern versucht, die sich bei der Ausdehnung des heutigen Wirtschaftslebens der Reichsbank, im besonderen ihrer Diskontpolitik, von seiten der Großbanken entgegenstellen. Wir haben gesehen, daß die Ursache der „schweren Last des hohen Zinsfußes", dessen Beseitigung (nach Feiler) „Sinn und Zweck der ganzen Aktion (der Bankenquete) war", in einer steigenden Inanspruchnahme der Reichsbank zu suchen ist, die wiederum im wesentlichen eine Folge des allgemeinen Aufschwungs der deutschen Volkswirtschaft darstellt, wenn auch die wachsende Macht der Kreditbanken zu der Erschwerung der Lage der Reichsbank zu ihrem Teil beigetragen hat. Diese Entwicklung hat bei der Reichsbank zu einem wachsenden Mißverhältnis geführt zwischen den Mitteln, über die sie zur Durchführung ihrer Aufgaben verfügt, und den Anforderungen, die an sie als die letzte Kreditquelle des Landes gestellt werden. So berichtete auf dem IV. deutschen Bankiertag Helfferich[1], daß, während unser Außenhandel in dem Zeitraum 1891—1911 um das $2^1/_2$fache, unsere Kohlengewinnung ebenfalls um das $2^1/_2$fache, die Roheisenproduktion auf das 3fache gestiegen sind, die Zunahme der Mittel der Reichsbank, sowohl der eigenen wie namentlich der Girogelder[2] eine relativ nur geringe gewesen ist. Eine notwendige Folge dieser Erscheinung ist die Steigerung des ungedeckten Notenumlaufs, wie sie ja auch aus dem Diagramm auf Seite 66 hervorgeht. Wenn nun auch die

[1] „Deutscher Ökonomist" Nr. 1552, S. 648.

[2] Der Jahresdurchschnitt der Girobestände der Reichsbank betrug (in Mill. M.): 1898: 473,96, 1900: 512,20, 1902: 575,88, 1904: 534,18, 1906: 574,0, 1908: 648,49, 1910: 648,21. (Aus: Die Reichsbank 1876—1910. Berlin 1912.)

Reichsbank, wie der Herbst 1911 gezeigt hat, zurzeit noch imstande ist, selbst in schwierigen Zeiten erhöhten Anforderungen gerecht zu werden, so ist es freilich nicht ausgeschlossen, daß „die Entwicklung bei weiterem Fortschreiten in der Zukunft doch einmal bedenklich werden kann". In einer Resolution hat der Münchener Bankiertag seine Ansichten über Mittel, die ihm zur „Beseitigung oder wenigstens zur Abmilderung der zutage getretenen Mißstände" geeignet erscheinen, niederlegt. Es ist jedoch nicht unsere Aufgabe, die Frage der Zweckmäßigkeit etwaiger Änderungen der Reichsbankorganisation zu erörtern. Die Wichtigkeit dieser Tatsache jedoch soll die schwerwiegende Bedeutung der die Reichsbank betreffenden Probleme erkennen lassen, zu denen in erster Linie das mutmaßliche Verhältnis zwischen Reichsbank und Reichsdepositenbank gehört, von dem Warschauer meint (a. a. O., S. 479), daß „Rivalitätstendenzen zwischen beiden vollständig ausgeschlossen erscheinen". Dieses und damit die Berechtigung der Warschauerschen Ansicht zu untersuchen, wird unsere weitere Aufgabe sein.

a) Vergleichung der Geschäftszweige.

Eine etwaige Nebenbuhlerschaft zwischen beiden Banken müßte in erster Linie in den von beiden in gleicher Weise gepflegten Geschäften zum Ausdruck kommen. Demnach würde nur eine freiwillige oder zwangsweise Beschränkung jedes Instituts auf einzelne Geschäftszweige die Gewähr für eine Vermeidung gegenseitiger Rivalität bieten. Zum Beweise, daß diese Bedingung erfüllt sein würde, konnte Warschauer anführen:

„Die Reichsbank nimmt keine verzinslichen Depositen auf, die von ihr vermittelten Effektenkommissionsgeschäfte sind gering, und dem eigentlichen Kontokorrentverkehr steht sie fern." Alle drei Gründe lassen sich auch heute in gleichem Sinne geltend machen. Was zunächst die Annahme verzinslicher Depositen betrifft, die der Reichsbank ja bis zur Höhe ihres Grundkapitals + Reservefonds gestattet ist, so hat die Bank bereits im Jahre 1879 dieses Konto, für dessen Bestände sie „bald keine rechte Verwendung mehr hatte", aufgehoben und seither nicht wieder eröffnet.[1] Erst in jüngster Zeit, als mit der Steigerung der Volkswirtschaft und den wachsenden Ansprüchen an die Reichsbank die Frage akut wurde, ob die ihr zur Verfügung stehenden eigenen und fremden Mittel unter den veränderten Verhältnissen noch ausreichend seien, ist der Vorschlag gemacht worden, die Reichsbank möge das Depositengeschäft[2] (d. h. die Annahme verzinslicher Depositen) wieder aufnehmen. Bekanntlich hat diese Frage auf der Bankenquete zur Erörterung gestanden, wo sie von der Mehrzahl der Mitglieder wesentlich aus folgenden Gründen

[1] Die Reichsbank 1876—1900, S. 72.

[2] Die Annahme unverzinslicher Depositen ist der Reichsbank unbeschränkt gestattet. Aus begreiflichen Gründen spielen aber die dafür in Frage kommenden Beträge (Ende 1911: 554770,90 M.) gar keine Rolle.

verneint wurde: Die Annahme verzinslicher Gelder zwinge die Reichsbank, „in den Markt herabzusteigen", um für geeignete Wiederanlage Sorge zu tragen; diese Notwendigkeit beeinträchtige wegen des damit eingegangenen Risikos die Liquidität des Bankstatus, wie ja schon an sich die Depositenannahme eine Belastung und Verschlechterung des letzteren bedeute.[1] Andererseits bestehe die Gefahr, daß die Reichsbank sowohl passiv wie aktiv zu sehr „Kreditbank" würde, was in Anbetracht ihrer besonderen Stellung und Aufgaben durchaus nicht wünschenswert sei.[2] Daneben haben sich Stimmen für die Wiederaufnahme des Depositengeschäfts erhoben, wenn auch die Gegengründe von ihren Urhebern nicht verkannt wurden.[3] Aus dem Gesagten geht hervor, daß, obgleich die Reichsbank zurzeit auf die Pflege des Depositengeschäfts — und wohl mit Recht — verzichtet, diese Frage damit nicht für immer als erledigt anzusehen ist.[4] Würde die Reichsbank bei oder nach Errichtung einer Reichsdepositenbank ihren bisherigen Standpunkt in dieser Frage beibehalten — und das hat Warschauer offenbar angenommen —, so könnte allerdings in diesem Falle von einer Konkurrenz beider Institute, soweit sie sich auf das Depositengeschäft erstreckt, nicht die Rede sein. Es läßt sich jedoch denken, daß, abgesehen von den bereits genannten Gründen, eine Reichsdepositenbank, d. h. ihre Konkurrenz die Ursache werden könnte, die Reichsbank zur Wiederaufnahme des Depositengeschäfts zu veranlassen. Zweifellos wäre in diesem Falle die Reichsbank, so lange die gegenwärtigen Gesetzesbestimmungen unverändert blieben, der Reichsdepositenbank gegenüber sehr im Nachteil. Wenn auch der Bestand an Depositengeldern bei der Reichsbank über eine gewisse Grenze (gegenwärtig ca. 250 Mill. M.) nicht hinausgehen dürfte und damit die Rivalität gemildert würde, so wäre doch immerhin eine gewisse Konkurrenz vorhanden, und der Ausfall einer derartigen Summe würde auch die Reichsdepositenbank empfindlich treffen.

Es ist nicht möglich, heute zu entscheiden, ob und in welchem Maße diese Voraussetzungen Wirklichkeit werden könnten. Man darf vielleicht sogar vermuten, daß die Reichsbank, die bisher trotz mancher

---

[1] Bankenquete 1908. Stenographische Berichte. Verhandlungen der Gesamtkommission zu den Punkten I—V des Fragebogens; u. a.: Schinckel, S. 213; Riesser, S. 219; v. Gamp, S. 231.

[2] Bankenquete 1908. Kämpf, S. 215.

[3] So machte Fischer (eodem S. 240) dafür geltend: einmal das Moment der großen Sicherheit sowie die Möglichkeit eines Ausgleichs der Geldansprüche an die Reichsbank. Wagner (eodem S. 245) neben dem Moment der Sicherheit der Anlage die Notwendigkeit, daß eine weitergehende Bankverbindung auf Drängen der Kreditbanken (d. h. eine Veranlassung zu spekulativen Geschäften) zu verhindern sei, wobei er besonders an Nichtkaufleute des „leidlich situierten Mittelstandes" dachte.

[4] Selbst v. Lumm sagt darüber (Stellung der Notenbanken..., S. 41): „Immerhin verdient diese sehr komplizierte Frage trotz der nicht unberechtigten Bedenken ernste Beachtung, zumal der Reichsbank die Annahme verzinslicher Depositen schon jetzt bis zur Höhe ihrer eigenen Mittel gestattet ist, der Gesetzgeber also mit der Möglichkeit rechnete, diesen Geschäftszweig, wenn auch zunächst nur in beschränktem Umfange, zu pflegen."

schwierigen Situation ihren einmal eingenommenen Standpunkt nicht verlassen hat, selbst im Fall der Gründung einer Reichsdepositenbank auf ihr Recht verzichten würde.

Ist bezüglich des Depositengeschäfts eine Konkurrenz zwischen Reichsbank und Reichsdepositenbank sehr unwahrscheinlich, so bietet das Effektenkommissionsgeschäft, das in der Tat für die Reichsbank von sehr untergeordneter Bedeutung ist, für eine solche nicht die geringste Veranlassung.

Eigene Grundsätze der Reichsbank[1] und gesetzliche Bestimmungen schränken an sich ihren Effektenverkehr wesentlich ein. Und wenn ihr überdies „die zu einer intensiveren Pflege des Effektengeschäfts erforderliche Beweglichkeit fehlt", so „erstrebt sie andererseits aber auch gar nicht eine Ausdehnung dieses Geschäftszweiges über dasjenige Maß hinaus, in den er sich von selbst und ohne besondere Bemühung bei ihr entwickelt, da er für sie hinter viel wichtigeren Aufgaben weit zurücksteht". Im besonderen der letztgenannte Grund würde jede Veranlassung zu einer etwaigen Rivalität vermeiden lassen.

Das gleiche gilt für das eigentliche Kontokorrentgeschäft, über das sich somit weitere Betrachtungen erübrigen.

Der Auffassung, die Übernahme des Lombardgeschäftes durch die Reichsdepositenbank würde die Tätigkeit der Reichsbank nicht nur nicht beschränken, sondern sogar die Bank in „einer ihr selbst erwünschten Weise" entlasten, wird man heute um so eher zustimmen können, als die bekannte seit dem Oktober 1911 wirksame Verteuerung der Lombarddarlehne an den Quartalsenden diesen Wunsch deutlich genug zum Ausdruck gebracht hat. Ergibt sich also daraus, daß, weit entfernt von Rivalität, eine Reichsdepositenbank der Zentralnotenbank des Reiches ihre Aufgaben in gewissem Sinne erleichtert, so könnte hierin geradezu ein Argument für sie gefunden werden. Es fragt sich jedoch, ob dieser Grund gewichtig genug ist, um gegenüber etwaigen Bedenken, die sich aus der mutmaßlichen gegenseitigen Beeinflussung beider Banken ergeben könnten, aufrecht erhalten zu werden. Darauf wird die Antwort erst erteilt werden können, wenn alle Fälle einer möglichen Konkurrenz erörtert sind, wie sie in der gleichzeitigen Pflege gleicher Geschäftszweige vorliegen.

Wesentlich anders liegt die Frage bezüglich des Wechselgeschäfts. Auch hier glaubte Warschauer aus dem Nebeneinanderbestehen von Reichsbank und Reichsdepositenbank nicht nur keine Konkurrenz, sondern sogar eine gegenseitige Ergänzung beider Institute folgern zu sollen, indem er diese Ansicht u. a. damit begründete, daß „die Reichsbank häufig gezwungen gewesen ist, dem Bedarfe der Industrie sich durch Erhöhung der Diskontsätze und Verteuerung des Geldes hemmend entgegenzustellen.

Betrachten wir zunächst einmal, ohne auf diese Begründung

---

[1] Jubiläumsschrift, S. 211.

einzugehen, das nach Errichtung der Reichsdepositenbank beiderseitig sich ergebende Verhältnis.

Den gegenwärtig etwa 500 Reichsbank-Zweiganstalten würden nach einer gewissen Zeit möglicherweise ebenso viele Filialen der Reichsdepositenbank (einschließlich der Staatsdepositenbanken) gegenüberstehen, die alle, obgleich Glieder von ihrem Wesen und ihren Aufgaben nach verschiedenen Kreditanstalten eine Reihe gleichartiger Bankgeschäfte unter gleichen allgemeinen und — für beiderseitige Niederlassungen an gleichen Orten — auch gleichen örtlichen Bedingungen zu betreiben hätten. Wenn die allzugroße Verschiedenheit in der Zweckbestimmung beider Banken bewirken wird, daß in der gemeinsamen Pflege der genannten Geschäfte Konkurrenztendenzen sich störend kaum bemerkbar machen würden, so wird es die Verschiedenheit der Aufgaben nicht hindern können, daß sich die Interessen beider Institute zum mindesten in einem, allerdings dem wichtigsten Punkte begegnen würden: in der Sorge um die Beschaffung von Wechselmaterial, das beiden als wichtigste Deckung oder Anlage für ihre Hauptpassivgeschäfte — des Noten- und Depositengeschäfts — zu dienen hat. Es mag sein, daß vergleichsweise das Diskontgeschäft für die Reichsdepositenbank nicht die Bedeutung haben würde, wie es für die Reichsbank der Fall ist; immerhin wird sie, solange sie der Forderung „absolutester Sicherheit" zu entsprechen gewillt ist, im Diskontgeschäft eines ihrer Hauptaktivgeschäfte sehen müssen; denn Grundstücksbeleihungen, Lombards auf Industriewerte können am allerwenigsten für ein derartiges Institut als genügend liquide und sichere Anlagen angesehen werden. Mögen Zeiten überwiegender Geldnachfrage, die beiden Banken hinreichend Diskontmaterial liefern würden, vorübergehend die bestehenden Rivalitätstendenzen verwischen, so würden sich diese in Perioden größerer Geldflüssigkeit um so empfindlicher bemerkbar machen, als die Reichsdepositenbank durch nichts gehindert wäre, ihre Freiheit gegenüber der Reichsbank zu deren Ungunsten durch Anwendung von eigenen „Privatsätzen" im Diskontgeschäft auszunutzen. Selbst die Unterstützung des Gesetzes,[1] wenigstens in seiner gegenwärtigen Fassung, würde, wie die Praxis zeigt, den wirklichen Schutz der Reichsbank nicht garantieren. Denn die Privatnotenbanken, die in früheren Jahrzehnten durch ihre Unterbietungen im Wechselgeschäft die Lage der Reichsbank oft erschwert haben, haben jetzt nach dem Inkrafttreten jener neuen Bestimmungen „Mittel gefunden, diese einengenden Bestimmungen unwirksam zu machen", da sie nun die Wechsel zu jedem beliebigen Satze lombardieren.[2] Die Privatnotenbanken haben mit

[1] Die Bankgesetznovelle vom 7. Juni 1899 verpflichtet die Privatnotenbanken, vom 1. Jan. 1901 ab nicht unter dem offiziellen Prozentsatz der Reichsbank zu diskontieren, „sobald dieser Satz 4% erreicht oder überschreitet" und im übrigen nicht mehr als $^1/_4$% unter dem offiziellen Banksatz oder, falls die Reichsbank selbst zu einem geringeren Satze diskontiert, um nicht mehr als $^1/_8$% unter diesem Satze.

[2] Werner, Fr., „Reform der Reichsbank?" in Schmollers Jahrbüchern, Jahrg. XXXVI, Heft 3.

diesen Maßregeln „ihren Verlust auf Wechselkonto beinahe vollständig auf Lombardkonto ausgeglichen und sind dadurch in der Lage, die Diskontpolitik der Reichsbank zu durchkreuzen.“ [1] Auch für die Reichsdepositenbank würde die Lombardierung der Wechsel an die Stelle ihrer Diskontierung treten können. Man könnte hier etwa einwerfen, die ebenfalls unter Leitung und Aufsicht des Reiches stehende Reichsdepositenbank sei gewissermaßen moralisch gezwungen, die Interessen der Reichsbank zu respektieren. Demgegenüber kann man einmal darauf hinweisen, daß zu den Instituten, die der Diskontpolitik der Reichsbank häufig Schwierigkeiten bereiten, zwei Staatsbanken, die „Preußische Seehandlung“ und die „Preußenkasse“, gehören, die durch ihre Darleihungen oft bewußt das Interesse der Reichsbank und damit der Volkswirtschaft verletzen. Allerdings geschieht es zu ihrem eigenen wohlverstandenen Vorteil, der in solchen Fällen aus Gründen der verschiedenen Zweckbestimmung dieser Anstalten den Vorteilen der Reichsbank zuwiderläuft. Andererseits darf nicht übersehen werden, daß die Reichsdepositenbank mit Schwierigkeiten zu kämpfen haben wird, die vor allem aus der Konkurrenz der Kreditbanken hervorgehen werden. Diese werden sie zwingen, ihre das Diskontgeschäft betreffenden Maßnahmen in erster Linie nach dem Verhalten der Kreditbanken zu richten, was eine gleichzeitige Rücksichtnahme auf die Interessen der Reichsbank so gut wie ausschließen wird. Die besonders für die Reichsbank nachteiligen Folgen eines Konkurrenzkampfes um Diskontmaterial zwischen Reichsdepositenbank und Kreditbanken würden u. E. nur dadurch vermieden werden können, daß auch die Reichsdepositenbank den für die Privatnotenbanken geltenden, jedoch noch zu verschärfenden Bestimmungen unterworfen würde, während andererseits die Reichsbank in ihrem Diskontgeschäft wieder den Privatsatz anwenden sollte.

Die Reichsbank ist zwar zurzeit vom Wechselmarkt nicht verdrängt, aber relativ schneller als ihr Einfluß wächst der Einfluß der Kreditbanken auf ihn. Das seit 1894 stetige Zurückgehen der Durchschnittszahlen des Wechselverfalls läßt darauf schließen[2], daß die Reichsbank immer mehr zur Inkassostelle für Wechsel herabzusinken droht.

[1] Von diesem allgemein gehaltenen Urteil wird man die Bayrische Notenbank ausnehmen müssen, die über diesen Punkt in ihrem Geschäftsbericht von 1911 schreibt: „Unseren geschäftlichen Grundsatz, wonach wir Wechsel unter dem Wechselzinsfuß nicht lombardieren, hielten wir auch in 1911 aufrecht und beabsichtigen bei dieser Praxis auch künftig zu bleiben.“

[2] Aus Die Reichsbank 1876—1910, Tab. 50.
Es betrug die durchschnittliche Laufzeit der angekauften

Inlandswechsel:		Platzwechsel (für sich):		Versandwechsel (für sich):	
1876:	35 Tage	1876:	57 Tage	1876:	27 Tage
1894: (Maximum)	41 „	1894:	60 „	1894:	30 „
1910:	28 „	1910:	42 „	1910:	19 „
1911:	? „	1911:	43 „	1911:	21 „

Also erst das Jahr 1911 zeigt eine Wendung zum Besseren, deren Bestand abzuwarten ist.

Daß unter solchen Umständen durch das Hinzutreten einer in hervorragender Weise auf das Wechselgeschäft angewiesenen Reichsdepositenbank die Lage der Reichsbank in Zukunft nicht erleichtert würde, liegt auf der Hand.

Es ist anzunehmen, daß die als stets vorhanden anzusehende Konkurrenz zwischen Reichsdepositenbank und Reichsbank von dieser nicht immer gleichmäßig empfunden werden, ihr Druck sich vielmehr mit dem jeweiligen günstigen oder ungünstigen Status der Reichsbank ändern würde. Wie dieser — wenn auch nicht immer — als der zahlenmäßige Ausdruck der Wirkungen der allgemeinen Wirtschaftslage auf die Reichsbank sich darstellt, so wird das Schwanken in der Intensität der wirtschaftlichen Tätigkeit auch den Grad der jeweiligen Interessengegensätze zwischen beiden Banken — im besonderen im Diskontgeschäft — bestimmen. Eine günstige Lage des Geldmarktes, d. h. große Geldflüssigkeit, die eine erhöhte Nachfrage auf dem Wechselmarkt zur Folge zu haben pflegt, würde die gegenseitige Stellung in anderem Sinne beeinflussen als etwa „Versteifung" des Geldmarktes oder gar „Geldknappheit", die die gegenteiligen Wirkungen auf den Diskontmarkt ausüben würden.

Der Beweisgrund, die Verweigerung von Kredit an die Industrie betreffend, enthält indirekt den Vorwurf gegen die Reichsbank, daß sie zeitweilig nicht imstande gewesen ist, ihre Aufgaben restlos zu erfüllen. Auch dann, wenn man die grundsätzliche Ablehnung von Gefälligkeits-, Reit-, Finanz- und Prolongationswechseln durch die Reichsbank[1], da deren Vorlegung fast ausnahmslos illegitimen Kreditbegehr darstellt, für durchaus berechtigt hält, muß man zugeben, daß die Reichsbank sich zuweilen selbst legitimen Ansprüchen gegenüber hat verschließen oder wenigstens widersetzen müssen, weil sie sonst nicht einmal die gesetzlichen Notendeckungsvorschriften hätte einhalten können. So erhöhte die Reichsbank, um illegitime Kreditansprüche abwehren zu können, im Jahre 1905 ihren Diskont innerhalb von 3 Monaten von 3% auf 6%[2] und geriet beispielsweise Ende 1909 in eine derartig kritische Lage, daß am 31. Dez. 1909 ihrer gesetzlich zulässigen Notenemission nur noch ein Spielraum von 146,7 Mill. M. verblieb[3].

Über die Frage der grundsätzlichen Berechtigung von Krediteinschränkungen seitens der Reichsbank ist viel auf der Bankenquete und seit der Verteuerung der Lombardentnahmen auch in der Fachpresse gestritten worden, wobei die Gegner der Reichsbankpraxis sich auf den Standpunkt stellten, daß die Reichsbank auf Grund ihres Privilegs zur Befriedigung jedes legitimen Kreditbegehrs verpflichtet sei. Die Reichsbank selbst ist der Ansicht[4]), daß sie im Interesse der Durchführbarkeit ihrer hauptsächlich auf Schutz der Währung sich erstreckenden Hauptaufgabe den gesteigerten Kreditbedarf der Volks-

---

[1] Jubiläumsschrift, S. 78.
[2] v. Lumm, Stellung der Notenbanken, S. 20.
[3] „Deutscher Ökonomist", Nr. 1552, S. 648.
[4] v. Lumm, Stellung der Notenbanken, S. 20.

wirtschaft „nur in bestimmten Grenzen" zu befriedigen hat. Wenn wir uns im allgemeinen dieser letzteren Ansicht anschließen, so können wir doch eine Entwicklung nicht für wünschenswert halten, die die Reichsbank wie schon gegenwärtig die Bank von England und — nicht ganz in gleichem Maße — die Bank von Frankreich vollständig zur „Bank der Banken" macht, schon deshalb nicht, weil die Reichsbank in so hohem Maße vom Diskontgeschäft abhängig ist. Daher sind u. E. die Bestrebungen zu unterstützen, die darauf hinauslaufen, die Kreditgewährungsfähigkeit wenigstens in dem gegenwärtigen Umfang aufrechtzuerhalten und ihre Position im allgemeinen zu stärken. Doch sind dies Organisationsfragen der Reichsbank, die wir in diesem Zusammenhang nicht näher zu erörtern haben.

Wir stehen vor der Tatsache, daß die Reichsbank bei Zusammentreffen ungünstiger Umstände nur mit Schwierigkeit ihre Aufgabe voll erfüllen kann; gesetzt den Fall, daß ähnliche Verhältnisse einmal wieder eine „übermäßige Inanspruchnahme" verschuldet haben, wollen wir die Frage zu beantworten versuchen, wie denn eine bestehende Reichsdepositenbank die Reichsbank beeinflussen könnte.

In ihren „Materialien zur Bankenquete" hat die Reichsbank u. a. eine Statistik anfertigen lassen,[1] nach der die in der Zeit vom 31. Dez. 1907 bis 7. April 1908 von der Reichsbank angekauften Inlandwechsel in ihrer Verteilung auf die Einreicher, nach Berufsklassen zusammengestellt, in Prozenten der Gesamtsumme betrugen:

Landwirtschaft und deren Gewerbe	0,5
Industrie und Gewerbe	14,4
Handel, Transport, Versicherungswesen	9,8
Geld- und Kreditwesen (Aktienbanken)	48,3
(Sonstige)	22,3
Öffentliche Sparkassen	0,3
Genossenschaften aller Art	3,4
Privatpersonen	0,6
Sonstige (Korporationen, Stiftungen usw.)	0,4
	100,0

Legen wir diese Tabelle, wenn auch deren Zahlen nur vorübergehenden Wert haben, einmal einem fingierten Beispiel zugrunde, das zeigen soll, wie in bestimmten Fällen die Konkurrenz der Reichsdepositenbank gewirkt haben könnte, also möglicherweise in Zukunft wirken würde. Zu diesem Zwecke nehmen wir an, daß der Reichsbank das Diskontmaterial aller Kategorien entzogen würde, die für den Verkehr mit der Reichsdepositenbank möglicherweise in Betracht kämen. Es könnten dies sämtliche Berufsklassen sein bis auf die Vertreter des „Geld- und Kreditwesens" und der „Genossenschaften aller Art", die beide in der Reichsdepositenbank ihre gefährlichste Konkurrentin erblicken, also als ihre „Kunden" nicht in Frage kommen würden.

[1] Die Reichsbank 1876—1910, Tab. 56, S. 151.

Danach nehmen wir an, daß an bestimmten Tagen der Wechselbestand der Reichsbank durch das Eingreifen der Reichsdepositenbank um rund 25 % seines tatsächlichen Zuwachses während der den betreffenden Tagen vorangehenden Dekade vermindert wäre. Welches wären die Wirkungen?

Als Stichtage wählen wir die erfahrungsgemäß für die Reichsbank besonders schwierigen Quartalschlüsse eines Jahres, beispielsweise von 1911. Da sehen wir zunächst, wenn wir die Bewegungen auf dem Wechselkonto sowie die gleichzeitigen Veränderungen in der Höhe des Notenumlaufs vor jenen Stichtagen miteinander vergleichen, daß der Zunahme des Wechselbestandes eine annähernd gleiche Zunahme des Notenumlaufs parallel geht[1]. Wir glauben daher, ohne bei dem an und für sich ja nur problematischen Werte des Beispiels einen wesentlichen Fehler zu begehen, das Ergebnis der Einwirkung der Reichsdepositenbank zu erhalten, wenn wir die Zunahme des Notenumlaufs während der letzten Dekade vor jedem Stichtage gleichfalls um 25 % kürzen und diesen Betrag der der Notensteuer jeweils unterworfenen Summe gegenüberstellen. Diese 25 % der gesamten Zunahme stellen dann offenbar denjenigen Betrag dar, um den die Reichsbank in bezug auf den Notensteuerzwang entlastet würde.

Wir erhalten nunmehr folgende Zahlen:

In 1000 M. (Nach dem Verwaltungsbericht für 1911).

	31./III.	30./VI.	30./IX.	30./XII.
Notenumlauf	1 973 582	1 964 723	2 295 199	2 250 564
Grenze der Steuerfreiheit	1 879 882	1 936 601	1 791 202	1 798 590
Steuerpflichtig	93 700	28 122	503 997	451 974
Notenumlauf d. vorhergehenden Dekade:	1 409 059	1 473 449	1 677 645	1 804 055
Zunahme in der Dekade minus 25 %	+ 423 392	+ 368 456	+ 463 166	+ 334 882
Ergäbe ein. Notenumlauf von nur	1 832 451	1 841 905	2 140 811	2 138 937
Ergebnis	stfr. 47 431	stfr. 94 696	stpfl. 349 609	stpfl. 340 347
Größe der Entlastung	141 131	122 818	154 388	111 627

Diese Tabelle läßt zweierlei erkennen:

1. Im großen und ganzen tritt — die erhaltenen absoluten Zahlen haben keine weitergehende Bedeutung — eine Erleichterung für die Reichsbank in dem Sinne ein, daß, da die Konkurrenz der Reichs-

---

[1] Es änderten sich Wechselbestand und Notenumlauf während der angegebenen Zeiten wie folgt (nach dem Verwaltungsbericht für 1911):

1911	Wechsel	Mill. M.	Noten
Vom 23./3.—31./3.	+ 424		+ 564
„ 23./6.—30./6.	+ 432		+ 491
„ 23./9.—30./9.	+ 539		+ 618
„ 23./12.—3./12.	+ 403		+ 446

depositenbank indirekt eine Reduzierung des Notenumlaufs bewirkt, diese letztere die Notensteuerpflicht entweder in Steuerfreiheit umwandelt, mindestens aber den steuerpflichtigen Betrag herabdrückt. Es liegt nahe, an dieses Ergebnis die Folgerung zu knüpfen, daß eine derartige Beeinflussung der Reichsbank durch die Reichsdepositenbank auch auf den Zinssatz ermäßigend wirken müsse. Dieser Schluß wäre jedoch unberechtigt, da er für die Diskontpolitik der Reichsbank maßgebende Grundsätze unbeachtet ließe. Zunächst hat die Reichsbank selbst erklärt,[1] daß sie sich bei Festsetzung des Zinsfußes von Rücksichten auf etwa zu zahlende Notensteuer niemals beeinflussen lasse. Es ist ferner zu bedenken, — und dies ist zugleich ein Einwand gegen die Verallgemeinerung des Beispiels — daß für das Eintreten der Notensteuer die Beanspruchung auf Wechselkonto erst in zweiter Linie, zunächst aber die Summe der Bardeckung maßgebend ist, deren Rolle in dem obigen Beispiel — als von dem Einfluß der Reichsdepositenbank unabhängig — nicht berücksichtigt worden ist.

2. Die Zahlenbeispiele der sogenannten „schweren Termine" (30/9, 30/12) zeigen, daß die entlastende Wirkung der Reichsdepositenbank gerade an Tagen, an denen die höchsten Anforderungen an die Reichsbank gestellt zu werden pflegen, relativ, unter Umständen sogar absolut geringer sein würde, als in weniger schwierigen Lagen. Es ist hierbei jedoch zu beachten, daß unser Beispiel die Zahlen für die zwar nicht absolut, aber relativ zuweilen sehr bedeutenden Inanspruchnahmen auf Lombard — besonders auf „Effektenkonto" — nicht enthält. Eine teilweise Übernahme dieser Konten, etwa durch eine Reichsdepositenbank, müßte allerdings deren zweifellos zu erwartende Wirkung auf Entlastung der Reichsbank verstärken. Wir vermögen uns wohl vorzustellen, daß eine bestehende Reichsdepositenbank, die einen die Reichsbank wirklich belastenden Posten übernähme, in diesem Punkt sie in der Tat ergänzen würde. Wir meinen das Effektenkonto der Reichsbank. Seine Zahlen bezeugen, von einem geringen Betrag eigener Effekten abgesehen, die Inanspruchnahme des Reichs, wie sie durch Diskontierungen von Schatzanweisungen vor sich geht. Diese Diskontierungen haben zu häufigen Klagen Veranlassung gegeben, sowohl wegen ihrer absoluten Höhe als auch wegen der vom Standpunkt der Reichsbank meist höchst ungeeigneten Wahl der Termine, an denen sie zu erfolgen pflegen[2]. Ihre Höhe betrug im Durchschnitt des Jahrfünfts 1896—1900: 11,67 Mill. M., erreichte 1909 im Durchschnitt ein Maximum von 278,53 Mill. M., um

---

[1] Jubiläumsschrift, S. 126.

[2] Bankenquete, Verhandlungen über Punkt I—V, S. 246, 272. Der IV. Allgemeine Deutsche Bankiertag nahm in seine Resolution folgenden Passus auf: „Der IV. Allgemeine Deutsche Bankiertag erblickt die Ursachen der zeitweise starken Inanspruchnahme der Reichsbank: ...... 4. in der Finanzgebarung des Reichs und der Bundesstaaten, die häufig die erforderliche Rücksicht auf die Verhältnisse des Geldmarkts und der Volkswirtschaft vermissen und bei der Bereitstellung und Verwertung der Staatsgelder den fiskalischen Standpunkt ausschlaggebend sein läßt."

dann 1911 einen gegen die Vorjahre allerdings ungewöhnlich niedrigen Stand von 44,81 einzunehmen. Doch wichtiger sind die absoluten Zahlen mit Berücksichtigung der Daten. Und da finden wir, daß, wie schon früher beklagt wurde, auch im Jahre 1911, vom Apriltermin abgesehen, die Maxima der Ansprüche des Reiches mit den Quartalsenden zusammenfallen. Die folgende Tabelle mag dies veranschaulichen:

Nach den „Wochenübersichten" (Verw.-Bericht für 1911) betrugen die Bestände an Wertpapieren in Millionen Mark:

Am 31./1.	:19,18	Am 31./3.	: 3,3
28./2.	:23,54		
29./4.	: 2,39		
31./5.	: 1,46	30./6.	: 86,37
31./7.	: 2,5		
31./8.	: 1,71	30./9.	:118,13
31./10.	:98,19		
30./11.	:88,38	30./12.	:148,9

Nehmen wir an, eine Reichsdepositenbank habe diese Bürde bereits übernommen und addieren wir diese Zahlen zu den oben erhaltenen, so stellen ihre Summen zweifellos wesentliche Besserungen des jeweiligen Bankstatus dar. Immerhin ist diese Frage der Inanspruchnahme des Reiches, die auf andere, geeignetere Weise gelöst werden sollte,[1] gegenüber der uns hier beschäftigenden Hauptfrage von untergeordneter Bedeutung. An und für sich muß der Reichsbank jede Erleichterung willkommen sein, die ihr erlaubt, sich ungehindert ihren eigentlichen Aufgaben zu widmen. Dazu würde auch die Befreiung von störenden Schatzanweisungs-Diskontierungen gehören. Hier aber handelt es sich darum, zu entscheiden, ob das Ergebnis, das die obigen aus der Betrachtung des Diskontgeschäfts abgeleiteten Zahlen gezeigt haben, auch in dem gleichen günstigen Sinne, d. h. der Errichtung einer Reichsdepositenbank verwertbar ist.

Können Wirkungen, die von irgendeiner Seite hervorgerufen werden, in gewissen Fällen der Reichsbank nützlich sein, so braucht damit nicht das Mittel, durch das jene Wirkungen erzielt werden, das überhaupt und unter allen Umständen geeignete zu sein. Es kann Eigenschaften besitzen, die vorübergehende Dienste sehr wohl auszugleichen, wenn nicht gar in das Gegenteil zu kehren vermögen. Das gilt u. E. auch von der Reichsdepositenbank. Das oben gewählte Beispiel gilt für Einzelfälle ungewöhnlicher Anspannung an den Quartalsterminen, zumal eines Jahres, das in wirtschaftlicher Beziehung die Merkmale stetigen Fortschritts auf fast allen Gebieten der Erwerbs-

[1] Wir denken da im besonderen an die auf dem IV. Deutschen Bankiertag in einer Resolution niedergelegten an alle öffentlichen Körperschaften gerichteten Forderung zur Beobachtung „einer den allgemeinen volkswirtschaftlichen Gesichtspunkten mehr als bisher Rechnung tragenden, die fiskalischen Interessen zurückstellenden Finanz- und Kassengebarung der öffentlichen Körperschaften, insbesondere des Reichs und der größeren Bundesstaaten".

tätigkeit trug, und in dem sich der deutsche Geldmarkt aus politischen Gründen zeitweilig in besonders schwieriger Lage befand. Die Notwendigkeit großer Rückzahlungen ausländischer Guthaben zur Zeit des durch höhere Löhne und Preise ohnehin gesteigerten herbstlichen Geldbedarfs bewirkten, daß der deutsche Geldmarkt sich stärker als sonst auf seine eigenen Mittel angewiesen sah. Dies führte in den letzten Monaten des Jahres der Reichsbank „Ansprüche in einem Umfange zu, der laufend nicht erheblich hinter dem im Hochkonjunkturjahre 1907 erreichten zurückblieb, ihn an den Quartalsschlüssen aber weit überragte“.[1]

Nun haben gerade jene Ereignisse des Jahres 1911 die Widerstandskraft des deutschen Geldmarktes, wie besonders die Leistungsfähigkeit der Reichsbank bewiesen, und der unerwartet glatte Verlauf des sonst so gefürchteten Oktobertermins (1912)[2] hat gezeigt, daß die Position der Reichsbank sofort eine leichtere ist, sobald sonst störende Ursachen, die mit ihrer Organisation nicht im Zusammenhang stehen, beseitigt werden. Läßt endlich unser obiges Zahlenbeispiel vermuten, daß die zu erwartende „Ergänzung“, d. h. indirekte Unterstützung der Reichsbank durch die Reichsdepositenbank gerade in schweren Zeiten nur sehr gering sein würde, so wird man aus allen diesen Zeichen den Schluß ziehen dürfen, daß mit Rücksicht auf die Reichsbank die Reichsdepositenbank entschieden keine Notwendigkeit bedeutet. Dieses um so weniger, als Perioden wirtschaftlichen Hochstandes mit solchen wirtschaftlicher Stockung oder Rückganges zu wechseln pflegen. Wenn in jenen Zeiten die Zentralnotenbanken ganz allgemein ihre Macht noch zur Geltung bringen können, da sie ja in Wahrheit die letzten Kreditquellen ihres Landes sind und als solche letzten Endes von allen Kreditbegehrenden aufgesucht werden müssen, so wachsen die Schwierigkeiten, die sich ihren Aufgaben, namentlich ihrer Diskontpolitik entgegenstellen, je weiter sich die allgemeine Wirtschaftslage vom Zustand günstiger Konjunktur entfernt und Perioden dauernder Geldflüssigkeit anbrechen. Da auch der Reichsbank derartige Zeiten bei Beschaffung des zur Beschäftigung ihrer Mittel notwendigen Diskontmaterials große Schwierigkeiten verursachen werden, und diese Frage daher für sie in Zukunft von besonderer Wichtigkeit sein wird,[3] so wird das Endurteil über

---

[1] Verwaltungsbericht der Reichsbank für 1911.

[2] Über diese überraschende Erscheinung schreibt die „Frankfurter Zeitung“ vom 28. September: „Weder machte sich ein besonders starker Bedarf an Geld am offenen Markt bemerkbar, noch zeigte das deutsche Zentralnoteninstitut bisher eine irgendwie ungewöhnliche Inanspruchnahme, noch endlich begegnet die Liquidation Schwierigkeiten. Geld ist zu einem durchaus nicht ungewöhnlich hohen Satze in großen Beträgen von den verschiedensten Seiten angeboten.“

	30./9. 1912	30./9. 1911	30./9. 1910
Die Summe des steuerpflichtigen Notenumlaufs betrug in Millionen Mark	319,125	503,997	608,419
Der Bankzinsfuß war jeweils . .	$4^1/_2$%	5%	5%

[3] v. Lumm, Notenbanken, S. 25

das gegenseitige Verhältnis zwischen Reichsbank und Reichsdepositenbank ausschlaggebend von der Beantwortung der Frage abhängen:

In welchem Sinne würde die Reichsdepositenbank die Wirksamkeit der Reichsbank in wirtschaftlich normalen, d. h. geldflüssigen Zeiten beeinflussen?

Bei Lösung dieser Frage können wir uns auf eine sicherere Grundlage stützen, als es bei Betrachtung des zuerst behandelten Falles möglich war. Nicht als ob wir hier eine zukünftige Gestaltung der Verhältnisse ziffernmäßig mit absoluter Sicherheit wie etwas Gewesenes darstellen und zergliedern könnten; doch fehlt in dieser Erörterung das Moment der Ungewißheit, das das für die erste Annahme erhaltene Resultat nur bedingt gelten läßt. Die dort anzunehmende Konkurrenz der Reichsdepositenbank, die bei großer Inanspruchnahme der Reichsbank in gewissen Grenzen günstig wirkt, kann in das Gegenteil verkehrt werden, wenn die Bank — entgegen unserer Voraussetzung — in ihrer Geschäftsführung privatwirtschaftliche Vorteile allgemeinwirtschaftlichen überordnet. Denn es steht in ihrem Belieben, ob sie sich für die Anwendung des Privatdiskontsatzes, die zurzeit für die Notenbanken — unter denen beispielsweise die Sächsische Bank gleichzeitig eine große Depositenbank ist — geltenden Bestimmungen zu eigen machen und ob sie grundsätzlich von strengen Rediskontierungen, wie sie zuweilen von den Kreditbanken geübt worden sind und werden, absehen will. Eine im Sinne der Reichsbank ungünstige Entscheidung ihrer Leiter würde die obigen Schlußfolgerungen hinfällig machen.

Anders verhält es sich im vorliegenden Fall! Perioden vorherrschender Geldflüssigkeit, die auf dem Geldmarkt das Angebot kurzfristiger Gelder die Nachfrage dauernd überwiegen lassen, haben am Wechselmarkt vermehrte Nachfrage nach Diskontmaterial zur Folge. Wird im allgemeinen in solchen Zeiten der Bankdiskont ein niedriger sein, so wird im besonderen durch diese gesteigerte Nachfrage nach Diskonten der Privatsatz herabgedrückt, was eine Quelle von Verlegenheiten für die Reichsbank bilden kann. Darin liegt es begründet, daß die Reichsdepositenbank, auch wenn es gegen das Interesse der Reichsbank sein sollte, den Privatsatz anwenden muß. Sind beide Banken gezwungen — diese von Gesetzes wegen, jene aus Gründen der Liquidität und Sicherheit —, sich um jeden Preis ein gewisses Quantum von Diskontmaterial zu verschaffen, kann die Reichsbank als privilegierte Notenbank dabei allenfalls auf die Anwendung des Privatsatzes verzichten,[1] so wird die Reichsdepositenbank durch die dann sicher sehr heftige Konkurrenz der Kreditbanken gezwungen, sich wie diese in ausgedehntem Maße des Privatsatzes zu bedienen.[2] Damit wird auch sie, zum Teil vielleicht gegen ihren Willen, in die Reihe jener Institute hineingedrängt, die sich in

[1] Dieses ist heute nur der Fall, da die Notenbanken durch Gesetze zur Befolgung der Reichsbank-Diskontpolitik verpflichtet sind.

[2] Übrigens soll auch nach Warschauer der Reichsdepositenbank die Anwendung des Privatsatzes gestattet sein.

solchen Fällen in offenen Gegensatz zum Zentralnoteninstitut stellen, da ihre privatwirtschaftlichen Interessen mit den höheren Zielen der Reichsbank oft genug kollidieren. Freiwillig oder gezwungen wird sie dann zu ihrem Teil zu der Verschärfung aller jener Symptome beitragen, die in ihrer Gesamtheit die „Erschwerung der Diskontpolitik der Reichsbank" kennzeichnen. Ob die Reichsdepositenbank fähig sein wird, die Diskontpolitik der Reichsbank zu durchkreuzen, wie es der frühere Reichsbankpräsident Koch für wahrscheinlich erklärt hat,[1] würde u. E. erst die Wirklichkeit erweisen können.

Vergleichen wir beide Ergebnisse, so bedeutet für die Reichsbank in einem Falle die mögliche Entlastung, wie sie bei den gemachten Voraussetzungen zur Tatsache werden könnte, keine wesentliche Erleichterung und vor allem keine Unterstützung, auf die mit Sicherheit zu rechnen sein würde; im anderen Falle würden die zuletzt erörterten Einflüsse wegen ihrer Wirkungen zu einer sicheren Gefahr für die Reichsbank werden.

Wenn aus dem ersten Grunde die Reichsdepositenbank, vom Standpunkt der Reichsbank betrachtet, zwar nicht unbedingt gefährlich, aber auch nicht notwendig erscheint, so ist sie aus dem zweiten maßgebenden Grunde nicht nur nicht wünschenswert, sondern schädlich. Kehren wir für einen Augenblick zum Lombardgeschäft zurück!

Unsere Erwägungen über die Beeinflussung des Reichsbank-, Lombard- und Wechselgeschäfts durch die Reichsdepositenbank ergaben als Folge gegenseitiger Konkurrenz eine wahrscheinliche und der Reichsbank möglicherweise willkommene Entlastung auf Lombardkonto; für das zukünftige Diskontgeschäft der Reichsbank dagegen — sofern man nicht gerade Ausnahmezustände annimmt — die Gefahr einer tatsächlichen Verdrängung vom Wechselmarkt mit allen ihren Folgen.

Da nach der Reichsbankverfassung neben dem Barbestand das Diskontgeschäft die Grundlage der Notenemission darstellt und nur dieses der Reichsbank die Handhabe zur Durchführung ihrer Aufgaben bei Einhaltung der gesetzlichen Vorschriften bietet, so hat u. E. das aus dem Lombardgeschäft abzuleitende Argument für eine Reichsdepositenbank hinter den aus Berücksichtigung des Diskontgeschäfts sich ergebenden Gegengründen zurückzutreten. Es werden Mittel gefunden werden, so unliebsame Erscheinungen, wie sie sprunghafte übermäßige Inanspruchnahmen der Reichsbank darstellen, nach Möglichkeit zu vermeiden; einer einmal vom Wechselmarkt verdrängten

---

[1] Die betr. Äußerung Kochs lautet: „Wenn hier davon gesprochen wird, daß die Aufgaben der Reichsbank in neuerer Zeit durch die den „offenen Markt beeinflussende Konzentration der Kreditbanken erschwert werden", so wird das in erhöhtem Maße von der etwaigen Reichsdepositenbank und von den etwaigen privaten oder einzelstaatlichen Depositenbanken zu sagen sein; nur daß es sich bei diesen vielleicht nicht nur um eine Erschwerung, sondern vielfach um eine Durchkreuzung der Diskontpolitik der Reichsbank handeln dürfte." (Riesser, a. a. O., S. 462.)

Reichsbank, zumal wenn eine neue durch ihre geschlossene Organisation besonders einflußreiche Rivalin dort festen Fuß gefaßt hat, ihre alte Position wieder zu verschaffen, dürfte kaum gelingen. Diese letztere Wahrheit wie überhaupt die Pflicht, den Eintritt einer derartigen Situation nach Kräften zu verhindern, lehrt das Beispiel der Bank von England.

Das Ergebnis der bisherigen Entwicklung[1] bei der Bank von England gipfelt in der Tatsache, daß „die Bank die Herrschaft über den Geldmarkt, die Funktion als Kreditinstitut und deshalb auch die Fühlung mit dem Wirtschaftsleben mehr und mehr verloren hat".[2] Sie ist völlig zur „Bank der Banken" geworden, zum „Clearinghouse der Welt". Ihrer Diskontpolitik jedoch vermag sie nur selten Geltung zu verschaffen, was um so verhängnisvoller ist, als die eigenartige Organisation des englischen Geldmarkts ihr allein die Sorge um Erhaltung und Mehrung der ihren Barbestand bildenden „einzigen Geld- und Goldreserve des Landes" übertragen hat. Nur ausnahmsweise, in geldknappen Zeiten beherrscht sie noch vorübergehend den Geldmarkt, in gewöhnlichen Zeiten bleiben ihre Maßnahmen zumeist ohne die beabsichtigte Wirkung. Aus allen diesen Gründen ist sie nicht in der Lage, „eine weitschauende Politik zu treiben", und ihre auf Augenblickswirkungen berechneten diskontpolitischen Maßnahmen führen jene Häufigkeit der Diskontänderungen herbei, die Handel und Gewerbe belästigt und schädigt.[3]

Haben an diesem Resultat Fehler der Gesetzgebung sowie gewisse Eigentümlichkeiten des englischen Bank- und Kreditsystems (zuweitgehende Arbeitsteilung im Bankgewerbe; Einreservesystem) ihren Anteil, so hat doch (nach Jaffé, a. a. O., S. 257) „die Schwierigkeit der ganzen Lage ihren dauernden und tieferliegenden Grund darin, daß die Emanzipierung des offenen Marktes von der Herrschaft der Bank historisch in dem Anwachsen der anderen Banken und der diesen zu Gebote stehenden Mittel begründet ist".

Wir haben in einem der vorstehenden Kapitel zu zeigen versucht, daß die Errichtung der Reichsdepositenbank, die ja an sich schon die Schaffung einer neuen Macht auf dem Geldmarkt bedeuten würde, wahrscheinlich eine Beschleunigung der Konzentration im Bankwesen und damit ein Anwachsen der Kreditbanken, d. h. Großbankeinflüsse hervorrufen würde. Mag vielleicht der Fortschritt der Bankenkonzentration auch ohne Dazwischentreten der Reichsdepositenbank nicht aufzuhalten sein, so sollte man, auch vom Standpunkt der Reichs-

---

[1] Die Entwicklung selbst hier darzustellen, dürfte über den Rahmen der Arbeit hinausgehen. Eine Parallele der entsprechenden englischen Verhältnisse zu der obigen Betrachtung einzelner Geschäftszweige zu ziehen verbietet die völlige Verschiedenheit der Bedeutung der erwähnten Geschäftszweige für Bank von England und englische Depositenbanken einerseits sowie Reichsbank und Reichsdepositenbank andererseits. Brauchbare Schlüsse würden sich aus den dabei etwa zu erhaltenden Resultaten nicht ziehen lassen.

[2] v. Lumm, Stellung der Notenbanken, S. 29.

[3] In dem Zeitraum von 1876 bis 1908 änderte die Bank von England ihren Diskont 195 mal, die deutsche Reichsbank 122 mal (nach v. Lumm).

bank betrachtet, eine dieser möglicherweise gefährlich werdende Entwicklung nicht noch beschleunigen. Dazu scheint uns aber nach den obigen Erwägungen und nach dem Beispiel der Bank von England die Errichtung einer Reichsdepositenbank geeignet, die wir somit auch in diesem Zusammenhang ablehnen müssen.

4. Untersuchung der für eine Reichsdepositenbank angeführten Gründe.

Der bisherige Gang der Untersuchung belehrt uns, daß aus volkswirtschaftlichen Gründen die Errichtung einer Reichsdepositenbank nicht empfohlen werden kann. Es fragt sich nun, ob nicht etwa gemeinwirtschaftliche Gesichtspunkte zu ihren Gunsten geltend gemacht werden können. Warschauer glaubt einige derartige Gründe anführen zu können.

1. Die Reichsdepositenbank ist „in bei weit höherem Maße als das bisher bei anderen Bankinstituten der Fall war, in der Lage, den Scheckverkehr in Deutschland zur Ausbildung zu bringen".[1]

Es ist zweifellos, daß die Ausbreitung des Scheckverkehrs als ein Mittel, den bargeldlosen Zahlungsverkehr zu vervollkommnen, durchaus wünschenswert ist. Das Interesse der unter den herrschenden Zahlungsgewohnheiten besonders leidenden Reichsbank verlangt es sogar. Will man annehmen, daß die Sicherheit, die die Reichsdepositenbank vermöge ihrer besonderen Organisation bieten würde, in der Tat jene vorausgesetzte Anziehung auf das „Gros der kleineren Deponenten" ausüben würde, so wird man von vornherein die Ansicht teilen dürfen, daß ernstliche Bemühungen der Bank um Einbürgerung des Schecks Erfolg haben können.[2] Von einer weitergehenden Beeinflussung des nationalen Zahlungsverkehrs und von einer indirekten Erleichterung der Reichsbank im obigen Sinne dürfte jedoch auf längere Zeit hinaus kaum die Rede sein. Dafür ist Voraussetzung, daß nicht allein die Reichsdepositenbank-Deponenten sich von den Vorzügen des Scheckverkehrs überzeugt haben, sondern daß die gesamte Bevölkerung, besonders Gewerbetreibende und Kleinkaufleute, bereit sind, Schecks in Zahlung zu nehmen. Das zur Herbeiführung dieses Zieles notwendige Aufgeben alter Gewohnheiten dürfte die größten Schwierigkeiten bereiten. Dafür scheint uns als ein Beleg die Tatsache, daß selbst die vor und nach Inkrafttreten des Scheckgesetzes (1. 4. 1908) durchgeführte Propaganda zugunsten der Scheckverwendung nur sehr geringe Erfolge gehabt hat.[3] Praktisch wird man also wegen der

[1] a. a. O., S. 475.

[2] Wir sind übrigens nicht der Ansicht, daß eine Reichsdepositenbank zur Einbürgerung des Schecks in höherem Maße imstande wäre, als die anderen Banken. Da der Scheck (s. Neumann-Hofer, a. a. O., S. 92) weder auf dem Kredit der bezogenen Bank noch des Ausstellers, sondern auf dem Guthaben des Ausstellers beruht, die Firma der Bank also nebensächlich ist, wird man jeder beliebigen Bank die gleiche Fähigkeit zur Ausbildung des Scheckverkehrs zusprechen müssen, sofern sie sich nur darum bemüht.

[3] Riesser, a. a. O., S. 189.

bei uns noch entgegenstehenden Schwierigkeiten mit der Verwirklichung der in bezug auf den Scheckverkehr an die Errichtung der Reichsdepositenbank geknüpften Erwartungen einstweilen nicht rechnen können. Dieses letztere heute um so weniger, als die Bewegung des Scheckverkehrs seit Einführung des Scheckstempels (gelegentlich der Reichsfinanzreform im Jahre 1909) sogar eine rückläufige ist, wie die unten angeführten, der „Frkf. Ztg.“ entnommenen Daten bezeugen.[1]

Unter der Wirkung dieser Verteuerung des Zahlungsverkehrs würden gerade die Bestrebungen der Reichsdepositenbank besonders zu leiden haben. Nach Warschauer soll sich die Gesamtheit der Depositengläubiger hauptsächlich aus jenen Schichten der Bevölkerung zusammensetzen, die „weder zu den vermögenden noch zu den ärmeren Elementen der Gesellschaft“ zu rechnen sind. Wir bezweifeln, daß die Mehrzahl dieser bezeichneten Deponenten bereit oder imstande sein wird, eine für jede einzelne Zahlung relativ hohe Abgabe zu entrichten, wenn schon heute, wo der Scheck in jene wirtschaftlich nicht gerade leistungsfähigen Kreise noch gar nicht gedrungen ist, die Einführung einer Steuer seinen Verkehr hemmt.

Die Aufhebung des Scheckstempels, die an sich schon heute zu fordern ist, würde die Vorbedingung für eine Wirksamkeit der Reichsdepositenbank sein.

2. Es soll die Reichsdepositenbank zum Erwerb erststelliger Hypotheken berechtigt sein. Aus dieser Tätigkeit glaubt Warschauer eine Förderung des städtischen und ländlichen Grundbesitzes, daraus Reduktion des Hypothekenzinsfußes, also Verbilligung des Bodenkredits erwarten zu dürfen. Diese Argumente scheinen auf den ersten Blick einleuchtend, zumal gegenwärtig, wo den Hypothekenbanken vielfach der Vorwurf gemacht wird,[2] sie seien nicht imstande, den Begehr nach Realkredit zu befriedigen. Da würde mithin die Reichsdepositenbank in erwünschter Weise jene Lücke in der Kreditgewährung schließen können. Es bleibe dahingestellt, ob diese und ähnliche gegen die Hypothekenbanken erhobenen Vorwürfe berechtigt sind;[3] sollten sie zutreffen, so muß man annehmen, daß das Eintreten eines neuen

---

[1] „Frankfurter Zeitung“ vom 28. 11. 1912, 1. M.-Blatt. Der Rückgang in der Benutzung des Scheckverkehrs ist zu erkennen aus den seit Einführung des Schecksystems ständig weichenden Zahlen in den Etats-Voranschlägen für den Scheckstempel:

Erwartung im Jahre 1909:	12—13 Mill. M.
Voranschlag für 1910:	7,35 „ „
„ „ 1911:	3,724 „ „
„ „ 1912:	3,234 „ „
„ „ 1913:	3,136 „ „

Die tatsächlich erreichten Zahlen lauten nach dem Statist. Jahrb. 1912:

für 1909:	3,004 Mill. M.
„ 1910:	3,561 „ „
„ 1911:	3,724 „ „
„ 1912:	3,234 „ „

[2] Darüber s. „Deutscher Ökonomist“ Nr. 1546, 17./8. 1912, S. 571.

[3] Die Berechtigung dieser Vorwürfe, soweit sie die angeblich ungenügende Deckung des verlangten Kredits betreffen, wurde an gleicher Stelle vom „Deutschen Ökonomist“ bestritten.

Kreditorganes die behauptete „Kreditnot" bis zu einem gewissen Grade mildern würde. Es wäre gewiß schwerlich etwas dagegen einzuwenden, daß eine große Depositenbank einen geringeren Bruchteil ihrer verfügbaren Mittel in erststelligen Hypotheken anlegt, obgleich einzelne Theoretiker, wie Neumann Hofer, das Hypothekengeschäft von einer Depositenbank am liebsten völlig ferngehalten wissen wollen.[1] Es ist jedoch in diesem Falle zugunsten der Reichsdepositenbank anzuführen, daß sie ja täglich fällige Depositen nicht annehmen und bei richtiger Disposition nach einiger Erfahrung sich selbst die Summe festzusetzen imstande sein würde, bis zu der die Anlage der fremden Gelder in Hypotheken sich mit ihren Aufgaben vereinigen ließe. Dagegen dürfte u. E. von einer Pflege des Hypothekengeschäfts in einem Umfange, der jene obigen Resultate herbeiführen könnte — zu welchem Zweck beträchtliche Summen zur Verfügung zu stellen wären —, nicht die Rede sein. Diese gegen einen volkswirtschaftlichen Zweck gerichtete Forderung klingt in einer Abhandlung, die volkswirtschaftliche Interessen vertreten will, zunächst widersinnig. Es sind aber auch nicht volkswirtschaftliche Gesichtspunkte, die wir zur Stützung unserer Ansicht anführen wollen. Der berechtigte Grundkreditbegehr wird gegenwärtig durch Hypothekenbanken, Sparkassen, Landschaften und Privatkapital „reichlich" befriedigt.[2] Man wird also volkswirtschaftliche Gründe aus der Lage des Realkredits für die Notwendigkeit einer neuen Kreditquelle nicht ableiten können. Vielmehr sind es privatwirtschaftliche Bedenken, die uns zwingen, einer Reichsdepositenbank die im Hypothekenverkehr zugedachte Rolle abzusprechen. Die Reichsdepositenbank, die doch immer eine Depositenbank bleiben soll, hätte ihr Hauptaugenmerk auf die Gewährung „absolutester" Sicherheit gegenüber ihren Depositengläubigern zu richten. Dieses Interesse der Deponenten, das unseren privatwirtschaftlichen Gesichtspunkt darstellt, verlangt neben der Garantie der Sicherheit der Bankanlagen gleichzeitig die Erhaltung einer gewissen Liquidität der Bankmittel.

Die Sicherheit erststelliger Hypotheken wird man im großen und ganzen für eine „fast unbedingte" halten können, wenngleich gewisse gegenwärtig tatsächlich vorhandene Mängel im Taxwesen[3] auch eine Reichsdepositenbank nicht unter allen Umständen vor Verlusten schützen können. Dagegen würde die Liquidität der Bank — trotz des Barbestandes — gefährdet werden, wenn sie in erheblichem Umfang den Erwerb von Hypotheken betriebe. Man würde ihr mit größerer Berechtigung den Vorwurf machen, den man vielfach gegen die im Punkte der Sicherheit mit ihr mindestens auf gleicher Stufe stehenden Sparkassen erhebt: daß ihre Liquidität infolge der Belastung ihres Status mit langfristigen, schwer realisierbaren Wertpapieren den zu

[1] Neumann-Hofer, a. a. O., S. 70. Man wird auch Scharling hier nennen dürfen, der in seinem Werk „Bankpolitik" unter den spezifischen Depositenbank-Geschäften das Hypothekengeschäft nicht aufführt.

[2] „Deutscher Ökonomist" Nr. 1561, S. 758 vom 30./11. 1912.

[3] „Deutscher Ökonomist" Nr. 1546, S. 573ff. vom 17./8. 1912.

stellenden Anforderungen nicht genügt. Bei 5954 Sparkassen in Deutschland setzen sich die verfügbaren Mittel zu 21% aus „leicht greifbaren“, zu 79% aus „weniger leicht realisierbaren“ Werten zusammen, woraus hervorzugehen scheint, daß die erhobenen Vorwürfe in ihrer Verallgemeinerung unberechtigt sind.[1] Die Tatsache jedenfalls, daß derartige Vorwürfe erhoben werden, zeigt, daß die Sicherheit der Anlagen allein ohne gleichzeitiges Vorhandensein eines genügenden Liquiditätsgrades selbst für eine Sparkasse nicht genügt. An eine Bank aber, zumal eine Depositenbank, sind in bezug auf Liquidität wesentlich höhere Anforderungen zu stellen; denn die größere Mannigfaltigkeit der geschäftlichen Betätigung, die wieder die Dispositionen über die Verwendung der Mittel erschwert, bedingt das jederzeitige Bereithalten wesentlich höherer Bestände an „leicht greifbaren“ Mitteln. Wenn wir nicht der Ansicht sind, daß der Reichsdepositenbank, weil sie nur „Depositenbank“ sein soll, der Erwerb von Hypotheken völlig zu untersagen wäre, so erscheint doch eine wesentliche Einschränkung dieses Geschäftes bei ihr erforderlich. Eine weitergehende volkswirtschaftliche Wirkung vermögen wir daher dieser Tätigkeit einer etwaigen Reichsdepositenbank nicht zuzuschreiben.

3. Als ein weiteres Moment, das einen Vorzug der Reichsdepositenbank bedeuten würde, erscheint die durch ihre Mitwirkung bei Aufnahmen von Reichs-, Staats- und Gemeindeanleihen ermöglichte Förderung des öffentlichen Kredits.

Diesem Argument Warschauers wird man ohne Vorbehalt zustimmen dürfen, wenn man die etwaigen Leistungen der Reichsdepositenbank auf diesem Gebiet auch nicht zu überschätzen braucht. Denn auch bei Ausübung des Emissionsgeschäfts wird sich die Reichsdepositenbank eine gewisse Reserve auferlegen müssen. Vor allem wird für sie als Norm zu gelten haben, daß sie größere Anleihen nicht allein emittiert. Sind die Werte, um die es sich für sie ja nur handeln könnte — Staats- und Gemeindeanleihen —, zwar an sich sicher, so würde doch die Liquidität der Bank gefährdet werden können, wenn etwa anfangs die Unterbringung der Anleihen Schwierigkeiten bereiten oder spätere Massenverkäufe an der Börse sie zu Interventionen zwingen würden. Diese letztere Notwendigkeit würde aus ihrer Eigenschaft als „Emissionshaus“ hervorgehen, in welcher sie im Interesse ihres eigenen Kredits und desjenigen des Anleiheschuldners zu gelegentlichen Interventionen und zur Aufnahme „schwimmenden Materials“ verpflichtet sein würde. Dieser moralische Zwang birgt Gefahren in sich nicht nur für die Liquidität, sondern auch für die Rentabilität der Bank. Die Königliche Seehandlung (Preußische Staatsbank), Berlin, deren Grundkapital im Jahre 1904 um 60 Mill. M. auf rund 100 Mill. M., zum Teil zu dem Zwecke, eine kursregulierende Tätigkeit ausüben zu können, erhöht worden ist,[2] hat im Jahre 1905:

[1] Meltzer, Hans, Das Depositenwesen in Deutschland. Jena 1912.

[2] Schrader, Paul, Die Geschichte der Königl. Seehandlung (Preuß. Staatsbank) mit besonderer Berücksichtigung der neueren Zeit, auf Grund amtlicher Quellen bearbeitet. Berlin 1912, S. 80.

9553 M.; 1906: 2727310 M.; 1907: 2546971 M.; 1908: —; 1909: 842332 M. Verluste erlitten.[1] Mag eine Staatsbank, die sich nicht von Gewinnrücksichten leiten lassen soll, über solche Verluste um so eher hinwegsehen, als sie ja auch in solchen Fällen noch dem Staatskredit dient, so würde man einer Reichsdepositenbank als einer Erwerbsgesellschaft ähnliche Vorfälle wahrscheinlich anders auslegen, selbst wenn ihre Motive die gleichen sein sollten. Überhaupt fassen wir die in Rede stehende Aufgabe der Reichsdepositenbank dahin auf, daß sie gemeinsam mit der Seehandlung, die bekanntlich ihrerseits wieder in Gemeinschaft mit einer Anzahl von Banken und Bankiers für Durchführung von Emissionen das sogenannte „Preußenkonsortium" bildet, sich wie jene der Pflege des einheimischen Anleihemarktes zu widmen hätte. Ihre Betätigung auf diesem Gebiet würde berechtigte Interessen anderer Kreditinstitute kaum wesentlich beeinträchtigen, und es würden in diesem Punkte Einwände gegen die Reichsdepositenbank u. E. nicht zu erheben sein.

4. Endlich läßt sich das finanzpolitische Moment für das Projekt anführen. Berücksichtigt man jedoch die Höhe der möglicherweise zu erwartenden Erträgnisse, nach Warschauer etwa 2 Mill. M., so ist ohne weiteres klar, daß diese für die Frage der Notwendigkeit einer Reichsdepositenbank nicht von ausschlaggebender Bedeutung sein kann. Selbst wenn die erwartete Mindesteinnahme von etwa 2 Mill. M. tatsächlich erreicht oder gar überschritten würde, und das Reich, ähnlich wie bei der Reichsbank, seinen Gewinnanteil allmählich erhöhen könnte,[2] so ist der Betrag doch nicht hoch genug, um in den Vordergrund gestellt zu werden.

Nach den vorstehenden Ausführungen dürften die Folgen der Errichtung einer Reichsdepositenbank zunächst in einer Beschleunigung der Bankenkonzentration liegen, was namentlich für die Privatbankiers verhängnisvoll wäre. Der vermutlich sofort einsetzende Kampf zwischen Großbanken und Reichsdepositenbank, die Verschärfung der schon bestehenden Konkurrenz zwischen den Kreditbanken würde es mit sich bringen, daß gerade die ungünstigen Wirkungen der Bankenkonzentration sich fühlbar machen würden. Verteuerung des Kredits, im besonderen für den gewerblichen Mittelstand, vielleicht auch Ver-

[1] Schrader, a. a. O., S. 91.

[2] Der Anteil des Reichs am Reingewinn der Reichsbank betrug (nach dem Verwaltungsbericht für 1911):

	Mill. M.	% des Reingewinnes
1876	1,95	19,0
1880	1,79	18,2
1885	2,08	19,6
1890	7,10	34,2
1895	2,86	28,8
1900	20,8	61,3
1905	14,3	56,4
1910	16,1	58,0
1911	14,9	50,4
1907 (Maximum)	34,5	66,0

schlechterung der Qualität der Banken würden weitere Folgen der Existenzkämpfe der sich befehdenden Institute sein. Die Verteuerung des Kredits würde sich aus dem Verschwinden des Privatbankiers, die Abnahme der Qualität der Banken aus dem möglichen Rückgang ihres Depositengeschäfts ergeben. Besonders schwierig aber dürfte sich in Zukunft die Lage der bereits heute zuweilen durch die Macht der Großbanken in ihrer Wirksamkeit beeinträchtigten Reichsbank gestalten, für die demnach die Reichsdepositenbank eine direkte Gefahr bedeuten würde. Bei der überragenden Bedeutung der Reichsbank als Zentralnotenbank des Reichs, die unbedingt erhalten bleiben muß, sprechen alle Umstände gegen die Verwirklichung des Projekts einer Reichsdepositenbank.

B) Die Reichsdepositenbank vom Standpunkt der Sicherheit der Depositengläubiger.

1. Prinzipielle Erklärung.

Bereits im ersten Abschnitt wurden manche Schattenseiten im deutschen Kreditbankwesen beleuchtet und manche Mängel gezeigt. So ist es auch ohne eine große Untersuchung klar, daß vom Standpunkte der Sicherheit der Depositengläubiger eine Reichsdepositenbank in der Tat vor unseren Kreditbanken — diese als Gesamtheit betrachtet — Vorzüge voraus haben würde. Die unter dem Zwange des Gesetzes vor breitester Öffentlichkeit sich abspielende Geschäftstätigkeit der Reichsdepositenbank würde eine Garantie für die Erreichung des verfolgten Zieles bieten.

Ermessen wir somit die Existenzberechtigung einer Reichsdepositenbank unter ihren besonderen Voraussetzungen, so müssen wir doch die als Grundlage für ein solches Urteil dienenden gegenwärtigen Zustände im Bankwesen betrachten. Schon der verhältnismäßig lange Zeitraum seit dem Erscheinen der Warschauerschen Schrift, der die Möglichkeit inzwischen eingetretener wichtiger Veränderungen in sich schließt, verlangt dies. Es wäre auch falsch, die Kreditbanken deshalb als weniger sicher anzusehen, weil sie nicht unter besonderen Depositengesetzen stehen. Gesetze allein, und dieses Argument ist von gegenerischer Seite oft angeführt worden, würden doch nicht die absolute Sicherheit der zu schützenden Depositengelder gewährleisten. Sie würden beispielsweise niemals das Vorkommen betrügerischer Handlungen von Bankangestellten hindern können, wie sie andererseits für die Qualität der Anlagen ebensowenig Gewähr zu bieten vermöchten.

Es fragt sich nunmehr, ob die Interessen der Volkswirtschaft oder die der Gesamtheit der Spardeponenten höher zu stellen sind. Kann es mit dem volkswirtschaftlichen Standpunkt in Einklang gebracht werden, daß die Vorteile, die eine immerhin begrenzte Zahl von Personen aus der Änderung der gegenwärtigen Bankorganisation ziehen würde, den Ausschlag geben gegenüber den Nachteilen, die möglicherweise die Gesamtwirtschaft erleiden würde?

Neigt man auch grundsätzlich von vornherein der Ansicht zu, daß die Interessen der Gesamtheit die wichtigeren und maßgebenderen sein müssen, so sollen doch die Ergebnisse einer ziffernmäßigen Untersuchung mit zur Entscheidung herangezogen werden.

2. Frage der Liquidität der Bankbilanzen als Grundlage für die Beurteilung ihrer Sicherheit.

a) Allgemeine Bemerkungen.

Die nachstehenden Auseinandersetzungen beziehen sich auf die Gesamtsummen der Depositen. Unsere Methode ist mithin eine schärfere, als sie Warschauer streng genommen verlangt, und so müssen die zu erwartenden Ergebnisse gegen die Wirklichkeit zu ungünstig ausfallen. Sie sollen und müssen jedoch unverändert bleiben, da Warschauer, der im Gegensatz zu unserer Begriffsbestimmung alle in den Bilanzen als „Depositen" erscheinenden Summen — also ausschließlich der Guthaben auf Konto-Korrent- oder Scheck-Konto — als „Spardepositen" betrachtet, sich in Wahrheit der gleichen Methode bediente. Für den Vergleich bedeutet somit der erwähnte Mangel keinen Nachteil.

Die unvollständigen Angaben der Bankbilanzen, besonders bei den kleinen Banken, bieten für die Sicherheitschätzung der Depositengelder keine geeigneteren Anhaltspunkte als die Liquidität der Banken. Aus diesem Umstand ergibt sich die hohe Bedeutung, die man ihr und ihrer Erfassung beimißt. Trotz der inzwischen erfolgten Einführung des neuen Bilanzschemas, das gegenüber dem bisherigen zwar wesentlich verbessert ist, muß doch noch eine weitere Spezialisierung der Bilanzen gefordert werden; vor allem muß man darauf dringen, daß möglichst sämtliche Kreditbanken auf Anwendung des einheitlichen Schemas verpflichtet werden.[1, 2]

Die aus den gleichen Gründen erhobene Forderung einer staatlichen Bankstatistik[3] geht zu weit. Als Vorbild soll die Organisation der österreichischen Statistik dienen, wo das dem Börsendepartement des Finanzministeriums „in verhältnismäßig reichlichem Maße zufließende Informationsmaterial" nach verschiedenen Gesichtspunkten verarbeitet wird. Doch erscheint wohl die Ansicht zutreffend,[4] daß auch ohne gesetzlichen Zwang die Einheitlichkeit der Bilanzveröffentlichungen und als deren Folge eine einheitliche und ausführliche Bankenstatistik „mit Hilfe der Suprematie der Reichsbank auf dem Geldmarkte" zu erreichen ist.

---

[1] Von den Ende 1912 bestehenden ca. 400 Kreditaktienbanken bedienten sich bis zum 31. 10. 1912 erst 93 Banken des neuen Bilanzschemas.

[2] Ausführliche Besprechung des neuen Bilanzschemas gibt Meltzer in seiner Schrift: Das Depositenwesen in Deutschland. Jena 1912, S. 103.

[3] Hansen, Nikolaus, Das Problem der Liquidität im deutschen Kreditbankwesen. Tübinger staatswissenschaftliche Abhandlungen, hg. von Dr. Carl Johannes Fuchs. Stuttgart 1910.

[4] Meltzer, a. a O., S. 108.

Die Bedeutung des Liquiditätsproblems im einzelnen braucht an dieser Stelle nicht auseinandergesetzt zu werden.

Wohl aber muß, um die Wahl der zur Liquiditätsermittlung herangezogenen Bilanzposten zu begründen, auf ihr Wesen kurz eingegangen werden.

Der Umstand, daß die zu untersuchenden Banken fremde, kurzfristige Gelder als Betriebsmittel entgegennehmen, begründet die Verpflichtung, zum mindesten einen gewissen und erfahrungsmäßig zu erkennenden Prozentsatz der geliehenen Beträge zur jederzeitigen Rückzahlung in bar oder binnen kürzester Zeit in bar umzutauschenden Anlagewerten bereit zu halten. Die Tatsache, daß jene Mittel nach den Ausweisen vorhanden sind, bedeutet die Liquidität der Bank. Von dem Grad der Liquidität, d. h. von der Größe der Verhältniszahl zwischen möglicherweise sofort zurückzuzahlenden und „sofort greifbaren Mitteln" hängt die „Zahlungsfähigkeit" der Bank, im weiteren Sinne ihre Sicherheit und damit die Sicherheit der ihr anvertrauten fremden Gelder ab. Die Liquidität ist also in Wahrheit „das Hauptproblem des gesamten Bankbetriebes".[1] Es sei jedoch gleich hier bemerkt, daß eine theoretisch richtig errechnete, vielleicht hohe Liquidität einer Bank mit einer etwa gleich hohen Sicherheit nicht immer identisch ist! Die Geschichte der Bankzusammenbrüche hat oft gezeigt, daß sehr wohl das Gegenteil der Fall sein kann.[2] Die erwähnten, freilich durch keine Reform völlig zu beseitigenden Mängel der Bilanzen, die wohl die Quantität der Anlagen, nicht aber deren Qualität zur Genüge erkennen lassen, waren die Ursache, daß in jenen Fällen höchste Unsolidität solange unerkannt bleiben konnte. Sie sind auch jetzt Ursache, daß man sich bei der Beurteilung der Sicherheit mit der Ermittlung des Liquiditätsgrades begnügen muß, obgleich für die auf das neue Bilanzschema verpflichteten Banken jene Einschränkungen in vollem Umfange nicht mehr gelten.

In der Wahl des „Liquiditätsschlüssels", d. h. der verwerteten Bilanzposten ist die zurzeit gebräuchlichste Methode, Kasse (einschließlich Sorten und Kupons), Guthaben bei Banken und Bankiers, Wechsel, Lombards und Reports als liquide Mittel anzusehen und sie zu den Verbindlichkeiten, d. h. der Summe der Kreditoren, Depositen und Akzepte in Beziehung zu setzen. Als weniger liquid gelten die Gesamtsummen der Effekten und Debitoren. Zweifellos enthalten auch diese Positionen einen gewissen Prozentsatz liquider Mittel, der aber mangels ausreichender Berichte bei der großen Mehrzahl der Banken nicht zu erkennen ist. Die Verteilung

[1] Meltzer, a. a. O., S. 28.

[2] So betrug beispielsweise die auf Grund der jeweils letzten Bilanzen zu errechnende Liquidität bei der im Jahre 1901 in Konkurs geratenen Leipziger Bank ca. 52%, welchen Satz man gewiß nicht als ausreichend, aber doch nicht ohne besonderen Grund als verhängnisvoll bezeichnen kann, zumal die Kasse kurz vor dem Zusammenbruch über 10% der Depositen ausmachte. Die im Juli 1910 zusammengebrochene Niederdeutsche Bank wies nach ihrer letzten veröffentlichten Bilanz gar eine rechnungsmäßige Liquidität von 68,5% auf, und ihre Kasse betrug etwa 24% des Depositenbestandes.

der Zahlen auf die fünf unten näher bezeichneten Bankengruppen geschieht aus Zweckmäßigkeitsgründen, um Vergleiche zu ermöglichen.

Da jede unorganisierte noch dazu durch den Mangel einer einheitlichen äußeren Form des verwerteten Materials erschwerte Statistik notwendig Fehlerquellen in sich bergen muß, so können die auf die obige Weise zu gewinnenden Zahlen auf absolute Genauigkeit keinen Anspruch erheben. Die Verschiedenheit der Art, in der jede einzelne ihren vielseitigen durch lokale oder andere Verhältnisse noch mehr differenzierten Aufgaben nachzukommen sucht, gibt fast jeder einzelnen von ihnen eine Individualität, deren Eigentümlichkeit durch die statistische Zusammenfassung einer größeren Anzahl zu Gruppen verloren gehen muß. Die Individualität verursacht andererseits, daß die Buchungsmethoden, die die Bilanzzahlen liefern, nicht überall die gleichen sind, und daß daher nicht alle unter gleichen Benennungen erscheinenden Ziffern durchweg gleichwertig sind. Indessen werden derartige unbewußte Fehler bis zu einem gewissen Grade dadurch ausgeglichen, daß sie bei der großen Zahl der Bilanzen in zweifachem Sinne gemacht werden, sowohl zugunsten wie zu ungunsten der Liquidität. Daher kommt es, daß die über die Liquidität der Banken angefertigten Statistiken trotz Verschiedenheit der Methoden soweit übereinstimmen, wie es bei den angedeuteten Mängeln nur möglich ist.[1] Unser obiges Schema gibt die Möglichkeit, unsere Ergebnisse mit ausführlichen früheren von anderer Seite angefertigten Statistiken vergleichen zu können. Außerdem stellt die erwähnte Auswahl der Posten, die auf der Aktivseite der Bilanz Effekten und Debitoren völlig unberücksichtigt läßt, auf der Passivseite aber die Depositen mit ihrem vollen Betrage — also einschließlich der langfristigen — sowie die Akzepte heranzieht, die „denkbar ungünstigste" Berechnungsart dar, so daß die Resultate ein gegen die Wirklichkeit eher zu ungünstiges Bild von der Liquidität, also von der Sicherheit der Banken ergeben.

Warschauer hat sich darauf beschränkt, Depositen und Aktienkapitalien einer größeren Anzahl von Banken miteinander zu vergleichen. Somit ist die Vergleichsmöglichkeit mit seinen Zahlen sehr gering.

b) Die Liquidität und Sicherheit der deutschen Kreditbanken.

1. Deckungsweise zwischen Verbindlichkeiten und liquiden Mitteln (also ausschließlich der Effekten und Debitoren) bei den fünf oben bezeichneten Bankengruppen:[2]

Gruppe (Aktien-kapital)	I bis 0,1 Mill. M. %	II 0,1—1 Mill. M. %	III 1—10 Mill. M. %	IVa über 10 Mill. M. Provinzbanken %	IVb über 10 Mill. M. Berliner Banken %	Durchschnitt %
1857	—	79	102	152	171	134,8
1872	147	67	81	120	86	93,6
1907	25	30	46	48	67	52,3

[1] Vgl. Riesser, a. a. O., S. 449.
[2] Hansen, a. a. O., S. 85ff.

2. Einfluß der Kapitalkonzentration in den Banken auf ihre Liquidität.

Gruppe	Zunahme der Zahl der Banken seit 1857		Zunahme der Betriebsmittel seit 1857		Abnahme der Liquidität seit 1857	
	1872	1907	1872	1907	1872	1907
	%	%	%	%	%	%
I	2= 1,9	81= 21,4	0,6= —	105,2= 0,8	—	122
II	17= 15,6	127= 33,5	29,3= 1,8	306 = 2,4	8	49
III	74= 87,9	125= 33	576,4= 37,8	1 672,3= 13	21	56
IVa	12= 11	39= 10,3	378,2= 24,9	4 640,1= 36,1	32	104
IVb	4= 3,6	7= 1,8	537,4= 35,5	6 141,5= 47,7	85	104
	109=100	379=100	1521,9=100	12 865,2=100	41,2	82,5
					durchschnittl.	

Die erste Tabelle läßt den Rückgang der Liquidität von 1857 bis 1907 erkennen und zeigt, daß er in der zweiten Periode (1872—1907) größer gewesen ist als in der ersten. Die Frage nach dem Grunde dieser Erscheinung beantwortet zum Teil die zweite Aufstellung, die dartut, daß „sich mit wachsender Höhe der Betriebsmittel und gleichzeitiger Abnahme der Zahl der Banken die Liquidität derselben sehr verschlechtert hat".[1] Diese Feststellung bringt den Rückgang der Liquidität in ursächlichen Zusammenhang mit dem Fortschreiten der Bankenkonzentration. Sie berechtigt u. E. auch dann zu dem Schluß, daß mit der aus der etwaigen Errichtung einer Reichsdepositenbank zu folgernden Zunahme der Konzentrationsbewegung (s. S. 87) eine weitere beschleunigte Abnahme der Liquidität wahrscheinlich wird, wenn man zugibt, daß die Konzentration nicht der einzige bei ihrer Verschlechterung mitwirkende Faktor ist.[2] Es ist gewiß richtig, daß das Krisenjahr 1907 naturgemäß besonders ungünstige Resultate liefern mußte, und man beobachtet ja auch eine seit 1907 wieder steigende Tendenz der Liquidität.[3] Unsere (auf Grund einer allerdings viel strengeren Berechnungsmethode erhaltenen) Ziffern lassen dagegen wenigstens für die Mehrzahl der Gruppen ein weiteres, im ganzen freilich nicht wesentliches Sinken der Liquiditätsziffern seit 1907 erkennen, das auch im Jahre 1912, wie die Zwischenbilanzen erweisen, anhält. Im einzelnen stellen sich die erhaltenen Resultate wie folgt:

[1] Hansen, a. a. O., S. 85.

[2] Vgl. die Fußnote auf S. 60.

[3] Der „Deutsche Ökonomist" Nr. 1544 vom 3. 8. 1912 führt für die Liquidität sämtlicher Kreditbanken (mit mindestens 1 Mill. M. Aktienkapital) folgende Zahlen an:

	1907	1908	1909	1910	1911
a) für sämtliche Banken zusammen . .	60%	62%	63%	68%	67%
b) für 9 Berliner Großbanken allein. .	63%	64%	65%	73%	71%

Gruppe I. 13 Banken je mit einem Aktienkapital von weniger als 100000 M.

1. Eigene Mittel		Fremde Mittel	
Aktienkapital . . .	640000 M.	Kreditoren . . .	915328 M.
Reserven	353682 „	Depositen . . .	8258876 „
Sa.	993682 M.	Sa.	9174204 M.

Depositen = 1290,5% des Aktienkapitals.
Depositen = 831,1% der eigenen Mittel.
Depositen + Kreditoren = 923,3% der eigenen Mittel.

2. Deckungsmittel:

Kasse	205163 M.
Bankguthaben	15567 „
Wechsel	1383581 „
Sa.	1604311 M.

Diese liquiden Mittel betragen:
19,4% der Depositen,
17,5% der Verbindlichkeiten (Liquidität)!

Liquidität für 1910 nach Meltzer: 16,84%
„ „ 1907 „ Hansen: 25,—%

3. Weniger liquide Mittel:[1]

Effekten	498976 M.
Hypotheken	2766710 „
Debitoren	5298743 „
Sa.	8564429 M.

Sämtliche Betriebsmittel (eigene und fremde Mittel) sind sonach gedeckt durch
liquide Mittel: zu 15,8%
weniger liquide Mittel: zu 84,2%

Leider muß festgestellt werden, daß die Mehrzahl der zur Gruppe I gehörigen Banken unsere Bemühungen um Erlangung von Material unberücksichtigt gelassen hat.

Unsere Zahlen würden daher überhaupt verbieten, verallgemeinernde Betrachtungen an sie zu knüpfen, wenn sie nicht eine merkwürdige Übereinstimmung mit den vor einem Jahre von Meltzer für 30 Banken der gleichen Gruppe erhaltenen Ziffern zeigen würden.

[1] „Vorschüsse“ oder „Darlehen“ genannte Aktivposten sind, da die betr. Bilanzen oder Berichte über die Art ihrer Deckung keine Angaben enthalten, den „Debitoren“ zugezählt.

Dieser Umstand scheint zu der Annahme zu berechtigen, daß tatsächlich die gewonnenen Resultate die allgemeine Lage einer Durchschnittsbank dieser Gruppe darstellen. Dann bleibt das bisher von verschiedenen Autoren[1] gefällte Urteil bestehen, daß die Liquidität dieser Banken als viel zu gering und ihre „Sicherheit" als nicht zweifelsohne anzusehen sind. Wir wollen ganz davon absehen, daß schon das Verhältnis der Aktienkapitalien zu den Depositen (im Durchschnitt 1 : 12,9) ein höchst ungünstiges ist. Auf diese Tatsache stützen sich ja die Hauptvorwürfe Warschauers.[2] Wir haben jedoch an anderer Stelle dargelegt, daß dieses ziffernmäßige Mißverhältnis allein für ein Urteil nicht ausreichen kann, da vielfach Sicherheiten in anderer Form, die in den Zahlen nicht zum Ausdruck kommen, vorhanden sind. Es ist vielmehr der offenbare Mangel an genügend liquiden Mitteln im Verhältnis zu den Verbindlichkeiten überhaupt und den Depositen im besonderen, der eine ungünstige Beurteilung herausfordert. Denn man wird annehmen dürfen, daß bei diesen Instituten, die sich selbst vielfach als „Spar- und Darlehnskasse" oder ähnlich bezeichnen, die Mehrheit der Depositen aus wirklichen „Spargeldern" besteht, deren Sicherheit theoretisch eine besonders hohe Liquidität verlangen würde. Der „Sparkassencharakter" dieser kleinsten Banken kommt in ihren verhältnismäßig hohen Beständen an Hypotheken zum Ausdruck, die zusammen mit den gleichfalls sehr hohen Beträgen der Debitoren — zu ungunsten des Wechselbestandes! — die Hauptsache der illiquiden Mittel darstellen.

Selbst wenn man zugibt, daß in dem besonderen Charakter dieser „Banken", d. h. in der engen Begrenztheit ihres Wirkungskreises, die eine ausreichende Kenntnis der persönlichen und wirtschaftlichen Verhältnisse ihrer Klientel in sich schließt, ein das allgemeine Risiko abschwächendes Moment liegt, bleibt doch das Endurteil über Liquidität und Sicherheit für den Durchschnitt der dieser Gruppe angehörigen Banken ein ungünstiges.

Gruppe II. 69 Banken, je mit einem Kapital von 100000 M. bis exkl. 1 Mill. M.

1. Eigene Mittel Fremde Mittel in 1000 M.

Eigene Mittel		Fremde Mittel		
Akt.-Kap.	22082	Kred.	41457	Akzepte: 847454 M.
Reserven	7122	Depos.	104784	
Sa.	29204	Sa.	146241	

Depositen = 474,5% des Aktienkapitals,
Depositen = 358,8% der eigenen Mittel,
Depositen + Kreditoren = 500,7% der eigenen Mittel.

---

[1] U. a. von Lansburgh, Meltzer. Auch die Mehrzahl der Bankenquete-Kommissions-Mitglieder sprach sich in diesem Sinne aus.

[2] a. a. O., S. 452ff.

2. Deckungsmittel (in 1000 M.)

Kasse	3568
Bankguthaben	8561
Wechsel	29645
Reports + Lombards	12059
Sa.	53833

Diese liquiden Mittel betragen:

51,4% der Depositen,
36,8% der Depositen und Kreditoren,
36,6% der Verbindlichkeiten (Liquidität).

Liquidität für 1910 nach Meltzer: 33,46%
„ „ 1907 „ Hansen: 30%

3. Weniger liquide Mittel (in 1000 M.):

Effekten	17984
Hypotheken	19218
Debitoren + Beteiligungen	78566
Sa.	115768

Sämtliche Betriebsmittel sind danach gedeckt durch

liquide Mittel: zu 30,54%
weniger liquide Mittel: zu 65,67%.

Diese Zusammenstellung läßt eine merkliche Besserung des Gesamtstatus der Banken gegenüber der Vorgruppe erkennen. Einmal erscheint das Verhältnis der Depositen zum Aktienkapital auf ein weniger beängstigendes Maß reduziert, zum anderen erreicht die Deckung der Depositen allein durch die liquiden Mittel die erträgliche Höhe von 51,4%. Immerhin läßt der Liquiditätsgrad von 36,6%, sofern man von der Unzulänglichkeit der die Individualität der einzelnen Objekte unterdrückenden Statistik absieht und nur die theoretische Forderung gelten läßt, viel zu wünschen übrig. Das sich nur auf diese rechnerische Liquidität stützende Urteil über die Sicherheit der betreffenden Banken kann kein günstiges sein.

Unser Resultat scheint gegenüber dem von Meltzer für 1910 erhaltenen (33,46%) eine nennenswerte Besserung der Liquidität anzuzeigen. Indes ist diese nur scheinbar und wahrscheinlich zum Teil auf den Unterschied in der Zahl der untersuchten Banken (dort 50, hier 69) zurückzuführen, indem vielleicht bei Meltzer besonders liquide Banken dieser Gruppe nicht enthalten sind. Wenn wir demnach nur eine geringe Besserung der Liquidität gegenüber 1910 zugeben wollen, so steht dieser Satz immerhin wesentlich über dem entsprechenden Durchschnitt für 1907 (30%); diese Steigerung gleicht zu ihrem Teil die sinkende Tendenz aus, von der oben die Rede war.

Bei dieser zweiten Gruppe stellen Hypotheken und Debitoren immer noch bedeutende Bilanzposten im Verhältnis zu den übrigen Konten der Aktivseite dar. Daher kommt eine gewisse Ähnlichkeit in dem Charakter der Banken beider Gruppen zum Ausdruck. Andererseits zeigen die uns hier erstmalig entgegentretenden „Akzepte" an, daß der Geschäftsbetrieb bereits „bank"ähnlicher geworden ist. Die Höhe der Akzepte selbst ist hier noch relativ und absolut unbedeutend, so daß die oben über „Akzepte" im allgemeinen geäußerten Bedenken ihnen gegenüber nicht ins Gewicht fallen. Daß die zuletzt aufgeführten Verhältniszahlen über die Deckung der gesamten Betriebsmittel sich nicht genau zu 100 ergänzen, liegt einmal darin begründet, daß nicht sämtliche Aktiv- und Passivposten der Bilanzen für die Zusammenstellungen verwendet wurden; außerdem sind bei einzelnen der hier berücksichtigten Banken die nicht herangezogenen Aktivposten „Mobilien" und „Immobilien" verhältnismäßig sehr bedeutend. Das Verhältnis der Deckung selbst: 30,54% zu 65,67%, spiegelt naturgemäß den nicht genügenden Liquiditätsgrad wieder.

Gruppe III. 98 Banken je mit einem Kapital von 1 Mill. M. bis exkl. 10 Mill. M.

1. Eigene Mittel Fremde Mittel (in 1000 M.)

Eigene Mittel		Fremde Mittel		
Akt.-Kap.	295166	Kred.	408595	Akzepte 50582000 M.
Reserven	65777	Depos.	627281	
Sa.	360943	Sa.	1035876	

Depositen = 212,5% der Aktienkapitalien,
Depositen = 173,8% der eigenen Mittel,
Depositen + Kreditoren = 286,9% der eigenen Mittel.

2. Deckungsmittel (in 1000 M.).

Kasse + Bankguthaben	58074
Wechsel	256701
Reports + Lombards	151182
Sa.	465957

Die Deckung beträgt:

74,3% der Depositen,
45% der Depositen + Kreditoren,
42,9% der Verbindlichkeiten (Liquidität).

Liquidität für 1910 nach Meltzer: 47,07%
„ „ 1907 „ Hansen: 46,0%.

3. Weniger liquide Mittel (in 1000 M.).

Effekten + Hypotheken + Beteiligungen . . .	162973
Debitoren	812861
Sa.	975834

Sämtliche Betriebsmittel sind danach gedeckt durch:

liquide Mittel: 32,19 %
weniger liquide Mittel: 67,42 %.

Die Verhältniszahlen dieser dritten Bankengruppe, deren einzelne Banken den „Typus der mittleren Provinzbank" darstellen, zeigen gegenüber der Vorgruppe eine weitere Besserung der Liquidität.

Sowohl das Verhältnis der Depositen zu der Summe der Aktienkapitalien (212,5 %) erscheint im Vergleich zu Gruppe II um die Hälfte vermindert, als auch die Deckung der Depositen ist durch liquide Mittel für normale Verhältnisse eine ausreichende. Bei diesen Banken, die einen erweiterten, über die lokale Begrenztheit hinausreichenden Geschäftsverkehr pflegen, wächst die Bedeutung sowohl der Summen der „Kreditoren" wie der „Akzepte" gegenüber den Depositen. Der Umstand bringt es mit sich, daß bei nicht genügender Verteilung der liquiden und illiquiden Mittel (32,19 % : 67,42 %) die Deckung der gesamten Verbindlichkeiten, d. h. die Liquidität gegenüber der Deckung der Depositen allein bedeutend heruntergedrückt wird (auf 42,9 %). Da der errechnete Satz so günstig wie möglich und das erwähnte Deckungsverhältnis der Depositen für sich allein befriedigend erscheint — zumal ja zwischen kurz- und langfristigen Depositen kein Unterschied gemacht worden ist —, so kann man sagen, daß für Zeiten einer ruhigen Geschäftsentwicklung der erwiesene Liquiditätsgrad genügen wird. Ob er aber den Banken erlauben wird, auch außergewöhnlichen Ansprüchen ohne Schwierigkeiten nachzukommen, ist zu bezweifeln. Ermutigend wirkt das oft betätigte „Solidaritätsgefühl der Banken", d. h. die Wahrscheinlichkeit, daß in kritischen Fällen die größeren Institute den mittleren helfen werden. Aber damit kann selbstverständlich bei Beurteilung der Sicherheit dieser dritten Bankengruppe nicht fest gerechnet werden. Somit kann die Sicherheit dieser Banken nur für bedingt ausreichend erklärt werden, um so mehr, als unser Resultat gegenüber den in die Tabelle aufgenommenen Ziffern für 1907 und 1910 ein Nachlassen der Liquidität erweist.

Gruppe IV. 49 Banken je mit einem Aktienkapital von mindestens 10 Mill. M. (ausschließlich der unten behandelten 8 Berliner Banken).

1. Eigene Mittel — Fremde Mittel
in 1000 M.

Eigene Mittel		Fremde Mittel	
Aktienkapital . . .	1441848	Kreditoren	2248245
Reserven	302021	Depositen	1256805
Sa.	1743869	Sa.	3505050

Akzepte: 943660000 M.

Depositen = 85,8 % des gesamten Aktienkapitals,
Depositen = 72,1 % der eigenen Mittel,
Depositen + Kreditoren = 200,9 % der eigenen Mittel.

2. Zusammensetzung der Deckungsmittel (in 1000 M.).

Kasse + Bankguthaben	258306
Wechsel	1177200
Reports + Lombards	866404
Sa.	2301910

Deren Gesamtsumme beträgt:

183,2% der Depositen,
65,6% der Depositen + Kreditoren,
51,7% der Verbindlichkeiten (Liquidität).

Liquidität für 1910 nach Meltzer: 60,05%
„ „ 1907 „ Hansen: 48%.

3. Weniger liquide Mittel (in 1000 M.).

Effekten, Hypotheken + Beteiligungen	605513
Debitoren	3297263
Sa.	3902776

Sämtliche Betriebsmittel sind demnach gedeckt durch:

liquide Mittel: zu 37,17%,
weniger liquide Mittel: zu 62,86%.

Ungleich leichter ist es, über die Banken der IV. Gruppe zu urteilen. Die höheren Beträge der eigenen Mittel, die hier fast die Hälfte der fremden ausmachen, gestatten eine vielseitigere Betätigung der Banken im Wirtschaftsleben; auch ermöglichen sie, da der unverhältnismäßig hohe Zinsendienst im Vergleich zu den an eigenem Kapital schwächeren Instituten bedeutend herabgemindert ist, eine zur Erhöhung der Liquidität geeignete Wahl der Aktivgeschäfte. So ist in der Tat die durchschnittliche Liquidität dieser Banken wesentlich günstiger als bei denen der Vorgruppe und erscheint auch ausreichend für den Fall, daß einmal unvorhergesehene Ansprüche zu befriedigen sind. Die Depositen allein sind bereits durch das Aktienkapital mehr als voll gedeckt, durch die liquiden Mittel fast um das Doppelte überdeckt. Die Deckung sämtlicher Verbindlichkeiten beträgt 51,7%. Man kann demnach die Sicherheit dieser Bankengruppe für ausreichend erklären. Das bedeutet natürlich nicht, daß jede einzelne Bank über jeden Zweifel erhaben sei; die Ungleichheit der Bilanzen und teilweise ihre Undurchsichtigkeit erlauben nicht, die Gleichwertigkeit oder Ungleichwertigkeit der einzelnen Institute zu erkennen.

Auf eine Erscheinung sei noch aufmerksam gemacht, die sich beim Vergleich der Ziffern für 1911 mit denen für 1910 darbietet. Gegenüber 1907 (Liquidität = 48%) erscheint die Liquidität für 1911 um ca. 3% gebessert und kommt damit unserem Resultat ziemlich nahe. Auffallend aber ist der Aufstieg des Liquiditätsverhältnisses bis auf 60,05% Ende 1910 (nach Meltzer) und der plötzliche Fall um fast 10% im Jahre 1911. Die für die Zwecke der Bankenquete zusammengestellte Statistik der Reichsbank ermittelte für die gleiche Bankengruppe für das Jahr 1908 eine Liquidität von 54,55%,[1] der „Deutsche Ökonomist"[2] eine weitere bedeutende Steigerung der durchschnittlichen Liquidität sämtlicher Kreditbanken bis zum Jahre 1911. An dieser Aufwärtsbewegung hat offenbar diese IV. Bankengruppe einen hervorragenden Anteil. Um so seltsamer muß der bedeutende Rückgang für 1912 erscheinen, der unmöglich aus der Verschiedenheit in der Zahl der betrachteten Banken allein erklärt werden kann

Stellen wir die Positionen „liquide Mittel" und „weniger liquide Mittel" für 1910 und 1911 einander gegenüber:

	40 Banken 1910[3] Liquide Mittel (in 1000 M.)	49 Banken 1911 Liquide Mittel (in 1000 M.)
Kasse + Bankguthaben . .	303241	258306
Wechsel	1009575	1177200
Reports + Lombards . . .	768368	866404
Weniger liquide Mittel:		
Effekten	250946	406601
Hypotheken	7837	17065
Konsortialbeteiligung	56999	81507
Dauernde Beteiligung	115532	100340
Debitoren	2457830	3297263

so zeigt sich, daß wesentliche Verschiebungen innerhalb der beiden Kategorien zu ungunsten der liquiden Mittel stattgefunden haben: gegenüber einem Bestand an Kasse + Guthaben von 303,2 Mill. M. für 40 Banken bedeutet ein solcher von nur 258,3 Mill. M. für 49 Banken eine wesentliche Verschlechterung des Status. Im gleichen Sinne wirkt die in Anbetracht der für 1911 höheren Bankenzahl nur absolute Zunahme der übrigen liquiden Mittel, während das tatsächliche Anwachsen der weniger liquiden Mittel in fast allen Positionen die ungünstige Wirkung dieser Verschiebung nur noch verstärkt. Für die Abnahme der Bankguthaben sind Befürchtungen, die mit den politischen Vorgängen des Jahres 1911 im Zusammenhang stehen, verantwortlich zu machen, die ein vorübergehendes Ansammeln größerer Kassenvorräte im Hinblick auf mögliche Depositenabhebungen ratsam erscheinen ließen. Diese Summen haben später, wie offenbar auch die hinzugewachsenen fremden Gelder, in „weniger liquiden"

[1] Materialien zur Frage des Depositenwesens, S. 158.
[2] Siehe Fußnote auf S. 138.
[3] Meltzer, a. a. O., S. 37.

Mitteln, vor allem in Effekten und Kontokorrent-Krediten Anlage gefunden; das macht die Position „Wechsel“, die sich für beide Jahre relativ gleichbleibt, zur Genüge kenntlich.

Nach allem handelt es sich um einen tatsächlichen wesentlichen Rückgang der Liquidität bei dieser Gruppe, jedoch wohl nur um eine vorübergehende Erscheinung.

Va. 8 Berliner Banken.

Banken	Aktienkapital	Reserven in 1000	Kreditoren Mark	Depositen
Deutsche Bank.	200000	121592	708842	799805
Dresdner Bank	200000	65247	564962	333487
Diskonto-Gesellschaft . . .	200000	96471	312119	256793
Darmstädter Bank	160000	32980	420313	155471
Schaaffhaus. Bankverein .	145000	46650	231533	134890
Berliner Handelsges. . . .	110000	38582	314124	—
Kommerz- u. Diskontobank	85000	14640	197244	118220
Nationalbank f. Deutschland	90000	17109	234180	77576
Sa.	1190000	433271	2983317	1876242

Zusammenfassung:

Eigene Mittel in 1000 Mark		Fremde Mittel in 1000 Mark	
Aktienkapitalien . .	1190000	Kreditoren	2983317
Reserven.	433271	Depositen	1876242
Sa.	1623271	Sa.	4859559

Danach betragen die

Depositen = 157,6% der Aktienkapitalien,
Depositen = 115,6% der eigenen Mittel,
Depositen und Kreditoren = 299,4% der eigenen Mittel.

Akzepte insgesamt: 1204535000 M.

Vb.

Banken	Kasse und Guthaben	Wechsel u. Schatzanweisungen in 1000	Reports und Lombards Mark	Warenvorschüsse
Deutsche Bank.	198516	586637	297008	187411
Dresdner Bank	96806	330321	164975	73224
Diskonto-Gesellschaft	89450	190829	129443	117807
Darmstädter Bank	91747	160699	124711	10645
Schaaffhaus. Bankverein . .	41995	95218	54547	—
Berliner Handelsgesellschaft .	29872	110036	77041	—
Kommerz- u. Diskontobank.	40533	73793	105967	22499
Nationalbank f. Deutschland.	32462	79448	120080	—
Sa.	621381	1626981	1073772	411586

Die Gesamtsumme dieser liquiden Mittel (3733720000 M.) beträgt

199,0 % der Depositen,
76,8 % der Depositen und Kreditoren
61,6 % der Verbindlichkeiten (Liquidität).

Liquidität für 1910 nach Meltzer: 62,94 %
„ „ 1907 „ Hansen: 67 %.

Vc.

Banken	Effekten	Kons. Beteiligung	Dauernde Beteiligung	Debitoren
		in 1000 Mark		
Deutsche Bank	93819	37395	66947	642729
Dresdner Bank	49575	44456	38794	626861
Diskonto-Gesellschaft	41056	35551	98091	404986
Darmstädter Bank	50662	41657	18124	398668
Schaaffhaus. Bankverein	58099	27314	24683	338378
Berliner Handelsgesellschaft	52093	45534	9230	225424
Kommerz u. Diskontobank	31111	15695	11000	191112
Nationalbank f. Deutschland	23150	31502	5971	183903
Sa.	399565	279104	272840	3012061

Gesamtsumme dieser weniger liquiden Mittel: 3963570000 M.

Sämtliche Betriebsmittel sind gedeckt durch
liquide Mittel: zu 48,57 %,
weniger liquide Mittel: zu 51,56 %.

Zu den Ziffern, die die entsprechenden Verhältnisse bei den Großbanken widerspiegeln, ist nicht viel hinzuzufügen. Sie stellen einen Beleg dar für die allgemeine Ansicht, wie sie auch bei der Bankenquete zum Ausdruck kam, daß sowohl die rechnerische Liquidität wie die Sicherheit dieser Institute für einwandfrei zu halten sind. Übertreffen auch bei dieser Bankengruppe die Depositen die Summe der Aktienkapitalien um das $1^1/_2$fache, so ist doch ihre Deckung durch liquide Mittel (ca. 200 %) wie bei der Vorgruppe eine sehr günstige und die Liquidität selbst als durchaus befriedigend anzusehen. Über das allgemeine Geschäftsgebaren der Banken ist in anderen Kapiteln ausführlich gesprochen worden. Nur sei noch darauf hingewiesen, daß die Liquiditätssätze für 1910 und 1911 fast übereinstimmen. Gegenüber 1910 ist ein unwesentlicher, gegenüber 1907 (67 %) jedoch ein bemerkenswerter Rückgang in den Zahlen festzustellen.

In diesem Sinken der Liquidität kommt eben die Tatsache zum Ausdruck, daß das Liquiditätsproblem nicht allein für die kleinen und kleinsten Institute, sondern auch für die Großbanken, und zwar in dem Sinne der Erhaltung einer günstigen Liquidität und damit ihrer Sicherheit seine Bedeutung hat.[1] Es war oben erwähnt worden, daß die sinkende Tendenz in der Liquidität der Bankbilanzen auch im Jahre 1912 angehalten habe. Die im Laufe dieses Jahres von rund 90 großen und mittleren Banken veröffentlichten Zwischenbilanzen geben Gelegenheit, diese Tatsache zu erkennen. Aus den Tabellen — zusammengestellt nach den letzten drei der vorliegenden Veröffentlichungen[2] — sind die Wirkungen der politischen Ereignisse 1912 auf die Banken ersichtlich. Sie sind im ganzen wie im einzelnen nicht sehr bedeutend; dennoch haben die Vorgänge an den Börsen im Oktober und November 1912 mannigfache Verschiebungen in den Bilanzen zur Folge gehabt und die Liquidität der Banken im ganzen etwas verschlechtert.

Im Gegensatz zu den Zusammenstellungen für Gruppe V (8 Berliner Banken) ist auf nebenstehender Tabelle an die Stelle der ausscheidenden Berliner Handelsgesellschaft, die keine Zwischenbilanzen veröffentlicht, die Mitteldeutsche Kreditbank getreten, die in den Statistiken des „Ökonomist" und der „Frankfurter Zeitung" auch sonst bereits zu den Großbanken gerechnet wird.[3] Diese Änderung in der Zusammensetzung verlangt eine Neuangabe des Liquiditätsverhältnisses für den 31. Dez. 1911, um für die Ergebnisse der Zwischenbilanzen von 1912 den richtigen Maßstab zu gewinnen. Wie aus der Tabelle ersichtlich, sinkt dann die Liquidität dieser acht Bankbilanzen auf 45,41 % und beweist durch eine so bedeutende Änderung des Satzes bei Wechsel von nur 2 Bankinstituten, wie wenig maßgebend Durchschnittszahlen allein für ein genaues Urteil sein können. Das zeigen gleichfalls die für die einzelnen Institute besonders angegebenen Liquiditätsziffern, deren Durchschnitt zwischen 43 % und 44 % liegt. Ihre Extreme stellen die für die Deutsche Bank (60,16 %) und den Schaaffhausenschen Bankverein (25,07 %) ermittelten Sätze dar, deren Beträge also sehr bedeutend voneinander und je vom Durchschnittswert abweichen. Der Zahl für die Deutsche Bank, die als sehr günstig bezeichnet werden muß, ist nichts hinzuzufügen. In dem Ergebnis für den Schaaffhausenschen Bankverein kommt die ausgesprochene Industriebank zur Geltung, deren charakteristische Konten Konsortial-, dauernde Beteiligungen, Debitoren und Akzepte, relativ bedeutender sind, als bei den Schwesterinstituten.[4] An und für sich kann diese Lage nicht zur Kritik herausfordern, da ja die Qualität dieser Anlagen durchaus einwandfrei sein kann. Da jedoch der Schaaffhausensche Bankverein bei einem Depositenbestande von fast 140 Mill. M. hervorragend auch am Depositengeschäft beteiligt ist, muß man — nicht nur theoretisch! — sein Liquiditätsverhältnis

---

[1] So äußert sich auch Hansen (a. a. O., S. 85) im Anschluß an die 2. oben mitgeteilte Tabelle (s. S. 138) folgendermaßen: „Gleichzeitig konnten wir zeigen, wie der Schwerpunkt unseres ganzen (Liquiditäts-) Problems immer mehr an die Gruppen über 10 Mill. M. Aktienkapital heranrückt."

[2] Zusammengestellt im „Deutschen Ökonomist" Nr. 1563 vom 14. Dez. 1912, dessen Zahlen hier benutzt wurden.

[3] Die Bank hat ein Aktienkapital von 60 Mill. M.

[4] Vgl. Tabelle auf S. 147.

Liquiditätsberechnung

nach den für den 30. Juni 1912, 31. August 1912 und 31. Oktober 1912 veröffentl. Zwischenbilanzen.

	Deutsche Bank	Diskonto-Ges.	Dresdner Bank	Darmst. Bank	Schaffh. Bankverein	Nationalbank für Deutschland	Kommerz- u. Diskonto-Bank	Mitteldeutsche Kreditbank	Durchschnitt
Eigene und fremde Mittel	1953,96	923,70	1171,69	769,49	536,88	411,36	413,36	187,59	45,41%
Akzepte	253,68	187,91	276,75	136,44	86,49	55,37	78,08	48,57	(Am 31.12.1911.)
Verbindlichkeiten	2207,64	1111,61	1448,44	905,93	623,37	466,73	491,44	236,16	
Liquide Mittel	1328,01	526,23	629,32	383,42	156,30	215,9	221,39	77,3	
Liquidität am 30. 6. . .	60,16%	47,34%	43,45%	42,32%	25,07%	46,26%	45,5%	32,73%	42,85%
Eigene und fremde Mittel	1995,61	882,51	1197,18	793,50	544,41	431,54	435,12	193,29	
Akzepte	232,66	180,18	249,89	143,69	88,79	62,60	76,08	49,33	
Verbindlichkeiten	2228,27	1062,69	1447,07	937,19	633,20	494,14	511,20	242,62	
Liquide Mittel	1278,97	480,49	631,90	404,85	175,69	234,0	242,27	85,04	
Liquidität am 31. 8. . .	57,39%	45,21%	43,67%	43,2%	27,75%	47,36%	47,39%	35,05%	43,38%
Eigene und fremde Mittel	2016,66	877,4	1227,07	777,33	550,34	427,83	402,41	188,79	
Akzepte	289,74	194,63	269,42	145,81	92,44	62,88	82,77	52,25	
Verbindlichkeiten	2306,40	1072,03	1496,49	923,14	642,78	490,71	485,68	241,04	
Liquide Mittel	1328,98	486,59	663,43	383,05	186,65	220,38	220,36	83,47	
Liquidität am 31. 10. . .	57,62%	45,39%	44,34%	41,49%	29,04%	44,91%	45,42%	34,63%	42,85%

	Verbindlichkeiten:	Deckungsmittel:	
82 sonstige Kreditbanken am 30. 6. 1912:	5546,02 Mill. M.	1931,07 Mill. M.	Liquidität: 34,82%
86 ,, ,, ,, 31. 8. 1912:	5815,89 ,, ,,	2130,18 ,, ,,	,, 36,63%
85 ,, ,, ,, 31. 10. 1912:	5900,98 ,, ,,	2167,65 ,, ,,	,, 36,73%

für unzureichend halten. Es ist daher um so bemerkenswerter, daß gerade der Schaaffhausensche Bankverein im Verlauf der Untersuchungsperiode seine Liquidität stetig gebessert hat im Gegensatz zu sämtlichen übrigen Instituten, die zum Teil wenigstens vorübergehend Einbußen erlitten haben. Überhaupt zeigt ein Vergleich der Ziffern der Juni- und Oktober-Bilanzen, — d. h. für die Zeit vor und nach Eintreten der politischen Ereignisse —, daß der Rückgang der Liquidität im ganzen nur gering, bei den größten Instituten aber relativ am bedeutendsten ist. Von den äußeren Ursachen abgesehen, beruht diese Liquiditätsverschlechterung rechnerisch auf dem (in der Tabelle freilich nicht dargestellten bedeutenden) Rückgang der Ziffern für Reports und Lombards (gegenüber d. 31. Aug. 143,5 Mill. M.) bei gleichzeitiger Zunahme der Verbindlichkeiten (gegenüber 31. Aug.: Depositen um 56,8 Mill. M., Akzepte um 106,7 Mill. M.), welche Verschiebungen durch gleichzeitige Zunahme sonstiger liquider Mittel: Kasse (+ 40 Mill. M.), Guthaben (+ 17,9 Mill. M.), Wechsel (+ 55,8 Mill. M.) und die geringe Änderung in dem Kreditorenbestand (— 5,4 Mill. M.) nicht kompensiert werden können.

Alles in allem handelt es sich bei dem Sinken der Liquiditätsziffer bis zum 31. Oktober 1912 offenbar um Schwankungen, wie sie schon der regelmäßige Gang des Wirtschaftslebens mit sich bringen kann, wie sie aber beim Eintritt so folgenschwerer Ereignisse, wie des Balkankrieges, unvermeidlich sind. Der Umstand, daß die die durchschnittliche Liquiditätsziffer herunterdrückende Wirkung — selbst bei den Provinzbanken, zu deren Zahlen nichts hinzuzufügen ist — nur eine geringe ist, berechtigt dazu, die früher abgegebenen Urteile über die Sicherheit der Banken bestehen zu lassen.

3. Vergleichsweise Betrachtung entsprechender englischer Zustände.

Wir haben versucht, uns auf Grund der Liquiditätsberechnung ein Urteil über die allgemeine Sicherheit der deutschen Kreditbanken zu verschaffen. Bevor das Ergebnis weiter verwertet werden soll, mögen auch an dieser Stelle zum Vergleich die entsprechenden englischen Verhältnisse herangezogen werden. Es bedarf keiner weiteren Ausführungen, daß es sich hier noch weniger als bei gelegentlichen früheren Parallelen um genaue Gegenüberstellungen deutscher und englischer Zustände im Bankwesen handeln kann. Das verbieten sowohl die Wesensungleichheit deutscher Kreditbanken und englischer Depositenbanken, wie die daraus hervorgehende Verschiedenheit in den Bilanzierungsmethoden beider Gruppen. Um aber die Wahl der wenigstens für einen annähernden Vergleich herangezogenen Bilanzposten zu begründen und deren Bedeutung erkennen zu lassen, geben wir nachstehend die Bilanz einer bedeutenden Londoner Depositenbank in der Abschrift[1] wieder.

---

[1] „The Economist“, Banking Number 19. 10. 1912, S. 756.

Bilanz per 30. Juni 1912 der London County and Westminster Bank, Limited. (Aktienkapital nom. 14 Mill. £.)

Liabilities	£	Assets	£
Capital paid up	3500000	Cash-in hand and at Bank of England	10809805
Reserve	4000000	At call and short notice .	11521067
Current and deposit accounts	78828797	Bills discounted	17199769
Circular notes, letters of credit, commission loans and other accounts including provision for contingencies	3043398	Investments-Consols and other securities of, or guaranteed by the British Government	5333376
Acceptances for customers.	6447390	Indian Government stock, and Indian Gov. guaranteed railway stocks and debentures	1415162
Liability by endorsement (bills negotiated for customers)	18316	Colonial Government securities, — British Corporations stocks and British railway debenture stocks	1495816
Contingent liability on endorsement £ 55859.			
Rebate on bills not due .	76728	Other investments	1095987
Profit and loss account . Balance brought forward, £ 143766; net profit for the half year, after making provision for bad and doubtful debts and depreciation of investments to datem, £ 490882—634648 less interim dividend $10^5/_8$ %, payable August 1. next £ 371875.	262773	Advances to customers and other accounts	39220664
		Liability of customers for acceptances (as per contra)	6447391
		Liability of customers for endorsement (as per contra)	18315
		Bank and other premises (at cost, less amounts written off)	1620050
	£ 96177402		£ 96177402

Passiva (Liabilities): Daß die Aktienkapitalien der englischen Depositenbanken nie voll eingezahlt sind, wurde früher bereits bemerkt. So beträgt beispielsweise das Aktienkapital der London County and Westminster Bank nominell 14 Mill. £, wovon nur 3,5 Mill. £ eingezahlt sind. Aus diesem Grunde erscheinen die Reserven bei den Depositenbanken ganz allgemein so hoch und tragen indirekt zur Erhöhung der Rentabilität mit bei, indem durch ihr Wachsen das zu verzinsende Eigenkapital (das eingezahlte Aktienkapital) relativ sinkt. Die verhältnismäßig geringe Höhe dieser eigenen Mittel zeigt an, daß sie noch weniger als bei unseren Banken als „Garantiemittel" für die Gläubiger gelten können. Daß die Kreditoren und Depositen (current and deposit accounts) die Hauptsummen (in dem obigen Fall fast 82%) der liabilities darstellen, ist für eine Depositenbank selbstverständlich. Auch die sonstigen Passivposten (Akzepte, Giroverbindlichkeiten, Wechselzinsen, Gewinnsaldo) bieten zu Bemerkungen keinen Anlaß; allenfalls könnte man die nicht nur in diesem einen Falle, sondern regelmäßig verhältnismäßig geringe Höhe der Akzepte (acceptances for customers) hervorheben, und zwar in einem für die englischen Depositenbanken günstigen Sinne.

Activa (assets). In seinem Werk „Das englische Bankwesen" schreibt Jaffé (S. 303): „Für die Analyse der Bilanzen folgt....., daß bei der eigentümlichen Organisation des englischen Geldmarktes die Entscheidung über die Sicherheit einer Bank nicht sowohl von der Höhe ihrer Barbestände abhängt, sondern von der Art, wie sie ihre Mittel angelegt hat, und davon, ob die Anlagen derartige sind, daß sie ein Zurückgreifen auf die leistungsfähigsten Institute des Landes gestatten.“ Diese letztere Bedingung erfüllen vornehmlich die „at call and short notice“ (zumeist an die Kreditvermittler) ausgeliehenen Gelder, während daneben der Kassenbestand und das Guthaben bei der Bank von England (cash in hand and at Bank of England) sowie die eigenen Effekten der Banken — die Investments — wegen ihrer zweifellosen Güte als geeignete Deckungsmittel der fremden Gelder heranzuziehen sind. Dagegen bewirkt die im englischen Bankwesen herrschende Arbeitsteilung, daß weder die Depositenbanken über das beste Wechselmaterial verfügen — dieses befindet sich im Besitz der bill-brokers —, noch die an die Fondsmakler ausgeliehenen Vorschüsse sofort realisierbar, überhaupt zweifelsfrei wiederangelegt werden. Die Positionen „bills discounted“ und „advances to customers and other accounts“ scheiden somit für die Zwecke der Liquiditätsberechnung aus. Die sonstigen Aktivposten, Immobilien betreffend, fallen für unsere Betrachtung von selbst fort.

Für die Beurteilung englischer und deutscher Verhältnisse haben die Ergebnisse vorstehenden Vergleichs nur relativen Wert. Denn auch für die englischen Banken gilt der Satz, daß nur individuelle Betrachtung der einzelnen Bank und die Kenntnis der Qualität der Ziffern ein zutreffendes Urteil ermöglichen; beides ist bei ihnen in ebenso geringem Maße durchführbar, wie bei den deutschen Banken, vielleicht — wegen der mangelhafteren Berichterstattung — noch weniger. Ja, selbst einzelne bekannte Größen, wie etwa der Betrag der noch zu fordernden Aktieneinzahlungen, die „reserve liability“, haben für Beurteilung der „Sicherheit“ der Banken nur bedingten Wert. Die englischen Bankaktien, die oft sehr bedeutende Nachschußverpflichtungen in sich bergen, gelten wegen des Rufes der Depositenbanken als Anlagepapiere und gelangen daher auch in die Hände minder kapitalkräftiger Besitzer, was naturgemäß den Wert der reserve liabilities — als etwaige „Garantiemittel“ — wesentlich vermindert.[1] Daß selbst den als cash at Bank of England aufgeführten Aktiven, die als solche erstklassige Deckungsmittel darstellen, Mängel anhaften und die Kassenbestände ganz allgemein zu gering sind[2] [3],

[1] **Jaffé**, a. a. O., S. 295.

[2] **Ders.**, a. a. O., S. 299. „Wir kommen also zu dem Resultate, daß mit Ausnahme einer Anzahl der besten Banken, die, neben den für till money (5%) und clearing Guthaben (5%) reservierten Summen, eine Barreserve von 5—10% (durchschnittlich 6%) aufweisen, die englischen Depositenbanken überhaupt keine Barbestände halten, die als Reserve in dem obengenannten Sinn (d. h. zur Deckung **außergewöhnlicher** Bedürfnisse) anzusprechen wären, und daß manche sogar weniger Kasse halten als bei einer einigermaßen vorsichtigen Geschäftsführung für den regulären Bedarf erforderlich ist.“

[3] Wenngleich die deutschen Kreditbanken nicht reine Depositenbanken sind, so sind vergleichsweise die entsprechenden Kassenverhältnisse bei ihnen

beruht letzten Endes auf einem Kardinalfehler des englischen Banksystems, auf dem „Einreservesystem", das die Bank von England fast zum alleinigen Kassenhalter der englischen Geschäftswelt macht.

	Current and deposit acc.		Cash in hand, at Bank of England and money at call and short notice		Investements	
	30. 6. 1911	30. 6. 1912	30. 6. 1911	30. 6. 1912	30. 6. 1911	30. 6. 1912
	£	£	£	£	£	£
Bank von England	63042500	66736400	40437800	41083800	33421300	32433700
Andere englische Aktien-Banken .	733757600	752402200	206594200	208469600	136287000	133450800
Privatbanken . . .	26657400	27139900	6437900	6750500	8092600	7903900
Schottische Banken	106633000	112208600	25599000	30129200	33308000	33944100
Irländische Banken	65418200	67506100	14131500	13679000	23998900	24556600
Insel Man u. Kanal-Inseln-Banken	1067000	1094200	173700	187900	463600	438700
	996575700	1027087400	293374100	300300000	235571400	232727800

Berechnen wir aus diesen absoluten Zahlen[1] die Verhältnisse der Verbindlichkeiten zu den Deckungsmitteln erster Ordnung, so ergibt sich, daß der Liquiditätsatz für sämtliche Banken beträgt:

für den 30. Juni 1911: 53,1%,
„ „ 30. „ 1912: 51,9%.

Das Deckungsverhältnis der Bank von England ist mit 117,1% und 110,2% gegenüber denjenigen der übrigen Gruppen besonders günstig und beeinflußt in diesem Sinne den Gesamtdurchschnitt. Schalten wir die Bank von England aus, so verbleibt für die übrigen Bankengruppen eine durchschnittliche Liquidität von

48,7% für den 30. Juni 1911
und 47,8% „ „ 30. „ 1912.

Das meiste Interesse beanspruchen für uns die Ziffern der „andern englischen Aktienbanken", d. h. der Depositenbanken von England und Wales. Ihre Liquiditätssätze lauten:

46,7% für den 30. Juni 1911
45,5% „ „ 30. „ 1912.

Was lassen diese Zahlen erkennen?

---

nicht ungünstiger, wie folgende Zahlen zeigen. Nach der Statistik der Reichsbank (Materialien zur Bankenquete) betrug das Verhältnis von Kasse und Guthaben bei der Reichsbank:

für 392 Banken 5,4%
„ 9 Berliner Banken 6,3%

[1] Zusammengestellt nach den Ziffern des „Economist", a. a. O., S. 741 ff.

1. Man kann annehmen, daß auch bei der für die britischen Banken angewandten Methode der Liquiditätsberechnung die strengsten Bedingungen gewählt sind, insofern als Wechsel + Lombards, die für sich allein sehr hohe Beträge ausmachen (vgl. die Bilanz auf S. 151) überhaupt nicht als Deckungsmittel betrachtet werden, wie auch die hohen reserve liabilities bei Beurteilung der Sicherheit nicht als „Garantiemittel" anerkannt werden. Sind also auch die für die Liquidität erhaltenen Zahlen der englischen und deutschen Banken nicht völlig gleichwertige Größen, so scheint das Gesamtbild der Liquiditätsziffern beider Bankengruppen doch einen nennenswerten Unterschied zugunsten der englischen Banken nicht aufzuweisen. Die entsprechenden Ziffern für den Gesamtdurchschnitt der deutschen Kreditbanken betrugen:

1907: 52,3%.[1] 1908: 51,92%.[2] 1911: 55,8%.[3]

Das Urteil muß sich aber zugunsten der englischen Banken ändern, wenn man die einzelnen Gruppen auf ihr Liquiditätsverhältnis ansieht. Da zeigt sich, daß keine Gruppe wesentlich nach unten vom allgemeinen Durchschnitt abweicht und so niedrige Sätze aufweist, wie einzelne der deutschen Banken. Außer den für die Banken von England und Wales bereits genannten Zahlen ergeben sich als „Liquidität" für die

Banken von Schottland	55,2%	bzw.	(1912)	57,1%
Banken von Irland	58,3%	„	„	55,2%
Banken der Insel Man und der Kanal-Inseln	59,8%	„	„	57,3%
Privatbanken	55%	„	„	55%

Somit weisen alle Bankengruppen günstige Liquiditätsziffern auf und seltsamerweise — nämlich im Vergleich zu Deutschland — die kleinsten Institute — (die Inselbanken)[4] — die höchsten und die größten Banken — die von England und Wales — die niedrigsten Sätze.

Diese zahlenmäßigen Tatsachen belegen also die allgemeine Ansicht, daß die englischen Depositenbanken größere Sicherheit bieten als die Mehrzahl der deutschen Kreditbanken.

2. Auffallender und mit den entsprechenden Ziffern der deutschen Banken übereinstimmend ist die zweite Erscheinung: Das Sinken

---

[1] Nach Hansen, a. a. O.

[2] Nach Statistik der Reichsbank.

[3] Nach den Ziffern der Tabelle I bis V auf S. 213ff. Dieser Satz von 55,8% steht scheinbar im Widerspruch mit Äußerungen auf S. 139ff. Es ist jedoch zu berücksichtigen, daß in unseren Tabellen eine Anzahl Banken, und zwar solche mit geringer Liquidität (Gruppe I) fehlen, so daß der Satz für den Gesamtdurchschnitt zu hoch erscheint. Dieser Gesamtdurchschnitt wird etwa bei 50% liegen.

[4] Es handelt sich hier nur um 2 Banken, von denen die eine mit einem eingezahlten Aktienkapital von 50000 £, die andere mit einem solchen von 30000 £ arbeitet. („Economist", a. a. O., S. 742.)

der durchschnittlichen Liquidität bei fast allen Banken, mit Ausnahme derjenigen von Schottland, jedoch mit Einschluß der Bank von England. Zeigen die angeführten Zahlen nur die Veränderung während eines Jahres an und können sie somit eine Übersicht nicht gewähren, so belehrt uns eine Äußerung des Economist sowohl über den Beginn dieser rückläufigen Bewegung, wie gleichzeitig über ihre Ursache. Eine Besprechung der Zusammensetzung der Anlagemittel[1] der englischen Banken schließt er mit den Worten:[2] „From the tables, which show the manner in which the resources of the banks are held, it is evident, that the tendency towards a less liquid position, which has been noticable since the present trade boom began, has been continued."

Nach seinen Tabellen (a. a. O., S. 740) nehmen gegenüber 1911 im Jahre 1912 die liquiden Mittel „cash" um 2,4% zu, die Investments gar um 1,2% ab; dagegen ist bei den illiquiden Mitteln discounts and advances eine Steigerung um 3,4% vorhanden, die durch die „great activity of trade" der Hausseperiode verursacht wurde. Somit müssen diese Veränderungen bei gleichzeitiger Zunahme der current and deposit accounts um 3,1% rechnerisch die Liquidität vermindern.

Da man die Liquiditätsverschlechterung aus der in England wenig bedeutenden Konzentration nicht erklären kann, wird man sie auf das Konto der Handelshausse zu setzen haben, woraus hervorzugehen scheint, daß es sich offenbar um eine vorübergehende Erscheinung handelt.

Für die richtige Würdigung des Vergleichs zwischen deutschen und englischen Banken und seinen Ergebnissen ist ein Umstand nicht zu vergessen, daß das Wort „Sicherheit" auch für die englischen Banken nur einen relativen Begriff bedeutet. Der ganze Aufbau des englischen Kreditsystems, von dem die Depositenbanken nur einen Teil darstellen, ruht auf zu schmaler metallischer Basis und vermag sich nur so lange im Gleichgewicht zu halten, als seine Grundlage, das „Einreservesystem" nicht einer ernsten Probe unterworfen wird. „Man kann sich jedoch" — so lesen wir bei Jaffé[3] — „dem Eindruck nicht entziehen, daß im Falle einer wirklich gefährlichen und tiefgreifenden Krisis, wie sie z. B. ein unglücklicher europäischer Krieg

---

[1] Sehr deutlich zeigt den Rückgang der Liquidität folgende kleine Zusammenstellung, die dem „Economist" Nr. 3598 vom 10. 8. 1912 entnommen ist:

Für je 100 £ deposits wurden von den Banken gehalten:

	Juni 1911			Juni 1912		
Cash	15 £	11 sh.	3 d.	14 £	19 sh.	0 d.
Money at all	14 „	2 „	10 „	13 „	15 „	7 „
Investments	17 „	10 „	8 „	16 „	16 „	2 „
Discounts and adv.	60 „	4 „	8 „	61 „	5 „	8 „
Premises	2 „	8 „	0 „	2 „	8 „	2 „
	109 £	17 sh.	5 d.	109 £	4 sh.	7 d.

[2] Economist, No. 3598 v. 10. 8. 1912.

[3] a. a. O. S. 343.

nach sich ziehen würde, dieses System nicht imstande wäre, dem Ansturm mit genügender Kraft die Spitze zu bieten." Vom Bestande dieses Systems ist die Sicherheit der Depositenbanken, d. h. auch die ihrer Gläubiger abhängig, die somit trotz der günstigen Ziffern nur eine bedingte ist. Die Relativität der Sicherheit der englischen Depositenbanken in Verbindung mit der Tatsache, daß ihre Existenz auf so völlig anders gearteten Zuständen — gegenüber den unsrigen — aufgebaut ist, bildet den Hauptgrund, weshalb die Versuche, mit Gesetzeshilfe zwangsweise eine Umgestaltung des deutschen Bankwesens nach englischem Muster durchzuführen, stets abgelehnt wurden.

4. Endurteil über die Zweckmäßigkeit einer Reichsdepositenbank.

Die Errichtung einer Reichsdepositenbank würde gewiß nicht eine Kopie des englischen Depositenbanksystems darstellen, und es wäre unberechtigt, aus den letzten Ausführungen über das englische Bankwesen eine Verurteilung der Reichsdepositenbank als „Depositenbank" herauszulesen. Der Vergleich mit englischen Verhältnissen hat uns nur belehrt, daß auch die dortigen Depositenbanken nicht das letzte erstrebenswerte Ideal an Sicherheit darstellen. Freilich ist dieser Umstand offenbar mehr durch die englische Kreditorganisation, als durch die Banken selbst verschuldet.

Die Sicherheit einer etwaigen Reichsdepositenbank wäre gewiß höher einzuschätzen, als jene der englischen Banken, gleichwohl bleibt es fraglich, ob ihre Errichtung zurzeit zweckmäßig wäre. Vom volkswirtschaftlichen Standpunkt haben wir sie bereits abgelehnt. Vom Standpunkt der anderen Partei — der Depositengläubiger — mögen die für die deutschen Banken erhaltenen Ziffern angeführt werden. Die in unsere Zusammenstellungen einbegriffenen 237 Kreditbanken verfügen über einen Depositenbestand von insgesamt 3760 Mill. M. Die Summe der solchen Banken mit nicht ausreichender Liquidität — Gruppe I und II — übergebenen Depositen beträgt rund 113 Mill. M., d. h. etwa 3% der Gesamtsumme und stellt somit vergleichsweise nur einen geringfügigen Betrag dar. Nun ist jedoch zu bedenken, daß nicht sämtliche Kreditbanken in jenen Tabellen erfaßt sind, daß die fehlenden Institute ganz überwiegend kleine und kleinste Banken sind. Wir glauben daher, wenn wir den Betrag der als gefährdet anzusehenden Depositen auf 500 Mill. M. erhöhen, die äußerste Grenze der Wahrscheinlichkeit gewählt, sie mindestens nicht überschritten zu haben. Was bedeutet diese Zahl?

Sie gibt den Ausschlag für die Entscheidung und ist gewissermaßen der Einsatz, um den der Warschauersche Vorschlag durchzuführen wäre oder nicht.

In Erwägung aller früher auseinandergesetzten Wahrscheinlichkeiten und ihrer Folgen kann man behaupten, daß dieser Einsatz — die Sicherung von etwa ½ Milliarde Mark Depositen — in keinem Verhältnis steht zu den Schäden, die die Gesamtwirtschaft erleiden würde.

Zweifellos würde im anderen extremen Falle der Verlust einer derartigen Summe auch für die Volkswirtschaft sehr bedauerlich sein; würde er doch — seine Möglichkeit überhaupt vorausgesetzt! — bei der Art der Zusammensetzung der Einlagen die Vernichtung einer sehr großen Anzahl wirtschaftlicher Existenzen bedeuten. Über tatsächlich eingetretene Verluste können auch keine Durchschnittsberechnungen hinwegtrösten, die etwa feststellen, daß in den 16 Jahren von 1894 bis 1910 im ganzen bei uns 38 Mill. M. Depositengelder verloren wurden,[1] so daß der Anteil für jede Bank „nur 1,52% des Gesamtbetrages" ausmacht, oder, wie Riesser auf Grund der von Dr. Salomonsohn einmal mitgeteilten Zahlen berechnet hat, „90 Pfg. pro 100 M. Bankdepositen jährlich".[2]

Nur unter einer Bedingung würde u. E. die obige Ziffer noch zugunsten einer Reichsdepositenbank entscheiden, nämlich dann, wenn es selbst für den kleinsten Sparer keine Möglichkeit gäbe, sein Geld anderweit sicher anzulegen. Diese Bedingung aber ist nicht erfüllt! Gewisse Einrichtungen der Sparkasse, wie die „Sparmarken" und die „Heimsparkassen", gestatten das Sammeln kleinster Beträge, die ihrem ganzen Charakter nach für eine Bank nicht bestimmt sein können. Wieweit völlige Unkenntnis des Risikos, wieweit tatsächlich noch fehlende Gelegenheit, sich einer Sparkasse zu bedienen, den Banken die Depositengelder zuführen, ist nicht bekannt. Der erste Grund würde durch ausführliche Bilanzveröffentlichungen nicht beseitigt werden, da man annehmen darf, daß solchen Deponenten die Zahlen einer Bilanz nichts sagen würden. Die noch fehlende Spargelegenheit zu schaffen, wird Sache der Sparkassen sein.[3]

Immerhin ist man zu der Annahme berechtigt, daß es sich in beiden Fällen um im Verhältnis zu der Gesamtsumme verschwindende Beträge handeln wird, die für das Endurteil nicht in Betracht kommen können.

Aus allen unseren Ausführungen folgt also, daß die Interessen der Depositengläubiger im allgemeinen eines besonderen gesetzlichen Schutzes zurzeit nicht bedürfen. Da sie zum Teil zu gering sind, um mögliche Schädigungen der Volkswirtschaft durch ein gesetzliches Eingreifen nach dem Vorschlage von Warschauer aufzuwiegen, ist die Errichtung einer Reichsdepositenbank und dazugehöriger Staatsdepositenbanken zu verwerfen.

5. Besprechung geeigneter Reformvorschläge.

Die Ablehnung dieses einen Projekts bedeutet jedoch nicht das Leugnen jeder Reformbedürftigkeit im deutschen Kreditbankwesen überhaupt. Die Ausführungen im ersten Teil dieser Arbeit haben mancherlei Schwächen aufgedeckt, die eine solche Ansicht nicht rechtfertigen würden. Gewisse Schattenseiten in dem Verhältnis zwischen Banken und Industrie, manche Begleiterscheinungen des durch die

[1] Meltzer, a. a. O., S. 83.
[2] Riesser, a. a. O., S. 457.
[3] Meltzer, a. a. O., S. 62.

Konzentration vermehrten Konkurrenzkampfes der Banken (Depositenkassenunwesen, Verschwinden des Privatbankierstandes), die erschwerte Position der Reichsbank, an der auch die Kreditbanken Anteil haben, sind Momente, die nicht nur vom Standpunkt der Sicherheit der Depositengläubiger, d. h. also der Sicherheit der einzelnen Institute, sondern auch von einem allgemein wirtschaftlichen Standpunkt Beachtung verdienen.

Wir haben im Verlaufe der Darstellung häufig unserer Überzeugung Ausdruck gegeben, daß von dem Eingreifen der Gesetzgebung allein weder eine Abstellung aller Mängel noch eine allgemeine qualitative Besserung des Bankwesens zu erwarten ist. Denn Gesetzesbestimmungen würden unterschiedslos völlig einwandfreie wie minderwertige Institute mit gleicher Wirkung treffen und im ersten Falle häufig eine vielleicht glänzende Entwicklung hemmen, im zweiten Falle oft Katastrophen beschleunigen, oder, was noch schlimmer wäre, eine innerlich morsche Existenz künstlich erhalten. Die Vermeidung gesetzlicher Eingriffe liegt somit nicht nur im Interesse der Banken, sondern auch der Volkswirtschaft. Andererseits muß man zugeben, daß auf die Hilfe der Gesetzgebung nur verzichtet werden kann, wenn und solange die aufgedeckten Mängel im Bankwesen derartige sind, daß sie ohne Anwendung von Zwangsmitteln behoben werden können, und die Banken selbst die nötigen Anstalten zu diesem Zwecke treffen. In diesem Sinne haben die Banken in der Tat ihr Schicksal selbst in der Hand, denn die erste Bedingung ist — wenigstens soweit die Kreditbanken[1] in Frage kommen — u. E. erfüllt.

Es fragt sich somit, welche Mittel zur Erreichung des zu erstrebenden Zieles geeignet erscheinen. Es kann nicht unsere Aufgabe sein, sämtliche in der Literatur und auf der Bankenquete vorgetragenen Ansichten und Pläne durchzusprechen, zumal sie von mehreren Seiten (Riesser, Schwarz, Meltzer u. a.) bereits eingehende Berücksichtigung gefunden haben. Aus der großen Zahl dieser Vorschläge, die die verschiedenste Beurteilung gefunden haben, möchten wir zwei als nach unserer Ansicht zweckentsprechend und leicht durchführbar herausheben.

Die Wichtigkeit einer Besserung der allgemeinen Liquidität der Kreditbanken wurde betont.

Wir erheben danach als erste Forderung:

1. Die von der Bankenquete-Kommission angeregte, bisher nur von einem Teil der Banken durchgeführte freiwillige Veröffentlichung von zweimonatlichen Zwischenbilanzen (nach einheitlichem Schema) ist auf sämtliche Kreditbanken auszudehnen, wobei die Suprematie der Reichsbank die ihr zur Verfügung stehenden Mittel anzuwenden hat, solange die Umgehung des gesetzlichen Zwanges möglich ist. Ferner ist zu fordern, daß der Vorschlag[2]: Die

[1] Die Frage der Reformbedürftigkeit der Reichsbank ist ein Problem für sich.

[2] Mommsen auf der Bankenquete. Verhandlungen zu Punkt VI, S. 187.

Bilanzen der Banken seien der Reichsbank einzureichen und von dieser zu der wünschenswerten Bankenstatistik zu verarbeiten, in die Tat umgesetzt werde; denn nur die Sammlung aller Bilanzen an einer Stelle und ihre Verarbeitung nach einem für alle gleichen Gesichtspunkt würde die Erreichung des dabei erstrebten doppelten Zweckes gewährleisten: 1) Die Einheitlichkeit der Bilanzveröffentlichungen würde gestatten, für die Folge aus den Zahlen der Bankenstatistik wirtschaftliche Erscheinungen und deren Zusammenhänge besser verfolgen und erklären zu lassen, als das bei der gegenwärtigen Unvollkommenheit der Materie möglich ist. 2) Mindestens ebenso wesentlich, vom Standpunkt unseres Themas noch wichtiger, würde das erzieherische Moment sein, das diese Vereinheitlichung der Bilanz veröffentlichungen in sich schließen würde. Die nach gleichen Gesichtspunkten in jeder einzelnen Bank zusammengestellten Ziffern erlauben in viel höherem Maße, als es gegenwärtig möglich ist, gleichgroße oder gleichgeartete Institute miteinander zu vergleichen und wenigstens aus ihren relativen Zahlen auf Grund weiterer Einzelheiten auf Qualität und Sicherheit der Banken Rückschlüsse zu ziehen. Die an solche Vergleiche anzuknüpfende öffentliche Kritik wird den Wert dieser Bankenstatistik erst voll zur Geltung kommen lassen: dem Publikum vermag die gerechte und berechtigte Kritik wünschenswerte Aufschlüsse über den Status einer Bank zu bieten, während sie die Bank auf bestehende Mängel hinweisen und sie zu deren Abstellung veranlassen könnte.

2. Der auf der Bankenquete von dem früheren Direktor der Deutschen Bank, Roland-Lücke, angeregte Gedanke einer „ständigen Kommission für Bankangelegenheiten",[1] eines „Bankbeirats", ist u. E. schon jetzt zu verwirklichen, und zwar mit der Modifikation, die ihm Meltzer (a. a. O., S. 111ff.) gegeben hat.

Der Kommission, die, aus hervorragenden Vertretern der Bankwissenschaft und Bankpraxis zusammengesetzt, im Verordnungswege zu berufen und mit beratenden und begutachtenden — also nicht beschließenden — Funktionen zu betrauen wäre, soll die Aufgabe zufallen, wichtige aktuelle Fragen des nationalen Geld-, Bank- und Börsenwesens zu klären und mit ihren Ratschlägen etwa eingetretene oder drohende Schwierigkeiten zu beseitigen helfen. Im besonderen soll sie der Reichsbank ihre eigentliche, auf den Währungsschutz gerichtete, sowie die ihr gemäß der ersten Forderung ferner zufallenden Aufgaben erfüllen helfen, weshalb die von Meltzer empfohlene „Angliederung" dieses Beirats an die Reichsbank (d. h. nicht Einfügung der Kommission in die Organisation der Reichsbank!) besonders geeignet erscheint. „Die Arbeit der Reichsbank besteht darin, mit Unterstützung der Fachpresse darauf zu achten, daß sich unter den Banken keine Mißbräuche und Übertreibungen einbürgern, ferner derartige Mißbildungen vermittels der bereits besprochenen Maßnahmen im Keim zu ersticken."[2] In diesen Worten ist etwa der Inhalt

[1] Bankenquete 1908/09. Verhandlungen zu Punkt VI, S. 101ff.
[2] Meltzer, a. a. O., S. 112.

unserer ersten Forderung wiedergegeben. Wenn der Reichsbank schon bei dieser überwachenden Tätigkeit die Unterstützung des Bankbeirats zur Verfügung zu stehen hat, so gehen diese Funktionen darüber hinaus noch dahin, „daß er bei sonstigen wichtigen Fragen und Entscheidungen aus dem Bank- und Börsenleben um seine beratende Ansicht gefragt wird, und daß damit für die in Betracht kommenden Instanzen oder vielleicht auch für die gesetzgebenden Faktoren sachverständige und maßgebende Anhaltspunkte vorhanden sind".

Die Wahl dieser beiden Forderungen ist diktiert von dem Wunsch, bei Durchführung notwendiger Reformen im deutschen Kreditbankwesen ein gesetzliches Eingreifen nach Möglichkeit vermieden zu sehen. Daß aber, wenn die unseren Forderungen zugrunde liegenden Voraussetzungen sich nicht erfüllen sollten und einmal gesetzliche Maßnahmen im Interesse der Volkswirtschaft ergriffen werden müssen, eine zentralistische Reichsdepositenbank ein geeignetes Heilmittel **nicht** darstellen würde, sollte die vorstehende Abhandlung zu erkennen geben.

Literatur.

Bankenquete 1908/09. Die Verhandlungen der Gesamtkommission zu Punkt VI des Fragebogens (Depositenwesen). Berlin 1910.

Materialien zur Frage des Depositenwesens. Bearbeitet von der statistischen Abteilung der Reichsbank. Berlin 1910.

Conrad, Grundriß zum Studium der politischen Ökonomie. 6. Aufl. Jena 1907.

Esslen, Konjunktur und Geldmarkt 1902—1908. Berlin 1909.

Robert Franz, Die deutschen Banken im Jahre 1911. (Sonderabdruck aus dem Deutschen Ökonomist.)

Hansen, Das Problem der Liquidität im deutschen Kreditbankwesen. Stuttgart 1910.

Helfferich, Studien über Geld- und Bankwesen. Berlin 1910.

Derselbe, „Das Geld." Bd. I zu „Geld und Banken". Berlin 1910.

Hartung, Die Depositengelder in der Bankenquete. Berlin 1910.

Jaffé, Das englische Bankwesen. 2. Aufl. Leipzig 1910.

Jeidels, Das Verhältnis der deutschen Großbanken zur Industrie, mit besonderer Berücksichtigung der Eisenindustrie. (In: Staats- und sozialwissenschaftl. Forschungen von Schmoller und Sering. Bd. XXIV. Heft 2. 1905.)

Lansburgh, Die Verwaltung des Volksvermögens durch die Banken. Berlin 1908.

Derselbe, Das deutsche Bankwesen. Berlin-Charlottenburg 1909.

Lindenberg, Die Gefahren im deutschen Bankwesen. Berlin 1901.

v. Lumm, Die Stellung der Notenbanken in der heutigen Volkswirtschaft. Berlin 1909.

Meltzer, Das Depositenwesen in Deutschland. Jena 1912.

Neumann-Hofer, Depositengeschäfte und Depositenbanken. Theorie des Depositenbankwesens. Leipzig 1894.

Obst, Banken und Bankpolitik. Leipzig 1909.

Die Reichsbank 1876—1900. Jubiläumsdenkschrift.

Riesser, Die deutschen Großbanken und ihre Konzentration im Zusammenhang mit der Entwicklung der Gesamtwirtschaft in Deutschland. 4. Aufl. Jena 1912.

Roscher-Gerlach, System der Volkswirtschaft (Finanzwissenschaft) Bd. II.

Scharling, Bankpolitik. Jena 1900.

Schrader, Geschichte der Königl. Seehandlung (Preuß. Staatsbank). Berlin 1911.

Schwarz, Diskontpolitik. Leipzig 1911.

Derselbe, Die Kurse der deutschen Reichs- und Staatsanleihen. Die Ursachen ihres Niederganges und Vorschläge zu ihrer Hebung. Berlin und Leipzig 1911/12.

Straus, Unser Depositengelder-System und seine Gefahren. Frankfurt a. M. 1892.

Wagner, Ad., Lehrbuch der politischen Ökonomie. Grundlegung.

Derselbe, System der Zettelbankpolitik. Freiburg i. Br. 1873.

Wallich, Die Konzentration im deutschen Bankwesen. Stuttgart-Berlin 1905.

Warschauer, Das Depositenbankwesen in Deutschland mit besonderer Berücksichtigung der Spareinlagen. (In Conrads Jahrb. f. Nationalökonomie und Statistik. III. Folge. Bd. XXVII. 1904.)

Weber, Depositenbanken und Spekulationsbanken. Leipzig 1912.

Wiernik, Die Depositenkasse, ihre Geschichte und ihr Rechnungsverhältnis zur Zentralbank. Berlin 1912.
Wiewiorowski, Einfluß der deutschen Bankenkonzentration auf Krisenerscheinungen. Berlin 1912.
Zickert, Die Kapitalsanlage in ausländischen Wertpapieren vom Standpunkt des Volkswirts und Kapitalisten. Berlin 1911.

Zeitschriften und Zeitungen.

Die Bank.
Bankarchiv.
Der Deutsche Ökonomist.
The Economist.
Frankfurter Zeitung.
Handwörterbuch der Staatswissenschaften.
Jahrbücher für Nationalökonomie und Statistik. (Conrad.)
Jahrbuch des Allgem. Verbandes der auf Selbsthilfe beruhenden deutschen Erwerbs- und Wirtschaftsgenossenschaften für 1910.
Der Zentralverband deutscher Konsumvereine im Jahre 1910. Hamburg 1911.
Statistisches Jahrbuch für das Deutsche Reich, für 1912 und vorhergehende.
Vierteljahreshefte zur Statistik des Deutschen Reiches für 1912.
Zeitschrift für Handels-Wissenschaft und Handels-Praxis. Leipzig 1911.

Metzger & Wittig, Leipzig.

www.ingramcontent.com/pod-product-compliance
Lightning Source LLC
LaVergne TN
LVHW060622300926
849162LV00008B/1683